"十四五"普通高等教育会计专业精品规划教材

经济法概论

JINGJIFA GAILUN

薛华勇　主编

苏州大学出版社
Soochow University Press

图书在版编目(CIP)数据

经济法概论／薛华勇主编. —苏州:苏州大学出版社,2021.11
"十四五"普通高等教育会计专业精品规划教材
ISBN 978-7-5672-3763-6

Ⅰ.①经… Ⅱ.①薛… Ⅲ.①经济法-中国-高等学校-教材 Ⅳ.①D922.290.4

中国版本图书馆CIP数据核字(2021)第235872号

经济法概论

薛华勇　主编
责任编辑　施小占
助理编辑　曹晓晴

苏州大学出版社出版发行
(地址:苏州市十梓街1号　邮编:215006)
宜兴市盛世文化印刷有限公司
(地址:宜兴市万石镇南漕河滨路58号　邮编:214217)

开本 787 mm×1 092 mm　1/16　印张17.75　字数421千
2021年11月第1版　2021年11月第1次印刷
ISBN 978-7-5672-3763-6　定价:58.00元

苏州大学版图书若有印装错误,本社负责调换
苏州大学出版社营销部　电话:0512-67481020
苏州大学出版社网址　http://www.sudapress.com
苏州大学出版社邮箱　sdcbs@suda.edu.cn

"十四五"普通高等教育会计专业精品规划教材

编 委 会

顾　问　冯　博
主　任　周中胜
副主任　茆晓颖
委　员　龚菊明　郁　刚　王则斌　张　薇　何　艳
　　　　蒋海晨　薛华勇

Preface 前言

改革开放以来，经济法学已经成长为我国法学园地中的一朵奇葩。它充满朝气，鲜有保守，将法学各科中迄今所取得的成就和人类法律文化中的优秀成果，为我所用，去芜存菁，致力于改革开放和社会主义市场经济的协调、有序发展，在表现自己实践价值的同时，也为自己争得了存在的合理性。

"经济法概论"是高等院校经济管理类专业的必修课程。经济管理类专业"经济法概论"课程的开设，对培养适应社会主义市场经济要求的既懂经济又懂法律的人才有着重要的作用。相较于民商法等，经济法的产生要晚得多。而在中国，经济法更是特定历史环境的产物，从最初与民法、行政法等部门法剪不断、理还乱的艰难处境，到现在基本形成自己独立架构的学科体系，数十年来，经济法的内容一再调整。当前通用的教材是根据教育部审定的《〈经济法学〉教学大纲》编写的。然而，不宜把适用于法律专业的经济法教材不加选择地用于经济管理类专业。鉴于经济管理类专业的学生一般没有系统地学习过法律，对法律的一些基本概念与理论，特别是民商法的相关概念与理论不了解，如果直接讲授经济法内容，学生势必难以真正理解并掌握各种具体的、单行的经济法律。因此，本书本着"必需、够用"的原则，在"必需"原则上涵盖了经济管理类专业学生学习"经济法概论"课程所必备的法律基础知识，在"够用"原则上最大限度地把基础理论知识阐述透彻，不做过多赘言。

本书适合作为高等院校经济管理类专业教材，同时也可作为希望初步、全面了解经济法律制度的各类读者的参考用书。

本书由薛华勇主编。全书各章编写分工如下：薛华勇（绪论，第一章至第五章，第七章），孙克（第六章），赵哲（第八章），王琼雯（第九章），徐拟竹（第十章），高军（第十一章），雷娟（第十二章），杜学文（第十三章）。

由于作者水平有限，书中难免存在疏漏甚至错误，希望广大读者批评指正。

目录 Contents

绪　论　经济法的产生与发展　/ 1

第一章　经济法概述　/ 8

　第一节　经济法的调整对象　/ 8
　第二节　经济法律关系概述　/ 9
　第三节　经济法律关系主体　/ 10
　第四节　经济法律关系的内容　/ 12
　第五节　经济法律关系客体　/ 13
　第六节　经济法律关系的产生、变更和消灭　/ 14
　第七节　经济法的特征　/ 15
　思考题　/ 16
　参考文献　/ 16

第二章　物权法律制度　/ 17

　第一节　物权法律制度概述　/ 17
　第二节　物权变动　/ 21
　第三节　所有权　/ 23
　第四节　用益物权　/ 27
　第五节　担保物权　/ 29
　思考题　/ 37
　参考文献　/ 37

第三章　知识产权法律制度　/ 38

　第一节　知识产权概述　/ 38
　第二节　专利法律制度　/ 42

第三节 商标法律制度 / 51

第四节 著作权法律制度 / 60

思考题 / 66

参考文献 / 66

第四章 个人独资企业与合伙企业法律制度 / 67

第一节 个人独资企业法律制度 / 67

第二节 合伙企业法律制度 / 74

思考题 / 85

参考文献 / 86

第五章 公司法律制度 / 87

第一节 公司概述 / 87

第二节 公司法概述 / 90

第三节 有限责任公司 / 92

第四节 股份有限公司 / 100

第五节 公司董事、监事、高级管理人员的资格和义务 / 107

第六节 公司债券 / 108

第七节 公司财务、会计 / 111

第八节 公司变更 / 112

第九节 公司解散和清算 / 114

第十节 外国公司的分支机构 / 115

第十一节 法律责任 / 116

思考题 / 118

参考文献 / 118

第六章 破产法律制度 / 119

第一节 破产法概述 / 119

第二节 破产申请和受理 / 120

第三节 管理人 / 121

第四节 债务人财产 / 122

第五节 债权申报 / 124

第六节 债权人会议 / 124

第七节 重整 / 126

第八节 和解 / 127

第九节 破产清算 / 128

思考题 / 131

参考文献 / 131

第七章 合同法律制度 / 132

第一节 合同概述 / 132

第二节 合同的订立 / 134

第三节 合同的效力 / 139

第四节 合同的履行 / 142

第五节 合同的变更和转让 / 146

第六节 合同的权利义务终止 / 147

第七节 违约责任 / 150

第八节 典型合同之买卖合同 / 152

第九节 准合同 / 157

思考题 / 158

参考文献 / 159

第八章 市场竞争法律制度 / 160

第一节 反不正当竞争法 / 160

第二节 反垄断法 / 170

思考题 / 177

参考文献 / 177

第九章 产品质量与消费者权益保护法律制度 / 178

第一节 产品质量法 / 178

第二节 消费者权益保护法 / 186

思考题 / 195

参考文献 / 195

第十章 金融法律制度 / 196

第一节 金融法概述 / 196

第二节 中央银行法和银行业监管法 / 197

第三节 商业银行法 / 202

第四节 票据法 / 206

第五节 保险法 / 210

第六节　信托法　/ 216

思考题　/ 220

参考文献　/ 221

第十一章　税收法律制度　/ 222

第一节　税收与税法概述　/ 222

第二节　我国税收的种类　/ 227

思考题　/ 236

参考文献　/ 236

第十二章　仲裁法律制度　/ 237

第一节　仲裁与仲裁法　/ 237

第二节　仲裁机构与仲裁协会　/ 242

第三节　仲裁协议　/ 243

第四节　仲裁程序　/ 246

第五节　裁决的执行　/ 249

第六节　涉外仲裁的特别规定　/ 251

思考题　/ 253

参考文献　/ 253

第十三章　民事诉讼法律制度　/ 254

第一节　民事诉讼概述　/ 254

第二节　诉与反诉　/ 261

第三节　第一审普通程序　/ 262

第四节　其他程序　/ 267

思考题　/ 273

参考文献　/ 273

绪 论

经济法的产生与发展

经济法（Economic Laws）是调整国民经济管理和社会组织在经济活动中所发生的经济关系的法律规范的总称。诸多中外法学家认为，经济法是法律体系中的一个基础部门。在不同国家中，根据其调整范围的大小，经济法可分为广义经济法和狭义经济法。前者指调整国家机关之间、各种社会组织之间及其与公民之间，在物质资料的社会生产和再生产过程中，以及与之相应的交换、分配、消费过程中所发生的经济关系的全部法律规范；后者指国家直接干预、管理国民经济，以及经济组织所进行的经济活动的法律规范。但无论是广义还是狭义，经济法都是国家干预与管理经济的重要工具和特殊手段。

一、经济法的沿革

人类历史上较早出现的法律多是诸法合一，刑民不分。但在古代的法律中就已出现调整经济关系的某些法律规范。恩格斯曾经指出："在社会发展某个很早的阶段，产生了这样的一种需要：把每天重复着的生产、分配和交换产品的行为用一个共同规则概括起来，设法使个人服从生产和交换的一般条件。这个规则首先表现为习惯，后来便成了法律。"公元前18世纪，古巴比伦王国的《汉穆拉比法典》对财产权、契约、债务和侵犯财产行为的处罚都已有具体规定。公元6世纪，集罗马法之大成的《查士丁尼民法大全》对所有权、债、契约等都作了详细规定。从1975年中国在湖北省云梦县发掘出土的"睡虎地秦简"来看，《田律》《厩苑律》《仓律》《金布律》《工律》《均工律》等经济法规，对农田水利、旱涝风灾、作物生长、牛马饲养、种子保管等都有所规定。这说明奴隶制、封建制国家的统治者都十分重视用经济法规来调整经济关系。

在资本主义制度下，随着经济的发展，为了调整资本主义的经济关系，西欧各国在接受罗马法及整理地方习惯法的基础上制定了民法典和商法典。1804年，法国颁布了《法国民法典》（1807年更名为《拿破仑法典》），就详细规定了取得财产的方法、对私人财产所有权的保护、契约自由等法律原则。这一法典典型地反映了私人商品生产者自由经济的特征。

长期以来，民法、商法成为调整财产关系的法律规范。但在经济发展日益复杂化、社会的各种矛盾日益尖锐的背景下，原有的民法、商法不能适应客观需要，这便促成了经济法的产生。最早提出"经济法"这一概念的是法国的一些空想社会主义者。埃蒂安-加布里埃尔·摩莱里在1755年出版的《自然法典》一书中,首先使用了"经济法"这一词语,一百年之后,泰·德萨米在《公有法典》中也使用了这一词语。这些概念并未与国家的立法实践结合起来,与现代经济法的概念不同。

二、现代经济法的概念

现代经济法的概念形成于20世纪初期。1906年,德国学者在《世界经济年鉴》中使用了"经济法"这一名词,用来说明与世界经济有关的各种法规,但并不具有严格的学术意义。第一次世界大战开始时,德国政府为了适应战争的需要,加强了对重要物资的控制,并颁布了大量的法规。1914年8月,德意志帝国议会通过了14项战争经济法规,其中最重要的是《授权法》,授权参政院在战争期间"发布对于防止经济损害所必要的措施",后来又颁布了《关于限制契约最高价格的通知》(1915年)、《确保战时国民粮食措施令》(1916年)等。战败后的德国,为了摆脱经济上的困境,制定了一些重要的产业统治法和卡特尔法,如《煤炭经济法》(1919年),这是世界上第一部以经济法命名的法规。这些法规表现为行使国家权力直接干预和操纵经济,试图把实施社会化政策同保护私有财产制度、契约自由原则结合起来。这些法律的出现,引起了法学界的重视。一些学者认为,这些法律即是经济法,经济法应是法学中的一门新的学科。

三、资本主义国家的经济法实践

在德国出现的经济法和经济法学的影响下,欧洲一些国家和日本相继接受了经济法的概念,加强了经济法规的制定和对经济法理论的研究。特别是在第二次世界大战以后,经济法在世界上有了较快的发展。科学技术飞速发展、社会生产专业化协作不断加强、对外经济关系不断扩大等因素,都要求制定新的经济法律规范,以加强国家对经济的干预。当前世界上很多国家,经济法已发展成为其法律体系中的一个基础部门。在大陆法系国家中,第二次世界大战以后,联邦德国于1948年通过了《货币改革后的管理及价格政策指导方针》,1957年又制定了《反对限制竞争法》(《卡特尔法》),并相继颁布和修订了商务法、银行法、票据法、标准合同法、建筑法、城市建设促进法、专利法、商标法、财政管理法、原子能法、有限公司法、破产法等。日本在第二次世界大战以后,颁布和修订了企业法、中小企业法、金融法、证券法、贸易法、汇兑法、商工法、工业产权法、矿业能源法、农林水产法、运输法、通信法等名目繁多的经济法规。每类中既有基本法,又有单行法。经济法在日本已经形成体系。

在英美法系国家中,有一些国家虽未接受经济法的概念,但其法律体系中包含着许多属于经济法性质的法律规范。美国1890年通过的《谢尔曼反托拉斯法》,1914年制定的《克莱顿反托拉斯法》和《联邦贸易委员会法》,1936年制定的《罗宾逊-帕特曼法》,以及1950年通过的《塞勒-凯弗维尔反合并法》等有关反托拉斯的法律,基本上都属于经济法的范畴。其他与调整经济关系有关的法规,数量则更多。

四、苏联、东欧国家的经济法实践

十月革命后,俄国颁布了关于大工业国有化的法令和对小型工业实行国有化的命令,对生产、交换和分配实行高度集中管理,开启了传统计划经济之路。这种制度的特征是"中央集权",计划自上而下逐级下达,以实物数量和产值为核心实行经济管理,企业是政府的附属物,合同被视为落实计划的工具或手段。该体制最终发生僵化,原因是其否定了商品经济,对社会主义国家的经济职能作了夸大和片面理解。由于把国家经济职能视为社会主义的专利,否定资本主义国家在市场基础上对经济进行的组织和调节,以致国家的经济职能成了对经济的包揽,计划被庸俗化为事无巨细和无所不能的安排,结果滑向计划和商品关系的对立面。如此,社会经济环境决定了经济法在苏联、东欧国家命途多舛。

20世纪20年代末,以彼得·伊凡诺维奇·斯图契卡为代表的一些苏联法学家首次提出关于社会主义组织、技术性规范的经济法概念,主张编纂经济法典,正确认识到民法与当事人意思自治和自发市场关系的内在联系。但是,这一理论后来被全盘否定。与苏联的经济法学被严酷的政治气候窒息,经济法难以从行政法中脱离出来相比,当时的捷克斯洛伐克和民主德国官方认可了经济法是本国法律体系中的一个重要部门,捷克斯洛伐克制定了《捷克斯洛伐克社会主义共和国经济法典》(1964年),民主德国修订了作为经济法的《合同法》(1965年)和《新企业法》(1967年)。罗马尼亚也于1970年与民法典并行实施《经济合同法》。20世纪50年代初到70年代,南斯拉夫先后颁布了《企业管理法》《财政法》《银行法》《税收法》《信贷法》《外资法》等600多项经济法规。此外,匈牙利的《国民经济计划法》(1972年)、罗马尼亚的《经济社会发展计划法》(1979年)、波兰的《社会—经济计划法》(1982年)等,在经济法的创制方面别树一帜。

然而,苏联、东欧国家的社会主义经济法实践,已经随着这些国家的剧变而夭折。

五、中国经济法的萌芽与发展

(一)中国经济法的萌芽与形成

清末以来,西方的文物典章影响中国,经济法律制度也不例外。1929年,国民政府制定了《训政时期立法工作按年分配简表》,其中有"经济立法规划"项,与"民法之起草""财政立法之规划""关于军事立法之规划"等项并列,包括自治县经济建设法规、中央协助地方兴业殖产之法规、银行法、合作社法、粮食整理法、渔业法、森林法、采矿法、公路条例等的制定计划,完成期限为1930年。"财政立法之规划"项下则有税法、公债法、预算法、财务行政法、会计法、审计法等的起草安排,以及国家与地方收入和支出划分之法制建设。这是中国历史上第一次出现的经济法相关概念。

在20世纪30年代至40年代,国民政府还开展过经济法规汇编工作。1938年8月至1939年1月,国民政府编成《经济法规汇编》三集,收录了《修正国货审查委员会规则》《非常时期华侨投资国内经济事业奖励办法》等法规;1947年又编成七集,分别为"官制类""管制类""工业类""矿业类""商业类""电业类""国际贸易类",包括《倾销货物税法》《取缔棉花掺水掺杂暂行条例》《非常时期粮食调节办法》《非常时期取缔日用重要物品囤积居奇办法》《各省市重要物品价格联系调整办法》《矿业监察员规程》《特种工业保息及补助条例》《度量衡法》《标准法》等法规。此外，政府其他部门、地方政府和民间还编过关于抗战时期经济管制、农矿、交通和铁道、审计、合作社、建设等方面的分类或专业的法规汇编，如《农矿法规汇编》《建设法规会刊》《铁道法规汇编》《交通法规汇编》《中国战时经济法规汇编》等。

遗憾的是，由于形格势禁，从官方到学界，都未能对经济法作系统研究，经济立法及相应的经济法学说未能真正确立就中断了。

（二）中华人民共和国的经济立法

中华人民共和国成立以后，建立了社会主义国营经济，奠定了社会主义经济制度的基础。随着国民经济的恢复和发展，在建立和完善社会主义法制的过程中，国家根据各个时期发展国民经济的总任务制定了不少经济法规，从1949年到1979年，共颁布了各种重要法规1 500多项，其中经济法规占半数以上，尤以20世纪50年代初期和60年代初期颁布最多。在1954年宪法公布后不久，1956年生产资料的社会主义改造基本完成，党的八大作出决议，明确指出国家的主要任务已经由解放生产力变为保护和发展生产力，"国家必须根据需要，逐步地系统地制定完备的法律"。这一时期，制定和颁布的重要经济法规很多，从《中华人民共和国土地改革法》（1950年）、《公私合营工业企业暂行条例》（1954年）等，到《农业生产合作社示范章程草案》（1955年）、《高级农业生产合作社示范章程》（1956年），以及关于整个经济建设方面的《对外贸易管理暂行条例》（1950年）、《预算决算暂行条例》（1951年）和《国民经济计划编制暂行办法》（1952年），还有关于订立和严格遵守经济合同方面的一些规定和条例等。这些经济法规为调整当时的经济关系提供了法律依据。后来，由于"左"的错误思想的影响，社会主义法制遭到了践踏，经济立法工作也遭到了严重破坏。

1978年，党的十一届三中全会以后，中国的经济法制工作进入了一个新的发展时期。国家重视经济法制工作，要求集中力量制定各种必要的法律，如国营工厂法、国营农场法、森林法、草原法、环境保护法、外国人投资法等。国家与企业、企业与企业、企业与个人之间的关系，也要用法律形式来确定；它们之间的矛盾要通过法律来解决；要经过系统的调查研究，陆续制定各种经济法和其他法律，使社会主义法制逐步完备起来。改革开放的不断深化，引出了"市场经济就是法治经济"的命题，举国上下都深感建立经济法体系即市场经济法律体系的重要性，中央和地方的经济立法积极性空前提高。其结果是经过二十年左右的时间，基本上符合市场经济需要的经济法体系在我国已初步形成。

我国已建立的经济法框架，在经济管理方面，有《预算法》《税收征收管理法》《会计法》《审计法》《中国人民银行法》《商业银行法》《土地管理法》《城市房地产管理法》《对外贸易法》等；在企业和投资方面，有《全民所有制工业企业法》《企业国有资产法》《中外合资经营企业法》《中外合作经营企业法》《外资企业法》《公司法》《证券法》《企业破产法》等；在经济活动和维护公平竞争方面，有《反不正当竞争法》《反垄断法》《产品质量法》《广告法》《价格法》《消费者权益保护法》等。

与此同时，我国学术界对经济法的理论探索也日益深入。对于经济法的概念、经济法的调整对象、经济法能否作为一个独立的法律部门，以及经济法与民法、行政法等法律部门之间的关系等，学术界进行了长时间的探讨与争鸣，在一些基本观点上，达成了学术共识。

六、经济法学理论的观点争鸣

经济法是一个新兴的法律部门，经济法学是一门新兴的法学分支学科，其理论处于不断发展之中。从它产生时起，各国法学界就开始了对它的争论。例如，德国法学界对经济法的概念、性质、内容及其与其他法律部门的关系就有许多不同的观点。日本法学界对经济法也存在着各种不同的认识。苏联法学界从20世纪20年代后期就开始了对经济法问题的争论，一部分学者提出了"两种经济成分、两个法律学科"的主张，认为应把行政经济法和民法区分开来，以行政经济法调整社会主义经济成分中社会主义组织之间的关系，这种关系以计划性和从属性为特征；民法则调整私有制经济成分中的财产关系，这种关系建立在非计划和"无政府"的基础上。20世纪30年代出现的"战前经济法学派"，主张经济法不仅调整社会主义组织之间的关系，也调整公民之间的关系，把公民当成一个"经济单位"，称其为"私有者"，其作用只限于消费。20世纪50年代后半期和60年代初期出现的"现代经济法学派"，认为经济法是苏维埃法学统一体系中一个独立的学科，因为它实行特别的法律调整方法，具有自己特殊的法律调整对象——经济关系。后来出现的"综合学科经济法学派"认为，在苏维埃法学体系中，应分为基础学科和综合学科。基础学科是独立的，具有统一的对象，而综合学科则调整的是若干不同种类的关系；基础学科不能由其他学科的法律规范组成，综合学科则是由别的基础学科的法律规范形成的；基础学科具有自己特殊的法律调整方法，综合学科则适用各个基础学科中的一系列法律调整方法。经济法就属于这种综合学科。关于经济法的理论，一直没能形成一个统一的概念。

改革开放初期，我国的相当一部分学者认为经济法不是一个独立的法律部门。理由为，经济法规是针对包含着多种经济关系的特定经济过程而制定的，必须反映不同种类的经济关系，所以它是由不同法律部门的法律规范组成的。因此，无论是单个经济法规还是它们的总体都不能成为独立的法律部门。随着中国市场经济的不断推进和法学理论的不断进步，现代中国法学界基本已经认同经济法是一个独立的法律部门，理由为，无论是从实践上还是从理论上看，经济法都有其特定的调整对象、调整原则，而且经济法规在中国立法中占有相当大的比重，经济法应当作为一个重要的法律部门同其他法律部门一起构成中国的法律体系。但是，对于经济法的性质，仍然存在着不同的观点。

目前，中外比较典型的经济法学说主要有以下几种。

（一）大经济法说

该说认为，经济法是调整国民经济管理和经济组织之间及其与公民之间，在生产、交换、分配、消费过程中所发生的经济关系的法律规范的总称。这个观点在我国经济法和经济法学发展中具有开创性的地位，对经济法调整的对象具有国家意志性这一点有准确理解，并作了充分论证。然而，该观点将经济法调整的对象的范围界定过宽，将经济组织与公民之间的关系也包括在经济法调整的范围之内，民法就缩减为处理个人之间事务的法。

随着改革开放的深化和市场经济的发展,"大经济法说"因缺乏社会经济基础的支持而逐渐淡出学界。

(二) 国民经济运行法说

该说认为,经济法是法在调整国民经济总体运行过程中所形成的法制度、法形式和法方法的总和,是关于国民经济总体运行的法,包括国民经济组织法、经济活动法和经济秩序法。这种表述认识到传统的法律体系和法律部门划分理论在现代条件下遇到的困境,希望从法律调整机制及分类出发,把经济法的概念放到国民经济运行及其法律调整机制中去考察,从而构建经济法的"体制"。的确,在社会主义市场经济条件下,传统法律体系和法律部门划分理论应该有所突破,可以从多角度出发,基于不同需要对经济法概念进行表述。当然,对经济法概念的基本表述还是应当立足于经济法的调整对象及其根本特征,否则,经济法学就会缺乏明确而坚实的起点,经济法就会失去基础,经济法学科的科学性也就会受到质疑。

(三) 宏观调控法说

该说认为,经济法的调整对象是国家作为经济管理主体与市场主体之间的间接宏观调控性经济关系。至于其他平等性质的经济关系如商事主体之间的商品货币流转关系、国家作为行政主体与市场主体之间的直接管理性经济关系等,分别由民商法、行政法等调整。该说侧重于为经济法定性。因为就任何具体法律制度而言,如物权法、债权法、财政法、金融法、企业法、竞争法等,其中既有宏观调控,也有微观管理。但是,如此表述,使经济法缺乏研究和实践的可操作性,从而无法在具体制度层面上将经济法与民商法、行政法等区别开来。

(四) 经济管理法说

该说认为,经济法是调整经济管理关系的法律规范的总称,经济管理关系包括政府对经济的管理、国家与企业之间的关系、企业内部的纵向关系,以及实际上属于经济管理关系的非平等主体之间的经济关系。这些关系既可以是强制性的命令和服从、监督和被监督的关系,也可以是非强制性的指导和被指导的关系。该观点可称为"纵向关系说",也就是民法主要调整平等主体之间的财产关系,也就是横向的财产、经济关系;政府对经济的管理、国家与企业之间的关系、企业内部的纵向关系或者行政管理关系,不是平等主体之间的经济关系,主要由经济法、行政法等调整。该说把国家在经济活动中所形成的大多数的经济管理关系划归为经济法调整,引起了行政法学界的异议。

(五) 纵横统一说

该说认为,经济法是有关确立国家机关、社会组织和其他经济实体的经济法律地位,以及调整它们在经济管理过程中和经营协调活动中所发生的经济关系的法律规范的总称。该学派认为,国家对国民经济的组织管理与公有制单位开展经济活动是统一的整体,由此产生的经济关系具有组织管理因素和财产价值因素相统一的特点,即便是其中的合同关系,也是将政府主导与市场交易和竞争、管理责任与违约责任融合在一起的。因此,调整这些关系的法律规范超出了传统民法和行政法的范畴。该观点认识到经济法是与国家自觉遵循经济规律，在此基础上组织管理经济密切相关的，这既符合公有制经济的实际状况，又是单纯行政命令式计划经济的对立物。一切有关经济管理、经济监督、经济集权、经济集中、计划及计划调节等有层次序列之别、有上下运动形态之分的经济活动和经济行为，均可列入纵向范畴；一切有关经济独立、经济自主、经济分权、经济民主、市场及市场调节等的经济活动和经济行为，均可列入横向范畴。该理论是迄今为止对我国经济法学界影响最大、在我国经济法学界流行最广的理论。但该理论对横向经济关系和纵向经济关系这两种性质迥然不同的关系进行了模糊化处理，以对现存经济体制进行修补意义上的改良，而不是更高层面上的改革，因此，就造成了一些难以解决的学术争议，特别是遭到了民法学界的异议。

随着我国社会主义市场经济的不断深入发展，经济法学的研究也不断深入，法学界对经济法的一些基本理论问题开始形成共识或接近形成共识，在此基础上，出现了"国家干预说""创设市场经济说""干预政府说"等有代表性的理论观点。然而，除了前述的"纵横统一说"之外，目前我国学术界还未能提出新的较为系统的经济法学理论，而与社会主义市场经济相适应的经济法学理论更是暂付阙如。但相信，随着我国社会主义市场经济的确立和发展，以及我国法治建设和法学理论的不断进步，与之相适应的经济法学理论也必将产生和不断完善。

【思考题】

简述经济法的沿革。

【参考文献】

1. 中国大百科全书总编辑委员会《法学》编辑委员会，中国大百科全书出版社编辑部. 中国大百科全书·法学［M］. 北京：中国大百科全书出版社，1984.
2. 刘文华. 经济法［M］. 6版. 北京：中国人民大学出版社，2019.
3. 《经济法学》编写组. 经济法学［M］. 2版. 北京：高等教育出版社，2018.

第一章 经济法概述

第一节 经济法的调整对象

任何法律都有自己特定的调整对象。经济法的调整对象是经济法应当保护、促进、限制或取缔的经济关系。作为一个独立的法律部门，经济法以经济关系作为自己的调整对象，调整国家管理与协调经济运行中的经济社会关系，具体包括以下内容。

一、市场主体关系

市场主体是市场经营活动的参加者，是市场中人的因素，是市场活动的核心。在市场主体体系中，企业和其他社会组织是最主要的主体。为了经济社会的协调发展，国家必须对市场主体的设立、变更、终止等进行必要的规范和管理。经济法通过对市场主体的法律地位、权利义务和行为方式的干预与规范，使其能以完整的法律人格进入市场，参加社会经济活动，进而维护经济秩序和交易安全。

二、市场秩序关系

市场秩序关系是国家为了维护国家、市场经营者和消费者的合法权益，维护市场经济秩序而干预市场所发生的经济关系。在市场经济条件下，市场主体进行商品生产和商品交换，不可避免地会产生竞争。有序的竞争环境有利于协调国家、市场经营者和消费者之间的利益冲突，而不正当的竞争行为和垄断行为会破坏市场功能，扰乱正常的市场经济秩序，导致资源无法得到优化配置。为了维护市场秩序，就必须借助国家的干预，制定行之有效的市场制度和规则。

三、宏观调控关系

宏观调控是指国家从长远利益和社会公共利益出发，在市场机制的基础上，运用法律和经济手段，对关系国计民生的重大经济因素实行全局性的管理，引导、鼓励和限制市场主体参与国民经济运行活动而形成的一种经济管理关系。市场经济是自由经济，市场调节作为一种自发调节手段有着明显的局限性。这就需要国家利用货币、价格、税收、计划、外汇等经济杠杆，以及通过财政投资、采购、补贴等直接行为，对整个经济的运行进行有意识的调节。

四、社会保障关系

社会保障是指国家通过立法对国民收入进行分配和再分配，对社会成员的基本生活权利给予保障的社会安全制度。在市场经济条件下，当社会成员遇到年老、疾病、伤残、失业、灾害等风险时，市场自身是无法解决其基本生活需求的。在这种情况下，就需要国家运用行政权力进行干预，依法强制建立具有福利性质的、实行社会化管理的社会保障制度。因此，社会保障关系由经济法来调整，有助于满足社会成员的基本生活需求，维护社会秩序的稳定。

第二节　经济法律关系概述

一、经济法律关系的定义

法律关系是法律存在的方式之一。法律不但以规范性法律文件的形式存在，而且以人际关系的形式存在。法律关系是法律在调整人的行为的过程中所形成的社会关系，即法律上的权利义务关系。这一定义有两个特色：一是强调法律的调整作用；二是强调权利义务关系。

经济法律关系是法律关系的一种，本质上也是法律上的权利义务关系。一般认为，经济法律关系是指经济法主体在国家干预与协调经济运行过程中根据经济法律规范所形成的权利义务关系。

二、经济法律关系的特征

法律关系是特殊的社会关系，是由法律调整的社会关系，是人与人之间的权利义务关系。经济法律关系的特征具体表现为以下几点。

（一）经济法律关系是人与人之间的经济法律关系

这是经济法律关系参与者方面的特征。首先，这里讲的"人"是经济法律关系的主体，不仅指单个的人，也指人的集合体或"拟制"的人，如公司、企业等。其次，经济法律关系是人与人之间的关系，不是人与物之间的关系，更不是物与物之间的关系。例如，物权虽然规定人对物享有权利，但是经济法律关系中的权利是相对于其他人而言的，就经济法律关系中的物权内容来说，其实质是人际关系，规定他人对物的所有人的义务。最后，虽然经济法律关系是人与人之间的关系，但是不包括人与想象中的社会主体的关系，如人与祖宗的关系、人与上帝的关系、人与某种思想的关系，这些属于神学或哲学范畴。

(二) 经济法律关系是受法律约束的社会关系

社会关系的种类很多，可以分成法律关系和非法律的社会关系两类，后者包括政党内部的关系、亲情关系、朋友之间的友谊关系等。经济法律关系是受法律约束的社会关系，这里的"法律"包括不同渊源、不同种类的法律。经济法律关系受法律约束表现在：合格的经济法律关系主体由法律规定；经济法律关系的内容由法律规定；经济法律关系的客体受法律约束；经济法律关系的生命过程受法律约束。

(三) 经济法律关系是以权利义务关系为内容的社会经济关系

这是经济法律关系内容上区别于其他社会关系和法律关系的特点。这里将"以权利义务关系为内容"列为经济法律关系的特点，并不是说其他的社会关系就没有权利义务关系，而是说经济法律关系必须有权利、义务才能成立，没有权利、义务的空洞的法律关系是不存在的。

三、经济法律关系的构成

法律关系由三大要素构成，即法律关系主体、法律关系内容和法律关系客体。经济法律关系也不例外，这三大要素也是经济法律关系不可或缺的组成部分。

第三节　经济法律关系主体

经济法律关系主体是经济法律关系的要素之一，即经济法律关系的参加者，是经济法律关系中享有权利和承担义务的人，通常称为权利主体。经济法律关系主体包括自然人和团体人两大类。作为法律关系主体的实体，必须具备两个条件：一是独立自由的；二是人格化的。

一、经济法律关系主体的类型

(一) 自然人

自然人（Natural Persons）一般指有生命的、有血有肉的人。严格说来，这种说法并不准确，自然人应指有生命的、具有法律人格的人。在奴隶制下，奴隶虽是有生命的人，但他不具备法律人格，因而不能成为法律关系主体；在家长制社会里，只有家长才具备完全的、独立的法律人格；18世纪末法国大革命以后，一切有生命的人都应当具备平等的法律人格以成为法律关系主体，逐渐为文明国家所普遍接受。自然人包括本国公民和外国人（含无国籍人）。作为我国经济法律关系主体的自然人有中国公民和居住在中国或与中国公民、法人发生法律关系的外国人（含无国籍人）。由于国际法之发达和经济全球化趋势的增强，现代国家普遍推行国民待遇制度，本国公民和外国人的人格差别正在缩小，外国人的法律地位由国际条约和国际惯例决定。

（二）法人

法人（Artificial Persons）指具有民事权利能力和民事行为能力，依法独立享有民事权利和承担民事义务的组织。《中华人民共和国民法典》规定，法人应当依法成立，应当有自己的名称、组织机构、住所、财产或者经费。法人可以分为以下几种类型：

（1）营利法人。它是指以取得利润并分配给股东等出资人为目的成立的法人，包括有限责任公司、股份有限公司和其他企业法人等。

（2）非营利法人。它是指为公益目的或者其他非营利目的成立，不向出资人、设立人或者会员分配所取得利润的法人，包括事业单位、社会团体、基金会、社会服务机构等。

（3）特别法人。它是指机关法人、农村集体经济组织法人、城镇农村的合作经济组织法人、基层群众性自治组织法人。

（三）非法人组织

非法人组织是指不具有法人资格，但是能够依法以自己的名义从事民事活动的组织。非法人组织包括个人独资企业、合伙企业、不具有法人资格的专业服务机构等。

二、经济法律关系主体的权利能力

经济法律关系主体与其能力密不可分，经济法律关系主体的能力可以分为权利能力和行为能力。权利能力又称法律人格，指作为法律上的人的资格，即行使权利、承担义务和责任的能力。自然人的权利能力指自然人行使权利、承担义务和责任的能力。自然人的权利能力通常始于出生，终于死亡。法人的权利能力是法律赋予法人享有权利、承担义务和责任的能力。法人的权利能力始于法人成立，终于法人终止。法人权利能力的大小及其范围取决于法人成立的目的、任务。法人的权利能力主要包括财产、名称、荣誉、商标、诉讼等方面。

三、经济法律关系主体的行为能力

行为能力是法律规定的经济法律关系参加者能够以自己的意志，通过自己的行为享有权利、履行义务和承担责任的能力。行为能力包括积极行为能力和消极行为能力两大类。积极行为能力指通过合法行为享有权利的能力，如订立合同，不具备积极行为能力的人的行为不为法律所认可，因而不能产生预期的法律后果。消极行为能力指承担法律义务和责任的能力，如支付价款、承担侵权责任等。不具备消极行为能力常是减轻或免除义务或责任的理由。自然人的行为能力指自然人以自己的行为享有权利、履行义务和承担责任的能力。自然人行为能力的有无、大小悉有法律规定。在现代法律中，确定自然人有无行为能力的依据主要是智力和体力状况。

自然人的民事行为能力一般分为三个档次：① 有行为能力。即有完全的行为能力，指自然人能完全依自己的意志，以自己的行为取得权利、履行义务和承担责任。法律通常规定，智力健全的成年人具有完全的行为能力。② 限制行为能力。即有部分的或受限制的行为能力，指只在某些场合可以以自己的意志，通过自己的行为享有权利、履行义务和承担责任，在某些场合则不能，通常指有一定智力和体力的人。③ 无行为能力。即不具备行为能力，指公民不能以自己的意志，通过自己的行为享有权利、履行义务和承担责任，通常指智力和体力未达到起码要求的公民。限制行为能力人从事的无能力从事的经济活动（如买卖黄金珠宝、房地产等重大民事行为），以及无行为能力人从事的经济活动，为无效民事行为，不产生预期的法律后果。

自然人的消极行为能力制度较为复杂。自然人的消极行为能力通常包括承担民事义务和责任的能力。自然人民事方面的消极行为能力与其权利能力相对应，而不是与其行为能力相对应，因为享有民事权利的同时必须承担民事义务和责任。一个自然人即使无行为能力，也应当为自己的民事行为承担相应的民事义务和责任。

法人的行为能力指法人以自己的意志，通过自己的行为享有权利、履行义务和承担责任的能力。法人的行为能力始于法人成立，终于法人终止。法人的行为能力与其权利能力一致，也取决于法人成立的目的、任务。

权利能力和行为能力都是得以自主从事法律行为的主体所必备的。两者既存在联系，又有区别。首先，权利能力是对权利行使范围的限制，而行为能力则是对权利行使能力的限定，无权利能力表明主体无权利，而无行为能力则表明主体享有权利而无能力去实现。其次，权利能力是行为能力的基础，没有权利能力，也就没有行为能力。最后，两者的目的不同。权利能力制度是为了限制或赋予主体权利，而行为能力制度是为了保障弱者的权利。例如，积极行为能力的限制是为了使弱者免受欺诈或以其他对主体不利的方式转移财产之害，消极行为能力的限制则是为了免除主体不合理的义务和责任。

第四节　经济法律关系的内容

经济法律关系的内容是指经济法律关系主体依法享有的经济权利和承担的经济义务，是经济法律关系的核心。经济法律关系主体的权利和义务依法律性质的不同而不同。这是由经济法律规范的不同规定和当事人参与经济法律关系的目的不同决定的。

一、经济权利

经济权利是指经济法律关系主体根据法律规定或者合同约定所享有的某种权能或利益。其具体含义如下：

（1）经济法律关系主体有权在法律规定或者合同约定的范围内，以自己的意志进行各种经济管理活动或者其他经济活动。

（2）经济法律关系主体有权在法律规定或者合同约定的范围内，要求义务主体为一定行为或者不为一定行为，以便实现自己的意志和利益。

(3) 经济法律关系主体在权利受到侵害或者义务主体不履行义务时，有权请求人民法院或者其他有关机构给予保护。

经济法上的权利包括经济管理权和民事权利。经济管理权是由经济法直接规定的专属于国家经济管理机关的权利；民事权利是市场主体从事经济活动的基础，包括财产权（物权、债权和知识产权）和人身权（人格权、身份权）两大类。

二、经济义务

经济义务是指经济法律关系主体根据法律规定或者合同约定所承担的某种必须履行的责任。其主要包含以下三层意思：

（1）义务主体必须根据法律规定或者合同约定为一定行为或者不为一定行为，以实现特定权利主体的权利。

（2）义务主体的义务是有限度的，以法律规定或者合同约定的范围为限。负有义务的人只需要在一定范围内为一定行为或者不为一定行为。

（3）经济义务是一种法律义务，义务主体对于应由自己承担的经济义务，应当自觉地履行。如果不履行或者不适当履行，就要承担相应的法律责任。

第五节　经济法律关系客体

一、经济法律关系客体的概念

经济法律关系客体是经济法律关系的要素之一，是指经济法律关系主体的权利和义务所指向的对象，也称权利客体或权义客体。如果没有客体，作为经济法律关系内容的权利、义务就失去了目标，成为无实际内容的东西。

二、经济法律关系客体的种类

（一）物

物是存在于人身之外，能满足权利主体的利益需要，并能为权利主体所支配和利用的物质实体。按照不同的标准，物可以分为不同的类型，如动产与不动产，特定物与种类物，主物与从物，流通物、限制流通物和禁止流通物，等等。

（二）行为

行为是法律关系的客体之一，是法律关系主体支配发生的事件，作为法律关系客体的行为包括作为和不作为。例如，在合同中有保守商业秘密的条款，则"保守商业秘密"这一作为就成为劳务法律关系的客体之一。法律关系客体具有多样性，它涵盖各个法律部门的法律关系，不但包括公民和经济组织的行为，也包括国家机关的行为。就国家机关的行为而言，包括立法行为、执法行为和司法行为。

（三）特殊意义的物——货币与有价证券

货币在法律上属于种类物。但由于货币具有一般等价物的特征，因此它既用作衡量和表现其他商品价值的尺度，又是商品交换的媒介和支付手段。这就决定了货币是一种特殊的种类物，它不仅可以作为民事法律关系的客体，而且还是许多民事法律关系中对价的支付手段。有价证券是设定并证明持券人有取得一定财产权利的一种书面凭证，是物的一种特殊类型。

（四）知识产品

知识产品是指人们通过脑力劳动所创造的，以一定形式表现出来的智力成果。知识产权包括作为著作权客体的文学、艺术和科学作品，作为发明权客体的发明，作为发现权客体的科学发现，作为专利权客体的发明、实用新型和外观设计，作为商标权客体的商标，等等。

第六节　经济法律关系的产生、变更和消灭

经济法律关系的产生、变更和消灭是从动态角度对经济法律关系的认识。这一动态过程是经济法律关系的生命过程与存在方式。经济法律关系的产生指主体之间形成经济法律上的权利义务关系。经济法律关系的变更指经济法律关系诸要素的变化。例如，甲乙双方签订房屋租赁合同，甲将房屋的其中两间出租给乙居住，如果房屋被丙继承，则经济法律关系主体发生变化；如果物价上涨，甲乙双方一致同意提高租金，则经济法律关系内容发生变化；如果乙同意甲收回一间自用，则经济法律关系客体发生变化。经济法律关系的消灭指主体之间权利义务关系的终止，如主体死亡、财产权客体灭失、合同履行完毕等。

一、法律事实的概念

经济法律关系的产生、变更和消灭必须借助于一定的力，或者要有一定的原因。这就是法律事实问题。法律事实是法律规定的引起法律关系产生、变更和消灭的客观事实，它是法律关系运动的原因和动力。法律事实意味着由于它的存在，主体便建立、变更或消灭了一定的关系。法律事实与法律关系的联系方式有两种：一是积极的方式，即某法律事实的存在引起某法律关系的生命运动过程；二是消极的方式，即某法律事实的存在阻止某法律关系的产生。前者如订立合同的行为产生合同法律关系，后者如不可抗力阻止违约法律关系的产生。从法理学角度主要可对法律事实作两种分类，即以意志为标准的分类和以事实存在形态为标准的分类。

二、法律事件和法律行为

以法律事实与主观意志的关系为标准，可将法律事实分为法律事件和法律行为。法律事件指与人的意志无关的客观事件，由于这种事件的发生，有关当事人就取得一定的权利、承担一定的义务和责任，或者丧失一定的权利、解除一定的义务和责任。客观事件多种多样，只有能引起法律关系运动的客观事件才是法律事件。日常的风霜雨雪、日月运行不是法律事件，足以引起财产灭失或对人的行为造成重大阻力的自然灾害才是法律事件。通常将法律事件分为社会事件和自然事件两大类，前者如战争、瘟疫、内乱、人的出生和死亡等，后者如大地震、旱涝灾害等。法律行为指能够引起法律关系产生、变更和消灭的人的有意识的活动，包括作为和不作为。法律行为可以是单方的、双方的，也可以是多方的。经济法律行为是经济法律主体设立、变更和消灭经济法律权利义务的合法行为。

第七节 经济法的特征

经济法是系统、综合的调整法，是社会责任本位法，也是公私兼顾的平衡协调法。为对经济法这一法律现象和对法律部门有进一步的理解与把握，将经济法的特征归纳如下。

一、经济性

经济法同社会经济的关系非常密切，与经济基础有更为直接的关系。经济法具有经济目的性，直接作用于经济领域，其经济性不言而喻。经济法的经济性体现为其往往把经济制度、经济活动的内容和需要直接以法律的形式规定下来。相比于传统私法注重权利的形式化，经济法更注重经济关系和法律关系的实质内容，这也意味着经济法具有专业性的特征。

二、综合性

经济法是一系列单行法律法规的总称，从部门法的构成形式来看，具有综合性的特征。这种综合性首先表现为公法因素和私法因素的综合，将民事的、行政的、刑事的、程序的等各种调整手段结合起来，对经济关系进行综合调整；其次表现为调整范围的综合，其调整的内容既包括宏观经济领域的管理和调控关系，也包括微观经济领域的管理和协助关系；最后表现为规范构成的综合，其既包括若干单行的经济法律，也包括其他法律、行政法规、地方性法规等许多形式的经济法律规范，既包括实体性规范，也包括程序性规范，既包括强制性规范，也包括任意性规范。

三、政策性

经济法制度是在国家对经济的调控和参与过程中形成的,需要及时应对变幻莫测的经济生活,以促使经济平稳快速发展,因此,经济法具有很强的政策性。在市场经济条件下,经济的法律调整往往是政策先导,并赋予政策以法的效力。政策性特征是经济法的内在特质,外在则表现为相对于民法、行政法等法律部门而言更具灵活性与模糊性。

四、政府主导性

经济法调整的是体现国家意志或公共利益的经济关系,这种特殊意志和利益在法律上表现为较强的强制性、授权性、指导性及法的实施方面的特殊性,体现着政府主导的特征,多以限制性或禁止性规定规范主体的行为。

【思考题】

1. 简述经济法的调整对象。
2. 简述法人的概念和类型。
3. 简述物的分类及其法律意义。
4. 简述法律事实的概念和分类。

【参考文献】

1. 周永坤. 法理学:全球视野[M]. 北京:法律出版社,2000.
2. 刘文华. 经济法[M]. 北京:中国人民大学出版社,2019.
3. 《经济法学》编写组. 经济法学[M]. 2版. 北京:高等教育出版社,2018.
4. 李振华. 经济法概论[M]. 北京:中国民主法制出版社,2019.
5. 谢伟. 经济法学[M]. 北京:经济科学出版社,2018.

第二章 物权法律制度

第一节 物权法律制度概述

"物权"一词最早是由中世纪的注释法学派提出的。他们在解释罗马法时,以"对物之诉"为基础,初步建立了物权学说。"物权"一词在法律上的确认始于1900年的《德国民法典》。尽管大多数国家的民法典都规定了物权制度,但除了奥地利的民法典以外,其他国家的民法典都没有给物权下一个明确的定义。《中华人民共和国民法典》(以下简称《民法典》)"第二编物权"规定:"本编调整因物的归属和利用产生的民事关系。"由此可见,物权是关于物的归属和利用的权利。

一、物

(一)物的概念

物是物权的客体,是指民事主体能够实际支配和利用的,并能满足人们生产和生活需要的物质资料。物权法律制度上的物应当具有以下法律特征。

1. **有体性**

物权法律制度上的物应当是客观存在的物质实体。无体物一般不能成为物权法律制度上的物。而如果是能够被支配的自然力,如电、热、天然气等,它们虽然外表无形,但法律规定其可以成为物权法律制度上的物。物是物权的客体,但物权的客体不限于物。在法律有明确规定的情况下,权利也可以作为物权的客体,如建设用地使用权、抵押权和权利质权的客体都是权利。

2. **可支配性**

能够被民事主体支配并能满足人类需要的物质实体和自然力才是物权法律制度上的物,如太阳、月亮、星星也具有有体性,但因其不可被人力支配而不是物权法律制度上的物;如果不能满足人类需要、没有价值也不能成为物权法律制度上的物,如有害垃圾。

3. 非人格性

物权法律制度上的物不能是人身体的组成部分。人身体的组成部分只有在与人的身体分离后才可以作为物，如捐献的器官、血液，脱离人身体的假牙、义肢，等等。

（二）物的种类

按照不同的分类标准，对物可以作如下分类。

1. 动产与不动产

这是以物能否移动及移动是否影响其价值和物权变动法律要件的不同为标准进行划分的。动产是指能够移动且移动不至于影响其价值的物，如家具、牲畜等。不动产是指性质上不能移动或者虽然可以移动但移动会影响其价值的物，如土地、房屋等。物的这种分类的法律意义在于：① 流通性质和范围有区别。不动产大多为限制流通物和禁止流通物；动产则大多为流通物和限制流通物。② 物权变动的法律要件不同。不动产物权的变动，以登记为要件；动产物权的变动，一般以物的实际交付为要件。③ 纠纷管辖有差异。因不动产发生的纠纷，由不动产所在地的人民法院或有关机关负责处理；有关动产纠纷管辖的法律规定，则较为灵活。

2. 特定物与种类物

这是以物是否有独立特征和相互代替性为标准进行划分的。特定物是指具有独立特征但不能以其他物代替的物，包括独一无二的物和特定化的物。种类物是指具有共同的物理属性，可以用品种、质量、规格或度量衡确定的物。物的这种分类的法律意义在于：① 两者所适用的法律关系的范围不完全一致。有些法律关系的客体只能是特定物，如租赁关系；有些法律关系的客体只能是种类物，如金钱借贷关系。② 两者意外灭失的法律后果不同。特定物在交付对方当事人之前意外灭失的，可以免除义务人实际交付原物的义务，对方当事人只能根据过错原则请求义务人或第三人赔偿损失；而种类物在交付对方当事人之前意外灭失的，义务人应当继续履行实际交付义务，交付同等种类物。

3. 主物与从物

这是以物能否不依赖他物而独立存在为标准进行划分的。主物是指两种以上的物互相配合、按一定的经济目的组合在一起时，无须依赖他物而能独立存在并起主要作用的物。从物是指配合主物的使用而起辅助作用的物。物的这种分类的法律意义在于：主物转让的，从物随主物转让，但法律另有规定或者当事人另有约定的除外。

4. 流通物、限制流通物和禁止流通物

这是以物是否能够流通及能够在什么范围内流通为标准进行划分的。流通物是指法律允许在民事主体之间自由流转的物，大部分物为流通物。限制流通物是指法律对流通范围和程度有一定限制的物，如危险物品和受管制物品、黄金、白银外汇、文物等。禁止流通物是指法律明令禁止流通的物，如国家专有的物资、土地、矿藏、水流等。物的这种分类的法律意义在于：明确不同物品的可流通程度和范围，以判断具体民事法律行为的效力。

5. 可分物与不可分物

这是以物能否在不损害其效用和价值的情况下分割为标准进行划分的。可分物是指可以分割且分割不会损害其效用和价值的物，如油、米等。不可分物是指按照物的性质不能

分割，分割就会变更其性质或者损害其效用和价值的物，如钟表、牲畜等。物的这种分类的法律意义在于：① 有利于指导共有财产的正确分割。财产是可分物的，可采取实物分割的方法；财产是不可分物的，可采取变价分割或折价补偿的方法。② 便于明确多数人之债的债权债务。在多数人之债中，如果给付标的是可分物的，多数债权人或债务人按份享有债权或者承担债务；给付标的是不可分物的，则多数债权人或债务人连带地享有债权或者承担债务。

6. 原物与孳息

原物是指依其自然属性或法律规定能够产出新物的物。孳息是由原物派生而来的，包括天然孳息和法定孳息。天然孳息如动物所生的小动物，法定孳息是根据法律规定或当事人约定所产生的，如存款利息、股利、租金等。需要注意的是，孳息必须独立为一物，不能是原物的组成部分，如树上的果实、母牛身体里的小牛都属于原物的组成部分，而不是孳息，孳息必须与原物分离。物的这种分类的法律意义在于：① 天然孳息，由所有权人取得；既有所有权人又有用益物权人的，因该物产生的天然孳息由用益物权人取得。当事人另有约定的，按照其约定。② 法定孳息，当事人有约定的，按照约定取得；没有约定或者约定不明确的，按照交易习惯取得。③ 孳息所有权的转移时间，在买卖合同下，标的物在交付之前产生的孳息归出卖人所有，在交付之后产生的孳息归买受人所有。

7. 消费（耗）物与非消费（耗）物

这是根据物是一次使用还是可以多次使用进行的分类。该分类仅针对动产。消费物是只能一次性使用的物，如粮食、钱；而非消费物则是可以多次使用的，如汽车、手表等。物的这种分类的法律意义在于：确认物的所有权与使用权能否分离。消费物的所有权与使用权难以分离，而非消费物的所有权与使用权可以分离。

二、物权

（一）物权的概念与特征

物权是指权利人依法对特定的物享有直接支配和排他的权利。与债权相比，物权具有以下特征。

1. 绝对性

物权可以对抗除了权利人以外的其他所有人，因而物权是绝对权，具有对世性。债权只能对特定的对象主张，在债的关系中，义务人为特定的相对人，因而债权是相对权，具有对人性。

2. 支配性

物权人依自己的意思和行为直接支配标的物，无须他人的帮助。债权人实现自己的债权，有赖于义务人的特定给付行为。

3. 排他性

物权的排他性是指同一物上不得同时成立两个内容不相容的物权。债权具有平等性和相容性，同一财产上可以同时存在多个债权，并且这些债权之间不具有优先性和排他性。

（二）物权的分类

1. 自物权和他物权

自物权即所有权，是指所有人对自己所有之物进行占有、使用、收益和处分的权利。所有权是物权中最完整、最充分的权利。他物权是指所有权以外的物权，亦称限制物权，是对他人之物所享有的物权。他物权包括用益物权和担保物权。

2. 用益物权和担保物权

用益物权和担保物权都是他物权，是根据设立他物权的目的不同进行划分的。用益物权是指以对他人之物进行使用和收益为目的的物权，包括建设用地使用权、宅基地使用权、土地承包经营权、地役权等。担保物权是指以他人之物担保债权实现为目的的物权，包括抵押权、质权、留置权等。

三、物权法律制度的基本原则

（一）物权法定原则

物权的种类和内容，由法律规定。物权法定原则包括两个方面的内容。

1. 物权种类法定

物权种类法定，即当事人不得自由创设法律未规定的新种类物权。如我国的担保物权只能是抵押权、质押权和留置权三种。

2. 物权内容法定

物权内容法定，即物权的方式、效力等内容都由法律明文规定，当事人不得在物权中自由创设新的内容。

（二）一物一权原则

一物一权原则又称物权客体特定原则，具体包括以下内容：

（1）一个所有权的客体仅为一个独立的物，如果是两个独立的物，在其上就有两个所有权。

（2）一个独立物上内容冲突的物权只能存在一个。

（三）物权公示原则

所谓物权公示原则，是指物权应当以法定方式公之于众。至于具体的公示方法，因其是不动产还是动产而有所不同，不动产公示的方法是登记，动产公示的方法是交付。物权公示将产生以下效力。

1. 物权推定的效力

一般而言，物权公示的状态可以推定物权的归属，除非有证据证明这种推定是错误的。不动产以登记为公示方法，《民法典》规定："不动产权属证书是权利人享有该不动产物权的证明。不动产权属证书记载的事项，应当与不动产登记簿一致；记载不一致的，除有证据证明不动产登记簿确有错误外，以不动产登记簿为准。"

动产以交付为公示方法，一般而言，动产在谁的占有之下，就推定谁是该动产的所有权人，如果权利人有证据证明这种推定是错误的，应当以权利的真实状态进行判断。

2. 物权转移的效力

不动产以登记为物权转移的生效要件；动产以交付为物权转移的生效要件。《民法典》规定："不动产物权的设立、变更、转让和消灭，应当依照法律规定登记。动产物权的设立和转让，应当依照法律规定交付。"

3. 物权公信的效力

所谓物权公信，是指一旦当事人在变动物权时依法定方式进行了公示，法律就赋予物权变动具有完全的效力，即便这种公示有瑕疵，善意的受让人基于对公示的信赖，也不负返还的义务，仍然能够取得物权。物权公示就具有公信力，是善意取得的基础。

第二节 物权变动

物权变动是指物权的设立、变更、转让和消灭，包括所有权和他物权的产生、变更、转让和消灭。

一、物权变动的原因

（一）基于法律行为的物权变动

基于法律行为的物权变动是指因当事人的法律行为导致的物权变动，而法律行为是以意思表示为要素的，因此，也就是依当事人的意思表示而发生的物权变动，如因买卖、赠与、互易等导致的所有权变动，因当事人协商抵押、质押产生的他物权等。

在基于法律行为的物权变动中，物权变动由两个行为完成：一个是债权行为；另一个是物权行为。债权行为的法律后果是导致当事人之间的债权债务关系发生变化；物权行为的法律后果是导致物权发生变动。

《民法典》规定，物权变动与否不影响合同效力。当事人之间订立有关设立、变更、转让和消灭不动产物权的合同，除法律另有规定或者当事人另有约定外，自合同成立时生效；未办理物权登记的，不影响合同效力。

（二）非基于法律行为的物权变动

非基于法律行为的物权变动并不以法律行为为基础，主要包括：

（1）因人民法院、仲裁机构的法律文书或者人民政府的征收决定等，导致物权设立、变更、转让或者消灭的，自法律文书或者征收决定等生效时发生效力。

（2）因继承取得物权的，自继承开始时发生效力。

（3）因合法建造、拆除房屋等事实行为设立或者消灭物权的，自事实行为成就时发生效力。

上述三种情形导致的物权变动虽不以登记为生效要件，但获得权利的主体在处分该物权时，仍应当依法办理登记，未经登记，不发生物权效力。

二、物权变动的基本规则

（一）不动产物权变动

1. 不动产物权变动的公示方法——登记

不动产物权的设立、变更、转让和消灭，经依法登记，发生效力；未经登记，不发生效力，但是法律另有规定的除外。依法属于国家所有的自然资源，所有权可以不登记。

不动产物权登记的具体规则如下：

（1）登记地点。不动产登记，由不动产所在地的登记机构办理。国家对不动产实行统一登记制度。

（2）登记簿与权属证书的效力。不动产物权变动自记载于不动产登记簿时发生效力。办理完不动产登记簿上的登记手续以后，登记机构发给不动产权属证书。不动产权属证书记载的事项与不动产登记簿不一致的，除有证据证明不动产登记簿确有错误外，以不动产登记簿为准。

（3）登记的类型。不动产登记的类型包括不动产首次登记、变更登记、转移登记、注销登记、更正登记、异议登记、预告登记、查封登记等。首次登记是指不动产权利第一次登记，未办理不动产首次登记的，不得办理不动产其他类型登记，但法律、行政法规另有规定的除外。变更登记是指不动产登记的内容发生变化，不动产权利人向不动产登记机构申请变更的登记。转移登记是指不动产权利发生转移进行的登记。注销登记是指发生不动产灭失，权利人放弃不动产权利，不动产被依法没收、征收或者收回等情况的时候，当事人可以申请办理注销的登记。更正登记是为了彻底消除登记权利与真正权利不一致的状态，避免真正权利人因为不动产登记簿上不真实的记载遭受损害。异议登记是利害关系人对不动产登记簿记载的权利提出异议并记入不动产登记簿的行为，是在更正登记不能获得权利人同意时所采取的补救措施。当事人签订买卖房屋的协议或者签订其他不动产物权的协议，为保障将来实现物权，按照约定可以向登记机构申请预告登记。预告登记后，未经预告登记的权利人同意，处分该不动产的，不发生物权效力。

2. 不动产物权变动的具体规则

《民法典》规定："不动产物权的设立、变更、转让和消灭，经依法登记，发生效力；未经登记，不发生效力，但是法律另有规定的除外。"可见，不动产物权变动采用登记生效主义，包括不动产所有权转移、抵押权设定等。"法律另有规定的除外"主要是指个别不动产他物权的变动以登记为对抗要件的情形，如：① 土地承包经营权自土地承包经营权合同生效时设立。未经登记，不得对抗善意第三人。② 地役权自地役权合同生效时设立。未经登记，不得对抗善意第三人。

（二）动产物权变动

《民法典》规定："动产物权的设立和转让，自交付时发生效力，但是法律另有规定的除外。"

1. 动产物权变动公示的方法——交付

交付是指将标的物或者提取标的物的凭证移转给他人占有的行为。交付方式有两种，即现实交付和观念交付。现实交付，即直接转移对标的物的占有。观念交付又叫交付替代，发生与现实交付同样的法律效果，主要包括以下几种情形：

（1）简易交付。动产物权设立和转让前，权利人已经占有该动产的，物权自民事法律行为生效时发生效力。

（2）指示交付。动产物权设立和转让前，第三人占有该动产的，负有交付义务的人可以通过转让请求第三人返还原物的权利代替交付。

（3）占有改定。动产物权转让时，当事人又约定由出让人继续占有该动产的，物权自该约定生效时发生效力。

2. 动产物权变动的具体规则

动产物权的类型主要有动产所有权、抵押权、质权和留置权。

（1）动产所有权的转移。动产物权的设立和转让，自交付时发生效力，但是法律另有规定的除外。动产物权的变动以交付为标准，故当事人虽然就动产所有权转移达成协议，但在未交付标的物以前，动产所有权并不发生移转。《民法典》规定："船舶、航空器和机动车等的物权的设立、变更、转让和消灭，未经登记，不得对抗善意第三人。"因此，对于特殊动产，仍然是交付导致所有权转移，但如果没有办理登记，不能对抗善意第三人。

（2）动产他物权的设定。动产抵押，书面抵押合同生效就产生抵押权，登记是对抗要件，不登记不得对抗善意第三人；动产质押，交付是生效要件，交付才能产生质权，而且交付方式不能是占有改定。

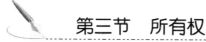

第三节　所有权

一、所有权概述

（一）所有权的概念

所有权是指所有权人对自己的不动产或者动产，依法享有的占有、使用、收益和处分的权利。所有权是最完整的物权，包括四项权能：占有、使用、收益和处分。

（1）占有权是指民事主体依法享有的对某项财产的实际控制权。与占有强调事实管领不同，占有权是基于合法占有产生的权利。

（2）使用权是指民事主体按照物的性能对物进行利用，以满足生产或生活需要的权利。使用权是民事主体对财产进行合法利用的权利。

（3）收益权是指民事主体通过合法途径获取基于财产而产生的物质利益的权利，包括孳息和利润。

（4）处分权是财产所有人最基本的权利，也是所有权的核心内容。按照财产处置方式的不同，可把处分划分为事实上的处分与法律上的处分。事实上的处分是指在生产或生活中直接消耗财产,其法律结果实质上是消灭了原财产的所有权,如消费粮食、用掉燃料等。法律上的处分是指在不改变物本身的情况下,通过民事法律行为或者其他法律事实处置财产权利,其法律后果是转移了原财产的所有权或处置了所有权的某项权能,如出卖房屋等。

(二) 所有权的类型

我国《民法典》根据所有权的主体不同,将所有权划分为国家所有权、集体所有权和私人所有权。

1. 国家所有权

法律规定属于国家所有的财产,属于国家所有即全民所有。国有财产由国务院代表国家行使所有权。法律另有规定的,依照其规定。《民法典》规定,下列财产属于国家所有:矿藏、水流、海域;无居民海岛;城市的土地以及法律规定属于国家所有的农村和城市郊区的土地;森林、山岭、草原、荒地、滩涂等自然资源,但是法律规定属于集体所有的除外;法律规定属于国家所有的野生动植物资源;无线电频谱资源;法律规定属于国家所有的文物;国防资产;依照法律规定为国家所有的铁路、公路、电力设施、电信设施和油气管道等基础设施。国家所有的财产受法律保护,禁止任何单位和个人侵占、哄抢、私分、截留、破坏。

2. 集体所有权

集体所有的不动产和动产包括:法律规定属于集体所有的土地和森林、山岭、草原、荒地、滩涂;集体所有的建筑物、生产设施、农田水利设施;集体所有的教育、科学、文化、卫生、体育等设施;集体所有的其他不动产和动产。集体所有的财产受法律保护,禁止任何单位和个人侵占、哄抢、私分、破坏。

3. 私人所有权

私人对其合法的收入、房屋、生活用品、生产工具、原材料等不动产和动产享有所有权。私人合法的储蓄、投资及其收益受法律保护。国家依照法律规定保护私人的继承权及其他合法权益。私人的合法财产受法律保护,禁止任何单位和个人侵占、哄抢、破坏。

二、共有

共有是指多个权利主体对一物共同享有所有权。共有可以基于当事人的意思产生,如共同出资购买一项财产并共有其所有权,也可以基于法律的规定产生,如夫妻财产的共有、因添附而产生的共有等。

(一) 共有的类型

共有包括按份共有和共同共有,两者在产生原因,共有物的处分、分割和重大修缮等方面存在诸多不同。

(1) 按份共有是指按份共有人对共有的不动产或者动产按照其份额享有所有权。按份共有是一种抽象意义上的划分,是为了确定各共有人行使权利的比例或者范围,并非对共有物具体部分的划分,因此,各共有人的权利存在于共有物全部而非某一特定部分之上。按份共有人对共有的不动产或者动产享有的份额,没有约定或者约定不明确的,按照出资额确定；不能确定出资额的，视为等额享有。

（2）共同共有是指共有人对共有的不动产或者动产共同享有所有权。共同共有以共同关系为基础，如夫妻关系、家庭关系等。

（3）共有人对共有的不动产或者动产没有约定为按份共有或者共同共有，或者约定不明确的，除共有人具有家庭关系等外，视为按份共有。

（二）共有的内部关系与外部关系

1. 共有物的管理与处分

（1）对于一般的管理行为，共有人按照约定管理共有物；没有约定或者约定不明确的，各共有人都有管理的权利和义务。

（2）处分共有物及对共有物作重大修缮、变更性质或者用途的：① 按份共有，应当经占份额2/3以上的按份共有人同意。② 共同共有，应当经全体共同共有人一致同意。但是，共有人之间另有约定的除外。

（3）对共有物的管理费用及其他负担，在共有人内部进行划分时，有约定的，按照其约定；没有约定或者约定不明确的，按份共有人按照其份额负担，共同共有人则共同负担。

2. 共有物的分割

如果共有人约定不得分割共有物的，应当按照约定。在没有约定或者约定不明确的情况下：按份共有人可以随时请求分割；共同共有人只有在共有的基础丧失或者有重大理由需要分割时才可以请求分割。因分割造成其他共有人损害的，应当给予赔偿。

共有人可以协商确定分割方式。达不成协议，共有物可以分割且不会因分割减损价值的，应当对实物予以分割；难以分割或者因分割会减损价值的，应当对折价或者拍卖、变卖取得的价款予以分割。共有人分割所得的不动产或者动产有瑕疵的，其他共有人应当分担损失。

3. 共有份额的转让

按份共有人可以转让其享有的共有份额，其他共有人在同等条件下享有优先购买的权利。共同共有是不分份额的共有，因而不存在共有份额转让的问题。

4. 共有物债务的承担

因共有的不动产或者动产产生的债权债务：

（1）在外部关系上，共有人享有连带债权、承担连带债务，但是法律另有规定或者第三人知道共有人不具有连带债权债务关系的除外。

（2）在内部关系上，除共有人另有约定外，按份共有人按照份额享有债权、承担债务，偿还债务超过自己应当承担份额的按份共有人，有权向其他共有人追偿；共同共有人则不分份额，共同享有债权、承担债务。

三、所有权取得的特殊方式

所有权的取得包括原始取得和继受取得。前者是指非依他人既存的权利而取得某物的所有权，如因善意取得、拾得遗失物、发现埋藏物、添附、先占等而取得所有权，这些都是所有权取得的特殊方式；后者是指基于他人既存的权利和意志而取得某物的所有权，如因买卖、赠与、互易而取得所有权。

（一）善意取得

所谓善意取得，是指动产占有人或者不动产名义登记人将动产或者不动产不法转让给受让人以后，如果受让人善意取得财产，即可依法取得该财产的所有权或者其他物权的法律制度。法律规定善意取得制度的目的在于保护占有及登记的公信力，保护交易当事人的信赖利益和交易安全，维护交易秩序。善意取得制度是对原权利人和受让人之间的权利所作的一种强制性的物权配置。

1. **善意取得的构成要件**

（1）处分人无权处分。无权处分主要有两种情形：第一种是他人之物，处分人没有所有权，也没有经过所有权人授权；第二种是共有物，没有达到法定的整体处分标准，即按份共有没有经占份额 2/3 以上的按份共有人同意，共同共有没有经全体共同共有人一致同意。

（2）受让人受让财产时主观上为善意。受让人善意是指受让人不知道让与人是无处分权人，并且对这种不知情不存在重大过失。善意的时间点，要求动产在交付的时候受让人是善意的，不动产在登记的时候受让人是善意的。

（3）以合理的价格转让。无偿方式取得财产的，不构成善意取得。判断是否属于"合理的价格"，应当根据转让标的物的性质、数量、付款方式等具体情况，参考转让时交易地市场价格、交易习惯等因素综合认定。

（4）依照法律规定应当登记的已经登记，不需要登记的已经交付给受让人。

2. **善意取得的法律后果**

善意取得涉及三方当事人，即权利人、让与人和受让人。善意取得在当事人之间发生以下法律效果：

第一，在原权利人与受让人之间，原权利人丧失标的物的所有权，受让人基于善意取得制度取得标的物的所有权。

第二，在让与人与受让人之间，让与人与受让人基于有偿法律行为发生债的法律关系，受让人承担向让与人支付价款的义务，不能基于让与人无权处分拒绝支付价款。

第三，在原权利人与让与人之间，原权利人可以要求让与人（无权处分人）承担赔偿责任，也可以要求让与人返还不当得利，但无权要求让与人返还原物。

（二）拾得遗失物

遗失物是指他人不慎丧失占有的动产。在拾得遗失物的关系中，主要涉及权利人、拾得人和第三人。拾得人拾得遗失物，应当返还权利人。拾得人拒不返还遗失物的，按侵权行为处理。拾得人侵占遗失物的，无权请求保管遗失物等支出的费用，也无权请求权利人按照承诺履行义务。

拾得漂流物、发现埋藏物或者隐藏物的，参照适用拾得遗失物的有关规定。

（三）添附

添附包括附合、混合和加工。

附合是指不同所有权人的物结合在一起，无法分割或者分割将损害物的价值。附合包括动产对不动产的附合和动产对动产的附合。混合是指不同所有权人的物混杂在一起，难以分离。加工是指对他人的动产施以劳作，并生成新的动产的行为。

对于添附，《民法典》规定，因加工、附合、混合而产生的物的归属，有约定的，按照约定；没有约定或者约定不明确的，依照法律规定；法律没有规定的，按照充分发挥物的效用及保护无过错当事人的原则确定。因一方当事人的过错或者确定物的归属造成另一方当事人损害的，应当给予赔偿或者补偿。

第四节　用益物权

用益物权是指用益物权人对他人所有的不动产或者动产，依法享有的占有、使用和收益的权利。用益物权主要包括土地承包经营权、建设用地使用权、宅基地使用权、地役权和居住权。

一、用益物权的法律特点

（1）用益物权是一种定限物权。用益物权人不仅没有处分标的物的权能，其享有的对标的物的占有、使用、收益等权能也只能在一定范围和期限内行使。

（2）用益物权的标的物一般限于不动产。

（3）用益物权是一种他物权。用益物权是权利人对他人所有的财产依法享有的一种物权，其设立目的是对他人之物进行使用和收益。

二、建设用地使用权

建设用地使用权是指建设用地使用权人依法对国家所有的土地享有的占有、使用和收益的权利，建设用地使用权人有权利用该土地建造建筑物、构筑物及其附属设施。

如果涉及集体所有的土地，除兴办乡镇企业、村民建设住宅、乡（镇）村公共设施和公益事业建设经依法批准使用本集体经济组织农民集体所有土地的外，其他对集体土地的建设利用，都必须先征归国有，然后取得国有建设用地使用权。

建设用地使用权的取得、转让、消灭均须登记。建设用地使用权自登记时设立，转让时应当办理转移登记，消灭时应当办理注销登记。

（一）建设用地使用权的取得

设立建设用地使用权，可以采取有偿出让或者无偿划拨两种方式。

土地使用权出让是指国家将国有土地使用权在一定年限内出让给土地使用者，由土地使用者向国家支付土地使用权出让金的行为。划拨土地使用权是指土地使用者经县级以上人民政府依法批准，在缴纳补偿、安置等费用后所取得的或者无偿取得的没有使用期限限制的国有土地使用权。

（二）建设用地使用权的转让

建设用地使用权转让、互换、出资、赠与或者抵押的，当事人应当采用书面形式订立相应的合同。使用期限由当事人约定，但是不得超过建设用地使用权的剩余期限。

（三）建设用地使用权的期限

1. 出让方式取得的建设用地使用权期限

以有偿出让方式取得的建设用地使用权，出让最高年限按下列用途确定：① 居住用地 70 年；② 工业用地 50 年；③ 教育、科技、文化、卫生、体育用地 50 年；④ 商业、旅游、娱乐用地 40 年；⑤ 综合或者其他用地 50 年。

住宅建设用地使用权期间届满的，自动续期。非住宅建设用地使用权期间届满后的续期，依照法律规定办理。建设用地使用权期间届满前，因公共利益需要提前收回该土地的，应当对该土地上的房屋及其他不动产给予补偿，并退还相应的出让金。

2. 划拨方式取得的建设用地使用权期限

以无偿划拨方式取得的建设用地使用权，除法律、行政法规另有规定外，没有使用期限的限制。

三、其他用益物权

（一）地役权

地役权是地役权人按照合同约定，利用他人的不动产，以提高自己不动产效益的一种用益物权。设立地役权，当事人应当采用书面形式订立地役权合同。地役权自地役权合同生效时设立。当事人要求登记的，可以向登记机构申请地役权登记；未经登记，不得对抗善意第三人。

地役权从属于不动产物权，因此地役权不得单独转让和抵押。土地承包经营权、建设用地使用权等转让的，地役权一并转让，但是合同另有约定的除外；土地经营权、建设用地使用权等抵押的，在实现抵押权时，地役权一并转让。

（二）居住权

居住权是居住权人按照合同约定或者遗嘱，占有、使用他人的住宅，以满足生活居住需要的一种用益物权。

1. 居住权的设立

居住权设立的方式有两种：一种是通过合同设立；另一种是通过遗嘱设立。通过合同设立居住权，当事人应当采用书面形式订立居住权合同。居住权无偿设立，但是当事人另有约定的除外。设立居住权的，应当向登记机构申请居住权登记。居住权自登记时设立。以遗嘱方式设立居住权的，参照适用前述规定。

2. 居住权的限制

居住权不得转让、继承。设立居住权的住宅不得出租，但是当事人另有约定的除外。

3. 居住权的消灭

居住权期限届满或者居住权人死亡的，居住权消灭。居住权消灭的，应当及时办理注销登记。

第五节 担保物权

一、担保物权概述

(一) 担保物权的概念与特征

担保物权是以确保特定债权的实现为目的的定限物权。担保物权包括抵押权、质权和留置权。担保物权具有以下特征。

1. **从属性**

担保物权以担保债务的履行为目的，从属于主债权。首先，担保物权的设立应以债权的存在为前提；其次，担保物权原则上随主债权的移转而移转，担保物权不可单独转让；再次，主债权无效，担保物权无效，并且主债权范围决定了担保物权的担保范围；最后，担保物权因主债权的消灭而消灭。

2. **优先受偿性**

担保物权人在债务人不履行到期债务或者发生当事人约定的实现担保物权的情形，依法享有就担保财产优先受偿的权利，但是法律另有规定的除外。

3. **不可分性**

担保物权人在其全部债权受偿之前，可就担保物的全部行使其权利，担保物的价值变化及债权的变化不影响担保物权的整体性。具体体现为：债权部分消灭，债权人仍对担保物的全部行使权利；担保物部分灭失，残存部分仍担保债权全部；债权部分转让，数个债权人按其债权额共享担保物权。

4. **物上代位性**

担保期间，担保财产毁损、灭失或者被征收等，担保物权人可以就获得的保险金、赔偿金或者补偿金等优先受偿。被担保债权的履行期未届满的，也可以提存该保险金、赔偿金或者补偿金等。

(二) 关于担保物权的一般规定

1. **担保物权的担保范围**

担保物权的担保范围包括主债权及其利息、违约金、损害赔偿金、保管担保财产和实现担保物权的费用。当事人另有约定的，按照其约定。

2. **第三人提供担保**

第三人提供担保，未经其书面同意，债权人允许债务人转移全部或者部分债务的，担保人不再承担相应的担保责任。

3. **物的担保与保证并存**

被担保的债权既有物的担保又有人的担保的，债务人不履行到期债务或者发生当事人约定的实现担保物权的情形：

（1）债权人应当按照约定实现债权。

（2）没有约定或者约定不明确，债务人自己提供物的担保的，债权人应当先就该物的担保实现债权。

（3）第三人提供物的担保的，债权人可以就物的担保实现债权，也可以请求保证人承担保证责任。提供担保的第三人承担担保责任后，有权向债务人追偿。

4. 担保物权的消灭

有下列情形之一的，担保物权消灭：① 主债权消灭；② 担保物权实现；③ 债权人放弃担保物权；④ 法律规定担保物权消灭的其他情形。

二、抵押权

（一）抵押权的概念与特征

抵押权是指债权人对债务人或者第三人不转移占有而提供担保的不动产或者其他财产，优先清偿其债权的权利。《民法典》规定："为担保债务的履行，债务人或者第三人不转移财产的占有，将该财产抵押给债权人的，债务人不履行到期债务或者发生当事人约定的实现抵押权的情形，债权人有权就该财产优先受偿。"此处债务人或者第三人为抵押人，债权人为抵押权人，提供担保的财产为抵押财产。

抵押权作为担保物权的一种，除具有上述担保物权的从属性、特定性、不可分性外，还具有如下特征：抵押权不转移对标的物的占有，抵押后抵押物仍然在抵押人占有之下，因而叫作"不转移占有的担保"。

（二）抵押财产的范围

1. 可以抵押的财产

根据《民法典》的规定，债务人或者第三人有权处分的下列财产可以抵押：

（1）建筑物和其他土地附着物。

（2）建设用地使用权。

（3）海域使用权。

（4）生产设备、原材料、半成品、产品。

（5）正在建造的建筑物、船舶、航空器。

（6）交通运输工具。

（7）法律、行政法规未禁止抵押的其他财产。

2. 不可抵押的财产

根据《民法典》的规定，下列财产不得抵押：

（1）土地所有权。

（2）宅基地、自留地、自留山等集体所有土地的使用权，但是法律规定可以抵押的除外。

（3）学校、幼儿园、医疗机构等为公益目的成立的非营利法人的教育设施、医疗卫生设施和其他公益设施。

（4）所有权、使用权不明或者有争议的财产。

(5) 依法被查封、扣押、监管的财产。

(6) 法律、行政法规规定不得抵押的其他财产。

3. 抵押中建设用地使用权与地上建筑物的关系

(1) 房随地走、地随房走原则。《民法典》规定:"以建筑物抵押的,该建筑物占用范围内的建设用地使用权一并抵押。以建设用地使用权抵押的,该土地上的建筑物一并抵押。抵押人未依据前款规定一并抵押的,未抵押的财产视为一并抵押。"

(2) 新增建筑物问题。建设用地使用权抵押后,该土地上新增的建筑物不属于抵押财产。该建设用地使用权实现抵押权时,应当将该土地上新增的建筑物与建设用地使用权一并处分。但是,新增建筑物所得的价款,抵押权人无权优先受偿。

(三) 抵押权的设立

通过法律行为设立抵押权,是抵押权取得的基本方式。抵押权的设立应区分是动产抵押还是不动产抵押。不动产抵押,登记是生效要件;动产抵押,登记是对抗要件。

1. 书面抵押合同

设立抵押权,当事人应当采用书面形式订立抵押合同。

禁止流押条款。抵押权人在债务履行期限届满前,与抵押人约定债务人不履行到期债务时抵押财产归债权人所有的,只能依法就抵押财产优先受偿。

2. 不动产抵押——登记生效

以下列财产抵押的,应当办理抵押登记,抵押权自登记时设立:① 建筑物和其他土地附着物;② 建设用地使用权;③ 海域使用权;④ 正在建造的建筑物。抵押人违背诚实信用原则拒绝办理抵押登记致使债权人受到损失的,抵押人应当承担赔偿责任。

如果抵押没有登记,抵押合同有效,但抵押权不产生。

3. 动产抵押——登记对抗

(1) 一般的动产抵押。以下列财产抵押的,抵押权自抵押合同生效时设立;未经登记,不得对抗善意第三人:① 生产设备、原材料、半成品、产品;② 正在建造的船舶、航空器;③ 交通运输工具。

(2) 动产浮动抵押。企业、个体工商户、农业生产经营者可以将现有的及将有的生产设备、原材料、半成品、产品抵押,债务人不履行到期债务或者发生当事人约定的实现抵押权的情形,债权人有权就抵押财产确定时的动产优先受偿。抵押财产自下列情形之一发生时确定:① 债务履行期限届满,债权未实现;② 抵押人被宣告破产或者解散;③ 当事人约定的实现抵押权的情形;④ 严重影响债权实现的其他情形。

无论是一般的动产抵押还是动产浮动抵押,登记都是对抗要件,同时要特别注意的是,《民法典》规定:"以动产抵押的,不得对抗正常经营活动中已经支付合理价款并取得抵押财产的买受人。"这意味着,即便动产抵押已经登记,也不能对抗符合法定条件的买受人。

(四) 抵押权的效力

1. 抵押权的效力范围

抵押权的效力及于抵押物的全部,具体包括当事人设定抵押的财产及财产的从物、从权利、孳息、代位物和附合物。

抵押权所担保债权的范围包括主债权及其利息、违约金、损害赔偿金和实现抵押权的费用。抵押合同另有约定的，按照其约定。

2. 抵押人的权利

抵押权设立后，抵押人仍然享有对抵押物的占有、使用和收益的权利，此外，抵押人享有的其他权利及其限制主要表现为：

（1）抵押物的处分权。抵押期间，抵押人可以转让抵押财产。当事人另有约定的，按照其约定。抵押财产转让的，抵押权不受影响。抵押人转让抵押财产的，应当及时通知抵押权人。抵押权人能够证明抵押财产转让可能损害抵押权的，可以请求抵押人将转让所得的价款向抵押权人提前清偿债务或者提存。转让的价款超过债权数额的部分归抵押人所有，不足部分由债务人清偿。

（2）抵押物的租赁权。抵押期间，抵押人占有标的物，可以将抵押物出租。抵押权设立前，抵押财产已经出租并转移占有的，原租赁关系不受该抵押权的影响。这意味着，租赁在先，抵押在后的，租赁关系不受影响；而抵押在先租赁在后的，登记的抵押就可以对抗租赁关系。

3. 抵押权人的权利

（1）抵押权的保全。抵押人的行为足以使抵押财产价值减少的，抵押权人有权要求抵押人停止其行为；抵押财产价值减少的，抵押权人有权要求恢复抵押财产的价值，或者提供与减少的价值相应的担保。抵押人不恢复抵押财产的价值，也不提供担保的，抵押权人有权要求债务人提前清偿债务。

（2）抵押权的处分。抵押权人有权将抵押权转让或者以抵押权为其他债权设定担保，但必须与其所担保的债权一并转让或者作为其他债权的担保。抵押权人还有权放弃抵押权，即放弃就抵押物优先受偿的权利。

（3）抵押财产扣押后孳息的收取权。债务人不履行到期债务或者发生当事人约定的实现抵押权的情形，致使抵押财产被人民法院依法扣押的，自扣押之日起，抵押权人有权收取该抵押财产的天然孳息或者法定孳息，但是抵押权人未通知应当清偿法定孳息义务人的除外。前款规定的孳息应当先充抵收取孳息的费用。

（五）抵押权的顺位

同一财产向两个以上债权人抵押的，拍卖、变卖抵押财产所得的价款依照下列规定清偿：

（1）抵押权已经登记的，按照登记的时间先后确定清偿顺序。

（2）抵押权已经登记的先于未登记的受偿。

（3）抵押权未登记的，按照债权比例清偿。

抵押权人可以放弃抵押权或者抵押权的顺位。抵押权人与抵押人可以协议变更抵押权顺位及被担保的债权数额等内容。但是，抵押权的变更未经其他抵押权人书面同意的，不得对其他抵押权人产生不利影响。债务人以自己的财产设定抵押，抵押权人放弃该抵押权、抵押权顺位或者变更抵押权的，其他担保人在抵押权人丧失优先受偿权益的范围内免除担保责任，但是其他担保人承诺仍然提供担保的除外。

（六）抵押权的实现

1. 抵押权实现方式

债务人不履行到期债务或者发生当事人约定的实现抵押权的情形，抵押权人可以与抵押人协议以抵押财产折价或者以拍卖、变卖该抵押财产所得的价款优先受偿。协议损害其他债权人利益的，其他债权人可以在知道或者应当知道撤销事由之日起1年内请求人民法院撤销该协议。抵押权人与抵押人未就抵押权实现方式达成协议的，抵押权人可以请求人民法院拍卖、变卖抵押财产。抵押财产折价或者变卖的，应当参照市场价格。

2. 抵押权实现的后果

抵押财产折价或者拍卖、变卖后，其价款超过债权数额的部分归抵押人所有，不足部分由债务人清偿。

如果拍卖的是划拨的国有土地使用权，所得的价款应依法先缴纳相当于应缴纳的土地使用权出让金的款额，然后抵押权人再就剩余价款优先受偿。

（七）抵押权的终止

出现下列情况之一的，抵押权即终止其效力。

1. 主债权消灭

抵押权为担保主债权而存在，如果主债权因清偿、抵销、免除等原因而消灭，抵押权也随之消灭。

2. 抵押权实现

抵押权实现后，无论其担保的债权是否得到全部清偿，抵押权都归于消灭。

3. 抵押物灭失

抵押权因抵押物灭失而消灭，但是因抵押物灭失取得的赔偿金，应当作为抵押财产。

4. 抵押权的行使期限届满

抵押权人应当在主债权诉讼时效期间行使抵押权；未行使的，人民法院不予保护。

（八）最高额抵押权

1. 最高额抵押概述

最高额抵押是指为担保债务的履行，债务人或者第三人对一定期间内将要连续发生的债权提供担保财产，债务人不履行到期债务或者发生当事人约定的实现抵押权的情形，抵押权人有权在最高债权额限度内就该担保财产优先受偿。

2. 担保债权的范围及其确定

最高额抵押权设立前已经存在的债权，经当事人同意，可以转入最高额抵押担保的债权范围。

有下列情形之一的，抵押权人的债权确定：① 约定的债权确定期间届满；② 没有约定债权确定期间或者约定不明确，抵押权人或者抵押人自最高额抵押权设立之日起满2年后请求确定债权；③ 新的债权不可能发生；④ 抵押权人知道或者应当知道抵押财产被查封、扣押；⑤ 债务人、抵押人被宣告破产或者解散；⑥ 法律规定债权确定的其他情形。

3. 抵押权从属性的突破

最高额抵押担保的债权确定前,部分债权转让的,最高额抵押权不得转让,但是当事人另有约定的除外。

4. 最高额抵押权的变更

最高额抵押担保的债权确定前,抵押权人与抵押人可以通过协议变更债权确定的期间、债权范围及最高债权额。但是,变更的内容不得对其他抵押权人产生不利影响。

最高额抵押与普通抵押相比,简化了普通抵押的烦琐程序,因而是企业向银行借款时常见的一种抵押方式。

三、质权

(一) 质权概述

1. 质权的概念

质权是指债务人或者第三人将其动产或者权利移交债权人占有,将该财产作为债务的担保,当债务人不履行到期债务时,债权人享有以该财产折价或者以拍卖、变卖该财产所得的价款优先受偿的权利。这里的债务人或者第三人为出质人,债权人为质权人,交付的动产或者权利为质押财产。质权包括动产质权和权利质权。

2. 质权与抵押权的区别

(1) 成立要件不同。抵押权的成立一般须经登记,但无须将抵押物交付债权人占有;而质权的成立,以出质人将质押物转移给债权人占有为必要条件。

(2) 担保标的不同。抵押权的标的为不动产、不动产用益物权和动产;而质权的标的为动产和除不动产用益物权外的其他财产权利。

(3) 实现方式不同。抵押权人实现其抵押权时,达不成协议的,一般需请求人民法院拍卖、变卖抵押财产并就其价款受偿;质权人实现其质权时,因其事先占有标的物,可不经司法程序而直接参照市场价格变卖质押财产或者以其他方式处分质押财产并就其价款受偿。

(二) 动产质权

1. 动产质权的设立

(1) 书面质押合同。设立质权,当事人应当采用书面形式订立质押合同。

《民法典》规定:"质权人在债务履行期限届满前,与出质人约定债务人不履行到期债务时质押财产归债权人所有的,只能依法就质押财产优先受偿。"因此,合同中如果约定了"流质条款",则该条款不发生法律效力。

(2) 质权自出质人交付质押财产时设立。出质人必须将动产交付给质权人,质权才会产生,因而动产质押被称作"转移占有的担保"。

2. 质权人的权利和义务

(1) 质物孳息的收取权。质押期间,因为质权人占有标的物,收取孳息比较方便,所以质权人有权收取质押财产的孳息,但是合同另有约定的除外。质权人收取的孳息应当先充抵收取孳息的费用。

（2）妥善保管质押财产的义务。质权人在质权存续期间负有妥善保管质押财产的义务，因保管不善致使质押财产毁损、灭失的，或者未经出质人同意，擅自使用、处分质押财产，造成出质人损害的，应当承担赔偿责任。质权人的行为可能使质押财产毁损、灭失的，出质人可以请求质权人将质押财产提存，或者请求提前清偿债务并返还质押财产。

质权人在质权存续期间，未经出质人同意转质，造成质押财产毁损、灭失的，应当承担赔偿责任。

（3）质权的保全。因不可归责于质权人的事由可能使质押财产毁损或者价值明显减少，足以危害质权人权利的，质权人有权请求出质人提供相应的担保；出质人不提供的，质权人可以拍卖、变卖质押财产，并与出质人协议将拍卖、变卖所得的价款提前清偿债务或者提存。

（4）质押财产的返还。债务人履行债务或者出质人提前清偿所担保的债权的，质权人应当返还质押财产。

3. 动产质权的实现

债务人不履行到期债务或者发生当事人约定的实现质权的情形，质权人可以与出质人协议以质押财产折价，也可以就拍卖、变卖质押财产所得的价款优先受偿。质押财产折价或者变卖的，应当参照市场价格。

出质人可以请求质权人在债务履行期限届满后及时行使质权；质权人不行使的，出质人可以请求人民法院拍卖、变卖质押财产。出质人请求质权人及时行使质权，因质权人怠于行使权利造成出质人损害的，由质权人承担赔偿责任。

质押财产折价或者拍卖、变卖后，其价款超过债权数额的部分归出质人所有，不足部分由债务人清偿。

（三）权利质权

1. 可以用于质押的权利

债务人或者第三人有权处分的下列权利可以出质：

（1）汇票、支票、本票。
（2）债券、存款单。
（3）仓单、提单。
（4）可以转让的基金份额、股权。
（5）可以转让的注册商标专用权、专利权、著作权等知识产权中的财产权。
（6）现有的及将有的应收账款。
（7）法律、行政法规规定可以出质的其他财产权利。

2. 权利质权的设立

设立权利质权，当事人应当订立书面合同。此外，设立权利质权还应交付权利凭证或者办理出质登记。

（1）以汇票、本票、支票、债券、存款单、仓单、提单出质的，质权自权利凭证交付质权人时设立；没有权利凭证的，质权自有关部门办理出质登记时设立。

（2）以基金份额、股权出质的，当事人应当订立书面合同。以基金份额、证券登记结算机构登记的股权出质的,质权自证券登记结算机构办理出质登记时设立;以其他股权出质的,质权自市场监督管理部门办理出质登记时设立。

(3) 以注册商标专用权、专利权、著作权等知识产权中的财产权出质的,当事人应当订立书面合同。质权自有关主管部门办理出质登记时设立。

(4) 以应收账款出质的,当事人应当订立书面合同。质权自信贷征信机构办理出质登记时设立。

权利质权的其他问题适用动产质权的有关规定。

四、留置权

(一) 留置权的概念与特征

留置权是指债权人按照合同约定占有债务人的动产,债务人不履行到期债务,债权人可以留置已经合法占有的债务人的动产,并有权就该动产优先受偿的权利。此处债权人为留置权人,占有的动产为留置财产。

留置权有以下特征:

(1) 留置权是动产担保物权,并且留置权人须占有担保物。

(2) 留置权是法定担保物权。

(二) 留置权的成立条件

(1) 债权人事先合法占有债务人的动产。债权人必须是基于特定合同关系或者授权事先合法占有债务人的动产,这是行使留置权的前提。

(2) 债权已届清偿期。债权人的债权没有到期就无权要求债务人清偿,不得留置。

(3) 债权人留置的动产,应当与债权属于同一法律关系,也即留置的动产与债权债务具有"牵连性"。

法律规定或者当事人约定不得留置的动产,不得留置。这意味着,虽然留置权是法定担保物权,但是当事人约定排除留置权的,就不得留置。

(三) 留置权的效力

1. 担保债权的范围

留置权的担保范围包括主债权及其利息、违约金、损害赔偿金、留置物保管费用和实现留置权的费用。

2. 留置标的物的范围

留置的财产并不限于动产本身,还应包括该动产的从物、孳息及代位物。留置财产为可分物的,留置财产的价值应当相当于债务的金额。

3. 留置权人的权利和义务

(1) 妥善保管标的物的义务。留置权人负有妥善保管留置财产的义务;因保管不善使留置财产毁损、灭失的,应当承担赔偿责任。

(2) 孳息收取权。留置权人有权收取留置财产的孳息,该孳息应当先充抵收取孳息的费用。

（四）留置权的实现

（1）留置权人与债务人应当约定留置财产后的债务履行期限；没有约定或者约定不明确的，留置权人应当给债务人 60 日以上履行债务的期限，但是鲜活易腐等不易保管的动产除外。

（2）债务人逾期未履行的，留置权人可以与债务人协议以留置财产折价，也可以就拍卖、变卖留置财产所得的价款优先受偿。留置财产折价或者变卖的，应当参照市场价格。

（3）留置权人留置财产后并非可以直接处置财产，除非是鲜活易腐等不易保管的动产，否则都要给债务人一个履行债务的宽限期，宽限期届满债务人再不履行的，留置权人才能够处置财产。

债务人可以请求留置权人在债务履行期限届满后行使留置权；留置权人不行使的，债务人可以请求人民法院拍卖、变卖留置财产。留置财产折价或者拍卖、变卖后，其价款超过债权数额的部分归债务人所有，不足部分由债务人清偿。

（五）留置权的消灭

留置权因下列原因而消灭：

（1）留置权人的债权消灭。

（2）留置权人对留置财产丧失占有。

（3）留置权人接受债务人另行提供的担保。

（六）同一物上成立多个担保物权的效力

（1）同一财产既设立抵押权又设立质权的，拍卖、变卖该财产所得的价款按照登记、交付的时间先后确定清偿顺序。

（2）留置权优先于抵押权和质权。同一动产上已经设立抵押权或者质权，该动产又被留置的，留置权人优先受偿。

【思考题】

1. 简述物的分类及其法律意义。
2. 简述物权的分类。
3. 简述按份共有与共同共有的区别。
4. 简述用益物权的概念、特征与类型。
5. 简述担保物权的概念、特征与类型。

【参考文献】

1. 马俊驹，余延满. 民法原论 [M]. 4 版. 北京：法律出版社，2010.
2. 魏振瀛. 民法 [M]. 7 版. 北京：北京大学出版社，2017.
3. 刘安琪，王妍荔. 经济法 [M]. 北京：中国商务出版社，2020.

第三章 知识产权法律制度

第一节 知识产权概述

一、知识产权的概念和保护对象

（一）知识产权的定义

知识产权是指人们基于自己的智力活动创造的成果和经营管理活动中的标记、信誉所依法享有的专有权利，包括专利权、商标权、著作权等。在民事权利制度体系中，知识产权这一用语是与传统的财产所有权相区别而存在的。

（二）知识产权的特征

1. **无形性**

知识产权的客体是无形的智力成果，是一种没有形体的精神财富。知识产权的这一特征决定了知识产权与以有形物为客体的物权的区别。物权的客体是有形的，包括动产和不动产，一般情况下，它只能被一个民事主体占有、使用。而知识产权的客体是无形的，权利人能利用其权利控制他人对其智力成果的使用，并且权利人的智力成果可以被许多民事主体同时使用或者反复多次使用。值得注意的是，知识产权的客体虽然是无形的智力成果，但是这种无形的智力成果必须通过有形的物质形式表现出来。

2. **专有性**

知识产权是一种专有性的民事权利，具有排他性和绝对性的特点。知识产权的权利主体依法享有独占使用智力成果的权利，他人不得侵犯。尽管有形财产所有权也具备专有性，但知识产权的专有性有其独特之处。一般而言，知识产权的专有性表现在两个方面：一是知识财产为权利人所独占，任何人未经权利人的许可，都不得使用权利人的知识产品（法律另有规定的除外）；二是对于同一项知识产品，不允许有两个以上的同种知识产权并存。一般财产权的专有性意味着权利人排斥非权利人对其财产的不法占有、使用、收益和处分；而知识产权的专有性则意味着权利人排斥非权利人对其知识产品进行不法仿制、假冒或者剽窃。

3. 地域性

知识产权的地域性是指根据一国法律取得的知识产权的法律效力，原则上只及于该国的地域范围。知识产权的这一特征有别于有形财产权。一般而言，对有形财产权的保护，原则上没有地域性的限制。而知识产权则不同，根据一国法律获得承认和保护的知识产权，只能在该国发生法律效力。除签有国际公约或者双边协定外，知识产权没有域外效力，其他国家对这种权利没有保护的义务。

4. 时间性

知识产权的时间性是指知识产权中的财产权部分只在有效期内受法律保护。知识产权的这个特征使知识产权只在法律规定的期限内受法律保护，期限届满后，该智力成果进入公有领域，成为整个社会的共同财富，任何人都可以无偿使用。知识产权的时间性，使其区别于有形财产权。有形财产权不受时间限制，只要有形财产没有灭失，即受法律保护。依消灭时效或者取得时效而产生的法律后果也只涉及财产权主体的变更，而财产本身作为权利客体并没有发生变化，始终受法律保护。

5. 可复制性

知识产权之所以能够成为某种财产权，是因为这些权利被利用后，能够体现在一定产品、作品或者其他物品的复制活动上。也就是说，这种权利的客体可由一定的有形物去固定，去复制。只有涉及这一特征时，知识产权直接指向的才是受保护客体，而不是权利本身。

（三）知识产权的范围

知识产权的范围随着科技的发展和社会的进步在不断扩大。一般而言，各国对知识产权范围的界定，遵循的是几个主要的知识产权国际公约，并有广义和狭义之分。

狭义的知识产权的范围，即传统意义上的知识产权，包括著作权（含邻接权）、专利权、商标权三个主要组成部分。狭义的知识产权可以分为两个类别：一类是文学产权，包括著作权（版权）及与著作权有关的邻接权；另一类是工业产权，主要是专利权和商标权。广义的知识产权的范围包括著作权、邻接权、商标权、商号权、商业秘密权、地理标志权、专利权、集成电路布图设计权等各种权利。上述这些权利，目前已为两个主要的知识产权国际公约所认可。

1967年签订的《建立世界知识产权组织公约》共21条，其中第2条以列举的形式界定了知识产权的范围，包括以下权利：① 与文学、艺术和科学作品有关的权利。这主要指著作权或版权。② 与表演艺术家的表演、录音和广播有关的权利。这主要指一般所称的邻接权。③ 与人类创造性活动的一切领域内的发明有关的权利。这主要指就专利发明、实用新型及非专利发明享有的权利。④ 与科学发现有关的权利。⑤ 与工业品外观设计有关的权利。⑥ 与商品商标、服务商标、商号及其他商业标记有关的权利。⑦ 与防止不正当竞争有关的权利。⑧ 一切其他来自工业、科学、文学或艺术领域的智力创作活动所产生的权利。截至2014年6月，共有187个成员国加入该公约，我国于1980年6月3日正式加入该公约。该公约第16条明确规定"对本公约不允许有保留"，因此，可以认为，该公约界定的知识产权的范围已为包括我国在内的世界上大多数国家所接受。

《与贸易有关的知识产权协议》（TRIPS）是世界贸易组织文件中的一份，也构成了世界贸易组织协定的一部分。该协议第一部分第1条划出了与贸易有关的知识产权的范围：① 版权和邻接权；② 商标权；③ 地理标志权；④ 工业品外观设计权；⑤ 专利权；⑥ 集成电路布图设计（拓扑图）权；⑦ 未公开的信息专有权，主要指商业秘密权。由于《与贸易有关的知识产权协议》与国际贸易制裁挂钩，具有相当的强制力，其对知识产权客体权利的规定，已经成为世界各国知识产权立法所认同和遵守的保护范围。

对于广义的知识产权的范围，还有其他的一些界定。例如，国际保护知识产权协会（AIPPI）1992年东京大会将知识产权分为"创作性成果权利"和"识别性标记权利"两类。其中，前一类包括：发明专利权、集成电路权、植物新品种权、Know-How 权（也称"技术秘密权"）、工业品外观设计权、版权（著作权）、软件权；后一类包括：商标权、商号权（也称"厂商秘密权"）、其他与制止不正当竞争有关的识别性标记权。

二、知识产权的国际保护

知识产权的国际保护是指国际上为了解决知识产权的地域性，即知识产权只在该国地域内受到保护，在其他国家不能发生法律上的效力的问题，而签订双边或者多边条约，实现对知识产权的国际保护，以促进技术、知识的国际交流。

（一）保护知识产权的国际公约

实现对知识产权的国际保护的主要途径是缔结国际公约。迄今为止，在知识产权的各个领域都有相关的国际公约存在。其中，最早且最重要的国际公约是《保护工业产权巴黎公约》（以下简称《巴黎公约》）。

（二）《巴黎公约》的基本原则和制度

《巴黎公约》于1883年3月20日在巴黎签订，1884年7月7日开始生效。《巴黎公约》是开放性的多边国际公约，对所有参加国的效力都是无限期的，是保护工业产权方面成员国最多、影响最大、最常适用的国际公约。1985年3月19日，中国加入《巴黎公约》，成为巴黎公约的成员国。《巴黎公约》的保护范围是工业产权。《巴黎公约》的基本目的是保证一个成员国的专利权和商标权在所有其他成员国都得到保护。《巴黎公约》在尊重各成员国国内立法的同时，规定了各成员国必须共同遵守的几项基本原则，以协调各成员国的立法，使之与公约的要求相一致。《巴黎公约》规定的基本原则和制度主要包括以下几个方面。

1. 国民待遇原则

《巴黎公约》规定，在保护工业产权方面，任何缔约国的国民，不论他们是否在一成员国内有住所或营业所，只要他们遵守对该国国民适用的条件和手续，就享有与该国国民同样的待遇。非公约成员国的国民，如果在公约某个成员国的领土内设有住所或有真实和有效的工商营业所，也享有与公约成员国国民同样的待遇。

2. 优先权制度

《巴黎公约》规定，申请人从首次向成员国之一提出"正规的国家申请"之日起，可以在一定期限内（专利和实用新型为 12 个月，外观设计和商标为 6 个月），以同一专利或商标向其他成员国提出申请，而以第一次申请的日期为以后提出的申请的日期。在这个享有优先权的期限内，即使有任何第三者就相同的发明创造或商标提出申请，或已实施了该项发明创造，或使用了该商标，申请人仍可因享有优先权而获得专利权或商标权。

3. 独立性原则

《巴黎公约》规定，同一发明在不同国家所得到的专利权彼此无关，即各缔约国独立地按本国法律的规定给予或拒绝或撤销或终止某项发明专利权，不受其他成员国对该项专利权所作出的处理的影响。这就是说，已经在一个成员国取得专利权的发明，在其他成员国提出同样申请时，不一定能获准；反之，在一个成员国已经遭到拒绝的专利权申请，在向其他成员国提出同样申请时，不一定会遭到拒绝。总之，批准与否应当根据有关国家的专利立法来确定，而不受其他国家对该项申请所作的任何决定的影响。关于商标申请和注册的条件，《巴黎公约》规定，如果一项商标没能在本国获得注册，或它在本国的注册被撤销，不会影响它在其他成员国的注册被批准，也不会导致它在其他成员国的注册被撤销。但是，商标独立性原则有一个例外，即如果一项商标已经在本国获得了合法注册，那么在一般情况下，它在其他成员国的注册申请就不应当被拒绝。

4. 强制许可和撤销制度

《巴黎公约》规定，自提出专利权申请之日起满 4 年，或者自批准授予专利权之日起满 3 年，以期限较长者为准，专利权人无合法理由，不实施或不充分实施其发明的，则任何人都可向有关主管部门提出申请，要求发给强制许可证，允许申请人实施。但这种强制许可不具专有性，除了取得强制许可的第三者外，专利权人仍可以实施其发明。同时，该第三者只有实施发明的权利，不得把强制许可转让给他人，除非连同使用这种特许的企业一起转让。取得强制许可的第三者还要付给专利权人合理的报酬。在颁发第一次强制许可证后 2 年，如果专利权人无正当理由仍不实施或不充分实施该项发明创造，有关主管部门便可撤销其专利权。对于已注册的商标，经过一定合理期限，当事人无正当理由而不使用时，可撤销其注册。

5. 临时保护制度

《巴黎公约》规定，成员国按本国法律对在任何一个成员国领土上举办的官方或经官方认可的国际展览会展出的商品中可以取得专利的发明、实用新型、外观设计和商标，给予临时保护。但是，在此展览会上展出的时间，应算在优先权的期间之内。

第二节 专利法律制度

一、专利概述

(一) 专利和专利法的概念

人们习惯上使用的"专利"一词,有三种不同的含义:从技术意义上说,专利就是受法律保护的技术。具体地说,专利是指专利法保护的发明、实用新型和外观设计。从专利公开的形式来说,专利就是发明创造内容的专利文献,包括专利说明书、权利要求书、说明书附图、摘要等。从法律意义上说,专利就是专利权的简称,是法律认定的一种独占权,即在专利法规定的有效期内,专利权人对其发明创造享有独占的排他性权利。

专利法是调整由发明创造而产生的社会关系的法律规范的总称。专利法要解决的核心问题主要有专利权的归属问题、专利权的利用问题、专利权的保护问题等。

(二) 专利的种类

能成为专利法所保护的发明创造,应具有技术属性和法律属性。《中华人民共和国专利法》(以下简称《专利法》)规定的发明创造是指发明、实用新型和外观设计。

1. 发明

发明是指对产品、方法或者其改进所提出的新的技术方案。这里的产品是指工业上能够制造的各种新产品,包括有一定形状和结构的固体、液体、气体之类的产品。方法是指对原料进行加工,制成各种产品的方法,如一种材料的配方、一种化合物的制造工艺等。

2. 实用新型

实用新型是指对产品的形状、构造或者其结合所提出的适于实用的新的技术方案。实用新型保护那些水平较低的"小发明"。与发明相比,实用新型具有明显不同:

(1) 保护范围不同。发明专利保护所有新的产品和方法,实用新型只保护有一定形状或构造的新产品,不保护方法及没有固定形状的物品。

(2) 授予专利权的实质条件不同。实用新型要求有实质性特点和进步,发明则要求有突出的实质性特点和显著的进步。由此可见,《专利法》要求发明的创造性水平较高,而对实用新型的创造性水平要求相对较低。

(3) 审批程序不同。《专利法》对发明专利申请实行实质审查制,对实用新型专利申请则不进行实质审查,其审批程序比发明简单得多。

(4) 保护期限不同。我国《专利法》规定,对发明专利权的保护期限为20年,对实用新型专利权的保护期限为10年。比较短的保护期限与实用新型的特点是相符合的,这也有助于促进发明创造活动的开展和技术的更新换代。

3. 外观设计

外观设计是指对产品的整体或者局部的形状、图案或者其结合及色彩与形状、图案的结合所作出的富有美感并适于工业应用的新设计。外观设计可以从以下几个方面来理解：

（1）外观设计必须是产品形状、图案、色彩或者其结合的新设计。外观设计不能离开产品，它是针对产品外表所作的新设计。

（2）外观设计必须运用于具体的产品。外观设计必须与产品相结合，即必须以产品作为外观设计的载体。所以，外观设计与纯粹的艺术品不同，它必须是适合于工业上应用的，即能够通过生产过程大批复制的，因此外观设计又称工业品外观设计。

（3）外观设计必须富有美感。由于审美观点的不同，一项外观设计是否具有美感，往往因人而异。一般而言，富有美感这一条件比较宽松，只要不违反公序良俗即可。

二、授予专利权的原则和条件

专利权是一项法律上的权利。这一权利不是自动取得的，而是发明人完成发明创造之后就有关发明创造的客体向国家专利行政机关提出专利申请，然后由国家专利行政机关依据专利法的有关规定，对提交的发明创造的内容进行严格的审查，对符合法定条件的，批准授予专利申请人或其权利继承人在一定期限内对其发明创造享有专有权利。

（一）授予专利权的原则

1. 书面原则

书面原则就是在专利申请和专利申请审查的过程中，各种手续都要用书面形式来表达。我国《专利法》规定："申请发明或者实用新型专利的，应当提交请求书、说明书及其摘要和权利要求书等文件。申请外观设计专利的，应当提交请求书、该外观设计的图片或者照片以及对该外观设计的简要说明等文件。"专利申请之所以采用书面原则是因为专利申请涉及的内容和程序十分复杂。

2. 先申请原则

先申请原则是指专利权授予最先提出专利申请的人的原则。我国《专利法》规定："国务院专利行政部门收到专利申请文件之日为申请日。如果申请文件是邮寄的，以寄出的邮戳日为申请日。"先申请原则可以鼓励和保护为公共社会利益尽早公开其已完成的发明，有利于发明创造的推广应用，促进科学技术的发展。

3. 优先权原则

优先权原则是《巴黎公约》的基本原则之一，它为国际专利申请提供了便利。根据《巴黎公约》的规定，申请人在任一成员国首次提出正式专利申请后的一定期限内，又在其他成员国就同一内容的发明创造提出专利申请的，可将其首次申请日作为其后续申请的申请日。这种将后续申请的申请日提前至首次申请的申请日的权利便是优先权；在要求优先权时，首次申请日被称作优先权日；享有优先权的一定期限被称作优先权期。

我国《专利法》规定："申请人自发明或者实用新型在外国第一次提出专利申请之日起十二个月内，或者自外观设计在外国第一次提出专利申请之日起六个月内，又在中国就相同主题提出专利申请的，依照该外国同中国签订的协议或者共同参加的国际条约，或者依照相互承认优先权的原则，可以享有优先权。申请人自发明或者实用新型在中国第一次提出专利申请之日起十二个月内，或者自外观设计在中国第一次提出专利申请之日起六个月内，又向国务院专利行政部门就相同主题提出专利申请的，可以享有优先权。"

申请优先权需要提交书面声明。我国《专利法》对此作出规定："申请人要求发明、实用新型专利优先权的，应当在申请的时候提出书面声明，并且在第一次提出申请之日起十六个月内，提交第一次提出的专利申请文件的副本。申请人要求外观设计专利优先权的，应当在申请的时候提出书面声明，并且在三个月内提交第一次提出的专利申请文件的副本。申请人未提出书面声明或者逾期未提交专利申请文件副本的，视为未要求优先权。"

4. 单一性原则

单一性原则又称一发明一申请原则，是指一件专利申请的内容只能包含一项发明创造，不能将两项或两项以上的发明创造作为一件申请提出。我国《专利法》规定："一件发明或者实用新型专利申请应当限于一项发明或者实用新型。属于一个总的发明构思的两项以上的发明或者实用新型，可以作为一件申请提出。一件外观设计专利申请应当限于一项外观设计。同一产品两项以上的相似外观设计，或者用于同一类别并且成套出售或者使用的产品的两项以上外观设计，可以作为一件申请提出。"

（二）授予专利权的条件

发明创造必须符合《专利法》规定的条件才能被授予专利权。这些条件可分为积极条件和消极条件。

1. 授予发明、实用新型专利权的积极条件

授予专利权的发明和实用新型，应当具备新颖性、创造性和实用性，也即通常所说的专利"三性"。

（1）新颖性。指该发明或者实用新型不属于现有技术；也没有任何单位或者个人就同样的发明或者实用新型在申请日以前向国务院专利行政部门提出过申请，并记载在申请日以后公布的专利申请文件或者公告的专利文件中。

判断新颖性的参照系是现有技术。所谓现有技术，是指申请日以前在国内外为公众所知的技术。判断一项技术是否属于现有技术的范围，要看该技术的内容是否已经公开、为公众所知。但是，我国《专利法》也规定了例外情形。申请专利的发明创造在申请日以前六个月内，有下列情形之一的，不丧失新颖性：① 在国家出现紧急状态或者非常情况时，为公共利益目的首次公开的；② 在中国政府主办或者承认的国际展览会上首次展出的；③ 在规定的学术会议或者技术会议上首次发表的；④ 他人未经申请人同意而泄露其内容的。

（2）创造性。指与现有技术相比，该发明具有突出的实质性特点和显著的进步，该实用新型具有实质性特点和进步。所谓实质性特点，是指发明创造与现有技术相比所具有的本质性的区别特征，并且这种区别特征应当是技术性的。而所谓进步，则是指发明创造与现有技术的水平相比必须有所提高。

（3）实用性。指该发明或者实用新型能够被制造或者使用，并且能够产生积极效果。在专利"三性"审查程序中，实用性的审查判断相对较为简单。所谓实用性，是指一项发明创造能够被制造或者使用，并且能够产生积极效果。《专利法》中的实用性条件意味着获得专利的发明创造不能是一种纯理论的方案，它必须能够在实际中得到应用。

2. 授予外观设计专利权的积极条件

（1）新颖性。授予专利权的外观设计，应当不属于现有设计；也没有任何单位或者个人就同样的外观设计在申请日以前向国务院专利行政部门提出过申请，并记载在申请日以后公告的专利文件中。同时，我国《专利法》还要求授予专利权的外观设计与现有设计或者现有设计特征的组合相比具有明显区别。所谓现有设计，是指申请日以前在国内外为公众所知的设计。

（2）不与在先权利冲突。授予专利权的外观设计不得与他人在申请日以前已经取得的合法权利相冲突。

3. 授予专利权的消极条件

所谓消极条件，就是不授予专利权的情形。或者是不属于《专利法》规定的发明创造，或者是违法、违反公共利益的发明创造。我国《专利法》规定，对下列各项不授予专利权：① 科学发现；② 智力活动的规则和方法；③ 疾病的诊断和治疗方法；④ 动物和植物品种，但动物和植物产品的生产方法，可以依法授予专利权；⑤ 原子核变换方法及用原子核变换方法获得的物质；⑥ 对平面印刷品的图案、色彩或者二者的结合作出的主要起标识作用的设计；⑦ 违反法律、社会公德或者妨害公共利益的发明创造；⑧ 违反法律、行政法规的规定获取或者利用遗传资源，并依赖该遗传资源完成的发明创造。

三、专利的申请和审批

（一）专利申请人与专利权人

专利申请人是指就一项发明创造向国家专利行政主管机关提出专利申请的人。专利权人即享有专利权益的人。专利申请人与专利权人是两个不同的概念。一项发明创造申请专利后未必能获得批准成为专利技术，相应地，专利申请人也就未必能够成为专利权人；反之，专利权人未必都曾是专利申请人，因为专利权是可以通过转让、继承或者依照法律的规定获得的。

1. 职务发明创造

职务发明创造是指自然人为履行其本职工作而完成的发明创造。职务发明创造包括以下两种情形：

（1）执行本单位的任务或者主要是利用本单位的物质技术条件所完成的发明创造。职务发明创造申请专利的权利属于该单位，申请被批准后，该单位为专利权人。该单位可以依法处置其职务发明创造申请专利的权利和专利权，促进相关发明创造的实施和运用。

（2）利用本单位的物质技术条件所完成的发明创造，单位与发明人或者设计人订有合同，对申请专利的权利和专利权的归属作出约定的，从其约定。也即如果约定发明创造属于职务发明创造的，职务发明创造申请专利的权利属于该单位。

2. 非职务发明创造

非职务发明创造是指发明人依靠自身的智力劳动及设备、资金等外部条件所完成的发明创造。非职务发明创造申请专利的权利属于发明人或者设计人；申请被批准后，该发明人或者设计人为专利权人。同样，利用本单位的物质技术条件所完成的发明创造，单位与发明人或者设计人订有合同，对申请专利的权利和专利权的归属作出属于发明人或者设计人的约定的，也属于非职务发明创造。

这里所说的发明人或者设计人，是指对发明创造的实质性特点作出创造性贡献的人。在完成发明创造的过程中，只负责组织工作的人、为物质技术条件的利用提供方便的人或者从事其他辅助工作的人，不是发明人或者设计人。

3. 共同发明创造和委托发明创造

共同发明创造是指一项发明创造为两人或两人以上共同完成的发明创造。委托发明创造是指以合同方式委托他人完成的发明创造。

两个以上单位或者个人合作完成的发明创造、一个单位或者个人接受其他单位或者个人委托所完成的发明创造，除另有协议的以外，申请专利的权利属于完成或者共同完成的单位或者个人；申请被批准后，申请的单位或者个人为专利权人。

4. 外国申请人

在中国没有经常居所或者营业所的外国人、外国企业或者外国其他组织在中国申请专利的，依照其所属国同中国签订的协议或者共同参加的国际条约，或者依照互惠原则，根据《专利法》办理。

在中国没有经常居所或者营业所的外国人、外国企业或者外国其他组织在中国申请专利和办理其他专利事务的，应当委托依法设立的专利代理机构办理。

（二）专利申请的审批

一项专利申请提交专利局之后，必须经过严格的审查，对符合法定条件的发明创造才授予专利权。我国专利制度对发明专利申请采用早期公开、延迟审查和撤销程序制，对实用新型和外观设计专利申请采用形式审查和撤销程序制。

1. 发明专利申请的审查

（1）初步审查。

国务院专利行政部门受理一项发明专利申请案之后，首先进行初步审查，从形式上查明该申请是否符合《专利法》有关形式上的规定。此外，初步审查还包括对申请的实质性缺陷进行审查，如发明的内容是否明显违反国家法律、社会公德或者妨害公共利益，是否明显属于《专利法》规定的不授予专利权的客体等。在初步审查中，如果发现涉及国家安全或者重大利益需要保密的，要按照保密专利处理。

（2）公布专利申请。

公布专利申请，也叫早期公开。我国《专利法》规定："国务院专利行政部门收到发明专利申请后，经初步审查认为符合本法要求的，自申请日起满十八个月，即行公布。国务院专利行政部门可以根据申请人的请求早日公布其申请。"

（3）实质审查。

一项发明专利申请进入实质审查的前提条件是申请人主动提出实质审查的请求和缴纳费用。发明专利申请自申请日起三年内，国务院专利行政部门可以根据申请人随时提出的请求，对其申请进行实质审查；申请人无正当理由逾期不请求实质审查的，该申请即被视为撤回。国务院专利行政部门认为必要的时候，可以自行对发明专利申请进行实质审查。

发明专利的申请人请求实质审查的时候,应当提交在申请日前与其发明有关的参考资料。

(4) 审查结果。

对专利的实质审查会有三种结果:其一,授予专利。发明专利申请经实质审查没有发现驳回理由的,由国务院专利行政部门作出授予发明专利权的决定,发给发明专利证书,同时予以登记和公告。发明专利权自公告之日起生效。其二,修改申请。国务院专利行政部门对发明专利申请进行实质审查后,认为不符合《专利法》规定的,应当通知申请人,要求其在指定的期限内陈述意见,或者对其申请进行修改;无正当理由逾期不答复的,该申请即被视为撤回。其三,驳回申请。发明专利申请经申请人陈述意见或者进行修改后,国务院专利行政部门仍然认为不符合《专利法》规定的,应当予以驳回。

2. 实用新型、外观设计专利申请的审查

我国《专利法》规定了对实用新型、外观设计专利"初步审查加撤销"的审查制度,它是介于审查制和登记制之间的审查制,初步审查由对申请主体是否存在明显实质性缺陷进行审查和以申请文件格式问题为主要审查对象的形式审查两部分组成。我国《专利法》规定,实用新型和外观设计专利申请经初步审查没有发现驳回理由的,由国务院专利行政部门作出授予实用新型专利权或者外观设计专利权的决定,发给相应的专利证书,同时予以登记和公告。实用新型专利权和外观设计专利权自公告之日起生效。

3. 专利权的撤销

专利权的撤销是专利审批过程的补充程序,目的在于让公众参与专利的审查,纠正专利行政部门可能出现的失误,保证审批的质量。提出撤销专利权的时效是专利权授予之日起6个月内,期限届满后提出的,专利局将不予受理;提出撤销专利权的理由只能是授予专利权的发明和实用新型不符合《专利法》规定的授予专利权的实质性条件,即新颖性、创造性和实用性;授予专利权的外观设计不符合《专利法》规定的实质性条件,即新颖性、富有美感和适于工业应用。

4. 专利复审

专利申请人对国务院专利行政部门驳回申请的决定不服的,可以自收到通知之日起3个月内向国务院专利行政部门请求复审。国务院专利行政部门复审后,作出决定,并通知专利申请人。

专利申请人对国务院专利行政部门的复审决定不服的,可以自收到通知之日起3个月内向人民法院起诉。

四、专利权

(一) 专利权的内容

专利权的内容是指《专利法》规定的专利权人享有的权利和应履行的义务。

1. 专利权人的权利

(1) 署名权和标记权。

发明人或者设计人有权在专利文件中写明自己是发明人或者设计人。这是专利权人精神方面的权利。专利权中的精神方面的权利是发明人或者设计人享有的与其人身不可分离的非物质权利,不能随着专利权被转让或者被继承。此外,我国《专利法》还规定专利权人有权在其专利产品或者该产品的包装上标明专利标识。

(2) 独占实施权。

独占实施权是专利权人享有的物质权利的核心,它是一项最重要的物质权利,其他权利如转让权、许可实施权等都是由其派生出来的。我国《专利法》规定,发明和实用新型专利权被授予后,除法律另有规定外,任何单位或者个人未经专利权人许可,都不得实施其专利,即不得为生产经营目的制造、使用、许诺销售、销售、进口其专利产品,或者使用其专利方法及使用、许诺销售、销售、进口依照该专利方法直接获得的产品。外观设计专利被授予后,任何单位或者个人未经专利权人许可,都不得实施其专利,即不得为生产经营目的制造、许诺销售、销售、进口其外观设计专利产品。

(3) 许可实施权。

许可实施权是指专利权人为生产经营目的许可他人利用其专利的权利。许可实施权的实质在于专利权人放弃了他的独占地位,而与被许可人分享由专利权产生的经济利益。许可他人实施专利权人的发明创造,有利于技术成果的应用与推广。我国《专利法》规定,专利权人有自行实施或者许可他人实施自己专利的权利,任何人不得非法干涉。任何单位或者个人实施他人专利的,应当与专利权人订立实施许可合同,向专利权人支付专利使用费。被许可人无权允许合同规定以外的任何单位或者个人实施该专利。专利权人与他人订立的专利实施许可合同,应当自合同生效之日起3个月内向国务院专利行政部门备案。

(4) 转让权。

转让权是指专利权人将其所享有的物质方面的权利转移给他人所有。转让的结果导致权利主体的变更,专利权的原始主体不再享有此权利,继受主体转而取得此权利。我国《专利法》规定,中国单位或者个人向外国人、外国企业或者外国其他组织转让专利申请权或者专利权的,应当依照有关法律、行政法规的规定办理手续。转让专利申请权或者专利权的,当事人应当订立书面合同,并向国务院专利行政部门登记,由国务院专利行政部门予以公告。专利申请权或者专利权的转让自登记之日起生效。

2. 专利权人的义务

(1) 缴纳专利年费。

专利年费又称专利维持费或续展费,是指为了维持专利权的效力,专利权人所缴纳的一笔费用。缴纳专利年费,既是专利权得以存续的条件,也是专利权人应履行的一项最基本的义务。我国《专利法》规定,专利权人应当自被授予专利权的当年开始缴纳年费。

(2) 实施取得专利的发明创造。

国家赋予发明创造者以专利独占权,专利权人也应尽可能地去实施他的发明创造。这样才能将技术成果转化为生产力,给社会带来物质财富,并使国家、集体和个人受益。

(二) 专利权的期限、终止和无效

1. 专利权的期限

专利权的期限是指专利权的有效期。我国《专利法》规定,发明专利权的期限为20年,实用新型专利权的期限为10年,外观设计专利权的期限为15年,均自申请日起计算。同时，《专利法》还规定，自发明专利申请日起满 4 年，且自实质审查请求之日起满 3 年后授予发明专利权的，国务院专利行政部门应专利权人的请求，就发明专利在授权过程中的不合理延迟给予专利权期限补偿，但由申请人引起的不合理延迟除外。为补偿新药上市审评审批占用的时间，对在中国获得上市许可的新药相关发明专利，国务院专利行政部门应专利权人的请求给予专利权期限补偿。补偿期限不超过 5 年，新药批准上市后总有效专利权期限不超过 14 年。

2. 专利权的终止

专利权的终止也即专利权失去法律效力。一般而言，专利权因保护期限届满而终止。我国《专利法》规定，有下列情形之一的，专利权在期限届满前终止：① 没有按照规定缴纳年费的；② 专利权人以书面声明放弃其专利权的。

专利权在期限届满前终止的，由国务院专利行政部门登记和公告。

3. 专利权无效

自国务院专利行政部门公告授予专利权之日起，任何单位或者个人认为该专利权的授予不符合《专利法》有关规定的，可以请求国务院专利行政部门宣告该专利权无效。国务院专利行政部门对宣告专利权无效的请求应当及时审查和作出决定，并通知请求人和专利权人。宣告专利权无效的决定，由国务院专利行政部门登记和公告。

对国务院专利行政部门宣告专利权无效或者维持专利权的决定不服的，可以自收到通知之日起 3 个月内向人民法院起诉。人民法院应当通知无效宣告请求程序的对方当事人作为第三人参加诉讼。

宣告无效的专利权视为自始即不存在。

五、专利实施的强制许可

专利实施强制许可是指国务院专利行政部门依照法律规定，不经专利权人许可，授权他人实施发明或者实用新型专利，取得实施强制许可的单位或者个人应当付给专利权人合理的使用费的法律制度。强制许可的对象指发明专利和实用新型专利，不包括外观设计专利。

（一）不实施的强制许可

我国《专利法》规定，有下列情形之一的，国务院专利行政部门根据具备实施条件的单位或者个人的申请，可以给予实施发明专利或者实用新型专利的强制许可：① 专利权人自专利权被授予之日起满 3 年，且自提出专利申请之日起满 4 年，无正当理由未实施或者未充分实施其专利的；② 专利权人行使专利权的行为被依法认定为垄断行为，为消除或者减少该行为对竞争产生的不利影响的。

（二）为了国家利益或者公共利益的强制许可

（1）在国家出现紧急状态或者非常情况时，或者为了公共利益的目的，国务院专利行政部门可以给予实施发明专利或者实用新型专利的强制许可。

（2）为了公共健康目的，对取得专利权的药品，国务院专利行政部门可以给予制造并将其出口到符合我国参加的有关国际条约规定的国家或者地区的强制许可。

（三）从属专利的强制许可

一项取得专利权的发明或者实用新型比前已经取得专利权的发明或者实用新型具有显著经济意义的重大技术进步，其实施又有赖于前一发明或者实用新型的实施的，国务院专利行政部门根据后一专利权人的申请，可以给予实施前一发明或者实用新型的强制许可。在依照前款规定给予实施强制许可的情形下，国务院专利行政部门根据前一专利权人的申请，也可以给予实施后一发明或者实用新型的强制许可。

国务院专利行政部门作出的给予实施强制许可的决定，应当及时通知专利权人，并予以登记和公告。取得实施强制许可的单位或者个人不享有独占的实施权，并且无权允许他人实施。取得实施强制许可的单位或者个人应当付给专利权人合理的使用费，或者依照我国参加的有关国际条约的规定处理使用费问题。专利权人对国务院专利行政部门关于实施强制许可的决定不服的，专利权人和取得实施强制许可的单位或者个人对国务院专利行政部门关于实施强制许可的使用费的裁决不服的，可以自收到通知之日起 3 个月内向人民法院起诉。

六、专利权的保护与限制

（一）专利权的保护

1. 保护范围

我国《专利法》规定，发明或者实用新型专利权的保护范围以其权利要求的内容为准，说明书及附图可以用于解释权利要求的内容。外观设计专利权的保护范围以表示在图片或者照片中的该产品的外观设计为准，简要说明可以用于解释图片或者照片所表示的该产品的外观设计。

2. 专利侵权

专利权被授予后，除法律另有规定外，任何单位或者个人未经专利权人许可，均不得实施其专利，否则就构成侵权。我国《专利法》规定的专利侵权行为包括：① 未经专利权人许可，实施其专利；② 假冒他人专利；③ 以非专利产品冒充专利产品、以非专利方法冒充专利方法；④ 侵夺发明人或者设计人的非职务发明创造专利申请权及其他权益。

（二）专利权的限制

1. 首次销售

专利产品或者依照专利方法直接获得的产品，由专利权人或者经其许可的单位、个人售出后，使用、许诺销售、销售、进口该产品的，不视为侵犯专利权。

2. 先行实施

在专利申请日前已经制造相同产品、使用相同方法或者已经作好制造、使用的必要准备的人，在批准授予专利权后仍可以并且仅在原有范围内继续制造、使用该项发明创造。这种权利被称作先行实施权，简称先用权。

3. 临时过境

临时通过中国领陆、领水、领空的外国运输工具，依照其所属国与中国签订的协议或者共同参加的国际条约，或者依照互惠原则，为运输工具自身需要而在其装置和设备中使用有关专利的，不视为侵犯专利权。

4. 合理使用

专为科学研究和实验而使用有关专利的，为提供行政审批所需要的信息，制造、使用、进口专利药品或者专利医疗器械的，以及专门为其制造、进口专利药品或者专利医疗器械的，不视为侵犯专利权。

5. 善意使用

为生产经营目的使用、许诺销售或者销售不知道是未经专利权人许可而制造并售出的专利侵权产品，能证明该产品合法来源的，不承担赔偿责任。

我国《专利法》规定，侵犯专利权的诉讼时效为3年，自专利权人或者利害关系人知道或者应当知道侵权行为及侵权人之日起计算。但是，专利权人于专利权授予之日前即已知道或者应当知道的，自专利权授予之日起计算。

第三节　商标法律制度

一、商标概述

（一）商标和商标法的概念

商标是指能够将不同的经营者所提供的商品或者服务区别开来，并可为视觉所感知的显著标记。商标是经营者用来区别商品或者服务来源的标记，有助于消费者区分不同经营者的同类商品或者服务，也便于经营者展开正当竞争。

商标法是调整因商标注册、使用、管理和保护商标专用权等活动而发生的各种社会关系的法律规范的总称。《中华人民共和国商标法》（以下简称《商标法》）明确了商标立法的宗旨：加强商标管理，保护商标专用权，促使生产、经营者保证商品和服务质量，维护商标信誉，以保障消费者和生产、经营者的利益，促进社会主义市场经济的发展。

（二）商标的分类

1. 注册商标和未注册商标

根据是否登记注册，商标可分为注册商标和未注册商标。经商标局核准注册的商标为注册商标，包括商品商标、服务商标和集体商标、证明商标；商标注册人享有商标专用权，受法律保护。注册是取得商标权的根据，一般而言，未注册商标的使用不得对抗注册商标，未注册商标一旦被他人注册便会被禁止使用。

2. 商品商标和服务商标

根据标示对象的不同，商标可分为商品商标和服务商标。商品商标是使用于生产、制造、加工、拣选或经销的商品上的商标。服务商标是提供服务的经营者在其向社会提供的服务项目上使用的标记。商品商标的使用以附置于商品的实际使用为主，因此随着商品的流转而广为传播；而服务是无形的，因此服务商标只能在服务场所显示或者借助服务过程中的器具、用品来显示，以及通过广告来扩大商标的知名度。

3. 平面商标、立体商标和声音商标

根据形态的不同，商标可分为平面商标、立体商标和声音商标。平面商标是一种最主要的商标形态，又可细分为文字商标、图形商标、字母商标、数字商标、颜色商标及上述要素的组合商标。立体商标是指以商品形状或者其容器、包装的形状构成的三维标志。声音商标是已经为大众所熟知的、有特定的指向性的声音。

4. 集体商标和证明商标

根据商标具有的特殊作用，商标可分为集体商标和证明商标。集体商标是指以团体、协会或者其他组织名义注册，供该组织成员在商事活动中使用，以表明使用者在该组织中的成员资格的标志。集体商标的作用是向消费者表明使用该商标的集体组织成员所经营的商品或者服务项目具有共同特点。证明商标是指由对某种商品或者服务具有监督能力的组织所控制，而由该组织以外的单位或个人使用于其商品或者服务，用以证明该商品或者服务的原产地、原料、制造方法、质量或者其他特定品质的标志。使用证明商标须经商标注册人认证许可，被许可使用人经营的商品或者服务必须符合证明商标使用章程规定的条件。

5. 联合商标和防御商标

根据使用目的的不同，商标可分为联合商标和防御商标。联合商标是指在同一或者类似商品上申请注册两个或者两个以上的近似商标，其中一个指定为正商标，与其他近似的商标一起构成具有防卫性质的联合商标。商标所有人只要使用正商标，即视为使用全部联合商标。防御商标是指同一商标所有人把自己的商标同时注册在其他非同种或者非类似的商品上的商标，以阻止他人的注册和使用。防御商标的注册可以保护知名商标，可以追究他人在指定商品上使用该防御商标的侵权责任，延伸注册商标的权利。

6. 驰名商标和非驰名商标

根据知名度，商标可分为驰名商标和非驰名商标。驰名商标是指在市场上享有较高声誉并为相关公众所熟知的商标。驰名商标以外的商标都是非驰名商标。认定驰名商标应当综合考虑相关公众对该商标的知晓程度，该商标使用的持续时间，该商标的任何宣传工作的持续时间、程度和地理范围，该商标作为驰名商标受保护的记录等多种因素。我国《商标法》规定，生产、经营者不得将"驰名商标"字样用于商品、商品包装或者容器上，或者用于广告宣传、展览及其他商业活动中。

（三）商标标识的禁止性规定

任何能够将自然人、法人或者其他组织的商品与他人的商品区别开的标志，包括文字、图形、字母、数字、三维标志、颜色组合和声音等，以及上述要素的组合，均可以作为商标申请注册。申请注册的商标，应当有显著特征，便于识别，并不得与他人在先取得的合法权利相冲突。商标注册人有权标明"注册商标"或者注册标记。

1. 不得作为商标使用的标志

（1）同中华人民共和国的国家名称、国旗、国徽、国歌、军旗、军徽、军歌、勋章等

相同或者近似的，以及同中央国家机关的名称、标志、所在地特定地点的名称或者标志性建筑物的名称、图形相同的。

（2）同外国的国家名称、国旗、国徽、军旗等相同或者近似的，但经该国政府同意的除外。

（3）同政府间国际组织的名称、旗帜、徽记等相同或者近似的，但经该组织同意或者不易误导公众的除外。

（4）与表明实施控制、予以保证的官方标志、检验印记相同或者近似的，但经授权的除外。

（5）同"红十字""红新月"的名称、标志相同或者近似的。

（6）带有民族歧视性的。

（7）带有欺骗性，容易使公众对商品的质量等特点或者产地产生误认的。

（8）有害于社会主义道德风尚或者有其他不良影响的。

县级以上行政区划的地名或者公众知晓的外国地名，不得作为商标。但是，地名具有其他含义或者作为集体商标、证明商标组成部分的除外；已经注册的使用地名的商标继续有效。

2. **不得作为商标注册的标志**

（1）仅有本商品的通用名称、图形、型号的。

（2）仅直接表示商品的质量、主要原料、功能、用途、重量、数量及其他特点的。

（3）缺乏显著特征的。但是，该标志经过使用取得显著特征，并便于识别的，可以作为商标注册。

（4）以三维标志申请注册商标的，仅由商品自身的性质产生的形状、为获得技术效果而需有的商品形状或者使商品具有实质性价值的形状，不得注册。

（5）就同一种商品或者类似商品申请注册的商标与他人在先使用的未注册商标相同或者近似，申请人与该他人具有下述第3条第（3）款规定以外的合同、业务往来关系或者其他关系而明知该他人商标存在，该他人提出异议的，不予注册。

3. **不予注册并禁止使用的标志**

（1）就相同或者类似商品申请注册的商标是复制、模仿或者翻译他人未在中国注册的驰名商标，容易导致混淆的，不予注册并禁止使用。

（2）就不相同或者不相类似商品申请注册的商标是复制、模仿或者翻译他人已经在中国注册的驰名商标，误导公众，致使该驰名商标注册人的利益可能受到损害的，不予注册并禁止使用。

（3）未经授权，代理人或者代表人以自己的名义将被代理人或者被代表人的商标进行注册，被代理人或者被代表人提出异议的，不予注册并禁止使用。

（4）商标中有商品的地理标志，而该商品并非来源于该标志所标示的地区，误导公众的，不予注册并禁止使用；但是，已经善意取得注册的继续有效。所谓地理标志，是指标示某商品来源于某地区，该商品的特定质量、信誉或者其他特征，主要由该地区的自然因素或者人文因素所决定的标志。地理标志可作为证明商标或者集体商标申请注册。

二、商标注册的申请和审核

商标注册是指商标使用人为了取得商标专用权，将其使用的商标向商标行政主管机关提出申请，商标行政主管机关经过审核登记备案的制度。

（一）商标注册的原则

1. 申请在先原则

两个或者两个以上的商标注册申请人，在同一种商品或者类似商品上，以相同或者近似的商标申请注册的，初步审定并公告申请在先的商标；同一天申请的，初步审定并公告使用在先的商标，驳回其他人的申请，不予公告。

2. 自愿注册原则

自愿注册是指商标使用人是否申请商标注册取决于自己的意愿。自愿注册原则是一种国际惯例，符合知识产权的私权本质。依自愿注册原则，商标无论注册与否均可使用，但注册商标和未注册商标在法律上的地位不同。注册商标享有专用权，未注册商标不具有受法律保护的专用权。但我国《商标法》同时也规定，法律、行政法规规定必须使用注册商标的商品，必须申请商标注册，未经核准注册的，不得在市场销售。目前，除人用药品和烟草制品必须使用注册商标外，其他商品或者服务是否使用注册商标由商标使用人自己决定。

3. 优先权原则

优先权是《巴黎公约》赋予其成员国国民申请工业产权时在申请日期上的优先利益。作为《巴黎公约》的成员国，我国在《商标法》中也规定了优先权制度：其一，商标注册申请人自其商标在外国第一次提出商标注册申请之日起 6 个月内，又在中国就相同商品以同一商标提出商标注册申请的，依照该外国同中国签订的协议或者共同参加的国际条约，或者按照相互承认优先权的原则，可以享有优先权。这也被称为申请优先权。其二，商标在中国政府主办的或者承认的国际展览会展出的商品上首次使用的，自该商品展出之日起 6 个月内，该商标的注册申请人可以享有优先权。这也被称为展览优先权。

（二）商标注册的申请

1. 商标注册申请人

我国《商标法》规定，自然人、法人或者其他组织在生产经营活动中，对其商品或者服务需要取得商标专用权的，应当向商标局申请商标注册。两个以上的自然人、法人或者其他组织可以共同向商标局申请注册同一商标，共同享有和行使该商标专用权。外国人或者外国企业在中国申请商标注册的，应当按其所属国和我国签订的协议或者共同参加的国际条约办理，或者按对等原则办理。

申请商标注册或者办理其他商标事宜，可以自行办理，也可以委托依法设立的商标代理机构办理。但是，外国人或者外国企业在中国申请商标注册和办理其他商标事宜的，应当委托依法设立的商标代理机构办理。

2. 商标注册申请的提出

商标注册申请人应当按规定的商品分类表填报使用商标的商品类别和商品名称，提出注册申请。商标注册申请人可以通过一份申请就多个类别的商品申请注册同一商标。商标注册申请等有关文件,可以以书面方式或者数据电文方式提出。为申请商标注册所申报的事项和所提供的材料应当真实、准确、完整。注册商标需要在核定使用范围之外的商品上取得商标专用权的,应当另行提出注册申请。注册商标需要改变其标志的,应当重新提出注册申请。

(三) 商标注册的审查和核准

商标审查是商标主管机关对商标注册申请是否符合《商标法》的规定所进行的一系列审查活动。商标审查是决定授予商标专用权的关键。我国《商标法》规定,对申请注册的商标,商标局应当自收到商标注册申请文件之日起9个月内审查完毕,符合《商标法》有关规定的,予以初步审定公告。

1. 形式审查

形式审查是对申请商标注册的文件、手续是否符合法律规定的审查,主要就申请书的填写是否属实、准确、清晰和有关手续是否完备进行审查。形式审查的主要目的是确定商标注册的申请日期。申请日期以商标局收到申请文件的日期为准。如果申请人要求优先权的,优先权日为申请日。在审查过程中,商标局认为商标注册申请内容需要说明或者修正的,可以要求申请人作出说明或者修正。申请人未作出说明或者修正的,不影响商标局作出审查决定。商标局经过形式审查,对申请手续不齐全或者未按照规定填写申请文件的,予以退回,申请日期不予保留。商标局要求补正,如果申请人未作补正或者超过期限补正的,也予以退回,申请日期不予保留。

2. 实质审查

实质审查是对商标是否具备注册条件的审查。申请注册的商标能否初步审定并予以公告取决于是否通过了实质审查。实质审查的内容主要包括:商标是否违背《商标法》禁用条款的审查;商标是否具备法定的构成要素,是否具有显著特征;商标是否与他人在同一种商品或者类似商品上已经注册的商标相混同,是否与申请在先的商标相混同。

注册申请经过实质审查,商标局认为申请注册的商标不符合《商标法》的规定或者与他人在先注册或者在先申请的商标相混同的,驳回申请,发给申请人《商标驳回通知书》。

商标局如果认为商标注册申请虽有不符合规定之处但可以修正的,则发给《商标审查意见书》,限定修正时间。申请人在规定时间内未作修正或者修正后仍不符合《商标法》规定的,驳回申请,发给申请人《商标驳回通知书》。经过实质审查,认为申请注册的商标符合《商标法》的有关规定并且有显著特征的,予以初步审定,并予以公告。

3. 公告异议

设立异议程序是为了提高商标审查和核准注册的质量。通过社会公众的监督和异议人的直接参与,使商标主管机关可以发现错误并及时纠正。对初步审定公告的商标,自公告之日起3个月内,任何人均可向商标局提出异议。这3个月的期间,就是异议期。所谓异议,就是对初步审定公告的商标提出反对意见,要求撤销初步审定、不予注册。对初步审定公告的商标提出反对意见的人是异议人。异议人可以是利害关系人,也可以是无利害关系的任何人。

对初步审定公告的商标提出异议的,商标局应当听取异议人和被异议人陈述事实及理由,经调查核实后,自公告期满之日起 12 个月内作出是否准予注册的决定,并书面通知异议人和被异议人。有特殊情况需要延长的,经国务院工商行政管理部门批准,可以延长 6 个月。

4. 核准注册

初步审定公告的商标,从公告之日起经过 3 个月无异议的,由商标局予以核准注册,发给商标注册证,并予公告。商标注册证是商标注册人取得商标权的法律凭证。核准注册标志着商标注册申请人取得商标专用权,商标一经注册,即为注册商标,受国家法律的保护。

5. 商标评审

商标局作出不予注册决定,被异议人不服的,可以自收到通知之日起 15 日内向商标评审委员会申请复审。商标评审委员会应当自收到申请之日起 12 个月内作出复审决定,并书面通知异议人和被异议人。有特殊情况需要延长的,经国务院工商行政管理部门批准,可以延长 6 个月。被异议人对商标评审委员会的决定不服的,可以自收到通知之日起 30 日内向人民法院起诉。人民法院应当通知异议人作为第三人参加诉讼。

(四)注册商标的无效与撤销

1. 注册商标的无效

注册商标的无效是指商标不具备注册条件但取得注册的,依照法定程序使其商标权归于消灭的制度。注册商标的无效主要有不符合显著特征等绝对条件和不符合与在先权利不冲突等相对条件两类情况:① 违反《商标法》禁用文字、图形及其他标志的规定,或者以欺骗手段或者其他不正当手段取得注册的商标,由商标局宣告该注册商标无效,其他单位或者个人也可以请求商标评审委员会宣告该注册商标无效。② 就相同或者类似商品申请注册的商标是复制、模仿或者翻译他人未在中国注册的驰名商标,容易导致混淆的;就不相同或者不相类似商品申请注册的商标是复制、模仿或者翻译他人已经在中国注册的驰名商标,误导公众,致使该驰名商标注册人的利益可能受到损害的;对已注册的商标损害了他人的在先权利,以及商标中有商品的地理标志,而该商品并非来源于该标志所标示的地区,误导公众的,自商标注册之日起 5 年内,在先权利人或者利害关系人可以请求商标评审委员会宣告该注册商标无效。对恶意注册的,驰名商标所有人不受 5 年的时间限制。

宣告无效的注册商标,由商标局予以公告,该注册商标专用权视为自始即不存在。宣告注册商标无效的决定或者裁定,对宣告无效前人民法院作出并已执行的商标侵权案件的判决、裁定、调解书和工商行政管理部门作出并已执行的商标侵权案件的处理决定及已经履行的商标转让或者使用许可合同不具有追溯力。但是,因商标注册人的恶意给他人造成的损失,应当给予赔偿。依照前款规定不返还商标侵权赔偿金、商标转让费、商标使用费,明显违反公平原则的,应当全部或者部分返还。

2. 注册商标的撤销

注册商标的撤销是指原本有效的注册商标因为使用不当或者超过商标使用期限而造成的无效。我国《商标法》规定,有下列违反注册商标使用管理规定情形的,由商标局撤销其注册商标：① 商标注册人在使用注册商标的过程中，自行改变注册商标、注册人名义、地址或者其他注册事项的，由地方工商行政管理部门责令限期改正；期满不改正的，由商标局撤销其注册商标。② 注册商标成为其核定使用的商品的通用名称或者没有正当理由连续3年不使用的，任何单位或者个人可以向商标局申请撤销该注册商标。

注册商标被撤销、被宣告无效或者期满不再续展的，自撤销、宣告无效或者注销之日起1年内，商标局对与该商标相同或者近似的商标注册申请，不予核准。

三、商标权

商标权是指商标所有人对其商标所享有的独占的、排他的权利。由于我国对商标权的取得实行注册原则，因此，商标权实际上是因商标所有人申请、经国家商标局确认的专有权利，即因商标注册而产生的专有权。所以，从严格意义上讲，在注册制度下的商标权应当称作注册商标权。商标专用权的内容包括独占使用权、禁止权、使用许可权、转让权、续展权等。

（一）独占使用权

独占使用权是指商标权人在核定的商品或者服务上使用注册商标的权利。该权利是商标权人最基本的权利，是其他权利的核心和来源。我国《商标法》规定，商标注册人有权标明"注册商标"或者注册标记。商标的使用方式可以是将商标用于商品、商品包装或者容器及商品交易文书上，或者将商标用于广告宣传、展览及其他商业活动中，用于识别商品或者服务的来源。

（二）禁止权

禁止权是指商标权人有权禁止他人未经自己许可为一定行为的权利，即商标权人在行使独占使用权时，还享有禁止他人伪造、擅自制造注册商标标识、服务项目专用标志或者在同一种商品、类似商品上使用与注册商标相同或者近似的商标的权利。商标权人的这种禁止权的效力范围不仅包括核准注册的商标、核定使用的商品，而且还可以扩大到近似商标和类似商品。商标权人的禁止权的效力范围大于独占使用权的效力范围，这可以更有效地保证商标权人的权利不受侵犯。

（三）使用许可权

使用许可权是指商标权人以收取使用费的形式，通过合同方式许可他人有偿使用其注册商标的权利。我国《商标法》规定，商标注册人可以通过签订商标使用许可合同，许可他人使用其注册商标。经许可使用他人注册商标的，必须在使用该注册商标的商品上标明被许可人的名称和商品产地。许可人应当监督被许可人使用其注册商标的商品质量。被许可人应当保证使用该注册商标的商品质量。许可他人使用其注册商标的，许可人应当将其商标使用许可报商标局备案，由商标局公告。商标使用许可未经备案不得对抗善意第三人。

（四）转让权

转让权是指商标权人在法律允许的范围内，根据自己的意志，将其注册商标转让给他人所有的权利。转让权是商标权人行使处分权的体现。我国《商标法》规定，转让注册商标的，转让人和受让人应当签订转让协议，并共同向商标局提出申请。受让人应当保证使用该注册商标的商品质量。转让注册商标的，商标注册人对其在同一种商品上注册的近似的商标，或者在类似商品上注册的相同或者近似的商标，应当一并转让。对容易导致混淆或者有其他不良影响的转让，商标局不予核准。转让注册商标经核准后，予以公告。受让人自公告之日起享有商标专用权。

（五）续展权

续展权是指商标权人为了维持商标的专用权，在注册商标有效期满前申请延续已注册商标的有效期的权利。

注册商标权是有保护期限的。我国《商标法》规定，注册商标的有效期为10年，自核准注册之日起计算。注册商标有效期满，需要继续使用的，商标注册人应当在期满前12个月内按照规定办理续展手续；在此期间未能办理的，可以给予6个月的宽展期。宽展期满未办理续展手续的，注销其注册商标。每次续展注册的有效期为10年。商标局应当对续展注册的商标予以公告。

四、商标权的保护

（一）商标权的保护范围

我国《商标法》为注册商标的权利范围作了界定：注册商标的专用权，以核准注册的商标和核定使用的商品为限。注册商标所有人实际使用注册商标的商品与核定使用的商品必须一致。

（二）商标侵权行为

有下列行为之一的，均属侵犯注册商标专用权：

（1）未经商标注册人的许可，在同一种商品上使用与其注册商标相同的商标的。

（2）未经商标注册人的许可，在同一种商品上使用与其注册商标近似的商标，或者在类似商品上使用与其注册商标相同或者近似的商标，容易导致混淆的。

（3）销售侵犯注册商标专用权的商品的。

（4）伪造、擅自制造他人注册商标标识或者销售伪造、擅自制造的注册商标标识的。

（5）未经商标注册人同意，更换其注册商标并将该更换商标的商品又投入市场的。

（6）故意为侵犯他人商标专用权行为提供便利条件，帮助他人实施侵犯商标专用权行为的。

（7）给他人的注册商标专用权造成其他损害的。

将他人注册商标、未注册的驰名商标作为企业名称中的字号使用，误导公众，构成不正当竞争行为的，依照《中华人民共和国反不正当竞争法》的规定处理。

（三）商标侵权行为的例外

我国《商标法》规定了以下几种不属于商标侵权的情形：

（1）注册商标中含有的本商品的通用名称、图形、型号，或者直接表示商品的质量、主要原料、功能、用途、重量、数量及其他特点，或者含有的地名，注册商标专用权人无权禁止他人正当使用。

（2）三维标志注册商标中含有的商品自身的性质产生的形状、为获得技术效果而需有的商品形状或者使商品具有实质性价值的形状，注册商标专用权人无权禁止他人正当使用。

（3）商标注册人申请商标注册前，他人已经在同一种商品或者类似商品上先于商标注册人使用与注册商标相同或者近似并有一定影响的商标的，注册商标专用权人无权禁止该使用人在原使用范围内继续使用该商标，但可以要求其附加适当区别标识。

（四）商标侵权的法律责任

我国《商标法》规定，侵犯注册商标专用权行为引起纠纷的，由当事人协商解决；不愿协商或者协商不成的，商标注册人或者利害关系人可以向人民法院起诉，也可以请求工商行政管理部门处理。侵犯注册商标专用权应承担的法律责任分为行政责任、民事责任和刑事责任。

1. **行政责任**

侵犯注册商标专用权，当事人可以向侵权人所在地或者侵权行为地县级以上工商行政管理部门控告或者检举。工商行政管理部门在接到商标注册人的控告或者其他任何人的检举或者在检查中发现有侵犯商标专用权行为，以及其他部门移送的案件，均应依照职权调查核实，依法处理，对已经发生的侵犯商标专用权行为，经审查认为有侵权事实的存在，需要给予行政处罚，属于依职权的管辖范围，且人民法院尚未受理该案件，应当立案。

对侵犯注册商标专用权的行为，工商行政管理部门有权依法查处；涉嫌犯罪的，应当及时移送司法机关依法处理。

2. **民事责任**

对于侵犯注册商标专用权行为，被侵权人可以直接向人民法院起诉，要求侵权人承担侵权的民事责任。侵犯商标专用权的赔偿数额，按照权利人因被侵权所受到的实际损失确定；实际损失难以确定的，可以按照侵权人因侵权所获得的利益确定；权利人的损失或者侵权人获得的利益难以确定的，参照该商标许可使用费的倍数合理确定。对恶意侵犯商标专用权，情节严重的，可以在按照上述方法确定数额的1倍以上5倍以下确定赔偿数额。赔偿数额应当包括权利人为制止侵权行为所支付的合理开支。权利人因被侵权所受到的实际损失、侵权人因侵权所获得的利益、注册商标许可使用费难以确定的，由人民法院根据侵权行为的情节判决给予500万元以下的赔偿。

3. **刑事责任**

侵犯注册商标专用权构成犯罪的行为是侵犯注册商标专用权行为中最严重和危害最大的一种。侵犯注册商标专用权，构成犯罪的，除赔偿被侵权人的损失外，依法追究刑事责任。侵犯注册商标专用权构成犯罪的包括：假冒注册商标罪；伪造、擅自制造他人注册商标标识或者销售伪造、擅自制造的注册商标标识罪；销售明知是假冒注册商标商品罪。这些犯罪都是为牟取非法利益，故意违反《商标法》，严重侵犯商标注册人的合法权益，破坏社会经济正常秩序的行为。

第四节 著作权法律制度

一、著作权概述

（一）著作权的概念和特点

著作权又称版权，是指基于文学、艺术和科学作品依法产生的专有权利。著作权法是指调整因确认著作权归属和使用、转让著作财产权而发生的各种社会关系的法律规范的总称。

作为无形财产，著作权和商标权、专利权的对象都是表现形式。但三者也存在显著区别：首先，反映的领域和作用不同。商标权、专利权的标的以一定的产品、工艺方法及标记为表现形式，其作用也主要在物质生产和生活的实用性及商品流通方面，用以满足人类的物质需求；作品则主要反映在文学、艺术和科学范围之内，用以丰富人类的精神生活。其次，著作权的独占性和排他性程度更弱些。著作权的效力只排斥那些对自己有独创性的表现形式未经许可的利用，但不能排斥他人独立完成的与之相近似甚至相同的作品也取得同样的权利。再次，著作权通常可以自动产生。商标权和专利权的排他性导致必须由特定的机构、法律机制完成必要的技术和法律上的鉴别、审查授权。中国公民、法人或者非法人组织的作品，不论是否发表，依照《中华人民共和国著作权法》（以下简称《著作权法》）享有著作权。外国人、无国籍人的作品首先在中国境内出版的，依照《著作权法》享有著作权。外国人、无国籍人的作品根据其所属国或者经常居住地国同中国签订的协议或者共同参加的国际条约享有的著作权，受《著作权法》保护。

（二）著作权的客体

著作权的客体是受著作权保护的作品。一般来说，作品必须具备三个要素：一是要有特定的内容和一定的表达形式。作品的特定内容为作品的实质要件，而作品的表达方式则为作品的形式要件。二是必须具有独创性。作品是由作者直接创作而产生的，是作者思想感情的体现，不是单纯模仿或者抄袭他人的作品。三是具有可复制性。可复制性是由作品自身的性质决定的，也是与作品的财产性紧密相连的。

我国《著作权法》所称的作品，包括以下列形式表现的文学、艺术和科学领域内具有独创性的智力成果：文字作品；口述作品；音乐、戏剧、曲艺、舞蹈、杂技艺术作品；美术、建筑作品；摄影作品；视听作品；工程设计图、产品设计图、地图、示意图等图形作品和模型作品；计算机软件；符合作品特征的其他智力成果。

（三）不受著作权保护的客体

我国《著作权法》规定，不受著作权保护的对象有：依法禁止出版、传播的作品；法律、法规，国家机关的决议、决定、命令和其他具有立法、行政、司法性质的文件，及其官方正式译文；单纯事实消息；历法、通用数表、通用表格和公式。《著作权法》还规定，民间文学艺术作品的著作权保护办法由国务院另行规定。

二、著作权人及其权利

（一）著作权人

著作权人也即著作权主体，是指依法对文学、艺术和科学作品享有著作权的自然人、法人或者非法人组织。我国《著作权法》规定，著作权人包括作者和其他依照《著作权法》享有著作权的自然人、法人或者非法人组织。

（二）著作权的内容

著作权包括人身权和财产权。具体包括：

(1) 发表权，即决定作品是否公之于众的权利。

(2) 署名权，即表明作者身份，在作品上署名的权利。

(3) 修改权，即修改或者授权他人修改作品的权利。

(4) 保护作品完整权，即保护作品不受歪曲、篡改的权利。

(5) 复制权，即以印刷、复印、拓印、录音、录像、翻录、翻拍、数字化等方式将作品制作一份或者多份的权利。

(6) 发行权，即以出售或者赠与方式向公众提供作品的原件或者复制件的权利。

(7) 出租权，即有偿许可他人临时使用视听作品、计算机软件的原件或者复制件的权利，计算机软件不是出租的主要标的的除外。

(8) 展览权，即公开陈列美术作品、摄影作品的原件或者复制件的权利。

(9) 表演权，即公开表演作品，以及用各种手段公开播送作品的表演的权利。

(10) 放映权，即通过放映机、幻灯机等技术设备公开再现美术、摄影、视听作品等的权利。

(11) 广播权，即以有线或者无线方式公开传播或者转播作品，以及通过扩音器或者其他传送符号、声音、图像的类似工具向公众传播广播的作品的权利，但不包括本款第（12）项规定的权利。

(12) 信息网络传播权，即以有线或者无线方式向公众提供，使公众可以在其选定的时间和地点获得作品的权利。

(13) 摄制权，即以摄制视听作品的方法将作品固定在载体上的权利。

(14) 改编权，即改变作品，创作出具有独创性的新作品的权利。

(15) 翻译权，即将作品从一种语言文字转换成另一种语言文字的权利。

(16) 汇编权，即将作品或者作品的片段通过选择或者编排，汇集成新作品的权利。

(17) 应当由著作权人享有的其他权利。

著作权人可以许可他人行使前款第（5）项至第（17）项规定的权利，并依照约定或者《著作权法》有关规定获得报酬。

著作权人可以全部或者部分转让前款第（5）项至第（17）项规定的权利，并依照约定或者《著作权法》有关规定获得报酬。

(三) 著作权归属

1. 著作权的一般归属

一般情况下,著作权属于作者。作者是创作作品的自然人。由法人或者非法人组织主持,代表法人或者非法人组织意志创作,并由法人或者非法人组织承担责任的作品,法人或者非法人组织视为作者。如无相反证明,在作品上署名的自然人、法人或者非法人组织为作者。

2. 演绎作品著作权的归属

改编、翻译、注释、整理已有作品而产生的作品,其著作权由改编、翻译、注释、整理人享有,但行使著作权时不得侵犯原作品的著作权。

3. 合作作品著作权的归属

两人以上合作创作的作品,著作权由合作作者共同享有。没有参加创作的人,不能成为合作作者。合作作品可以分割使用的,作者对各自创作的部分可以单独享有著作权,但行使著作权时不得侵犯合作作品整体的著作权。

4. 编辑作品著作权的归属

编辑作品由编辑人享有著作权,但行使著作权时不得侵犯原作品的著作权。编辑作品中可以单独使用的作品的作者有权单独行使其著作权。

5. 视听作品著作权的归属

视听作品中的电影作品、电视剧作品的编剧、导演、摄影、作词、作曲等作者享有署名权,著作权的其他权利由制作电影作品、电视剧作品的制作者享有。视听作品中的剧本、音乐等可以单独使用的作品的作者有权单独行使其著作权。

6. 职务作品著作权的归属

自然人为完成法人或者非法人组织工作任务所创作的作品是职务作品,一般职务作品著作权由作者享有,但法人或者非法人组织有权在其业务范围内优先使用。作品完成2年内,未经单位同意,作者不得许可第三人以与单位使用的相同方式使用该作品。

有下列情形之一的职务作品,作者享有署名权,著作权的其他权利由法人或者非法人组织享有,法人或者非法人组织可以给予作者奖励:① 主要是利用法人或者非法人组织的物质技术条件创作,并由法人或者非法人组织承担责任的工程设计图、产品设计图、地图、示意图、计算机软件等职务作品;② 报社、期刊社、通讯社、广播电台、电视台的工作人员创作的职务作品;③ 法律、行政法规规定或者合同约定著作权由法人或者非法人组织享有的职务作品。

7. 委托作品著作权的归属

受委托创作的作品,著作权的归属由委托人和受托人通过合同约定。合同未作明确约定或者没有订立合同的,著作权属于受托人。

8. 美术、摄影作品著作权的归属

作品原件所有权的转移,不改变作品著作权的归属,但美术、摄影作品原件的展览权由原件所有人享有。

9. 作者身份不明作品著作权的归属

作者身份不明的作品,著作权中除署名权外都可以由原件持有人享有。一旦作者身份确定，由作者或者其继承人行使著作权。

三、著作权的保护期

著作权的保护期是指著作权受法律保护的时间界限。在著作权的保护期内，作品的著作权受法律保护；著作权保护期届满，该作品便进入了公共领域，不再受法律保护。我国《著作权法》对著作权的保护期作了如下规定：

（1）作者的署名权、修改权、保护作品完整权的保护期不受限制。

（2）自然人的作品，其发表权、著作权的内容中第（5）项至第（17）项规定的权利的保护期为作者终生及其死亡后50年，截止于作者死亡后第50年的12月31日；如果是合作作品，截止于最后死亡的作者死亡后第50年的12月31日。

（3）法人或者非法人组织的作品、著作权（署名权除外）由法人或者非法人组织享有的职务作品，其发表权的保护期为50年，截止于作品创作完成后第50年的12月31日；著作权的内容中第（5）项至第（17）项规定的权利的保护期为50年，截止于作品首次发表后第50年的12月31日，但作品自创作完成后50年内未发表的，《著作权法》不再保护。

（4）视听作品，其发表权的保护期为50年，截止于作品创作完成后第50年的12月31日；著作权的内容中第（5）项至第（17）项规定的权利的保护期为50年，截止于作品首次发表后第50年的12月31日，但作品自创作完成后50年内未发表的，《著作权法》不再保护。

四、著作权的限制

（一）合理使用

合理使用是指在特定的条件下，法律允许他人自由使用享有著作权人的作品，而不必征得权利人的许可，不向其支付报酬的合法行为。我国《著作权法》规定，在下列情况下使用作品，可以不经著作权人许可，不向其支付报酬，但应当指明作者姓名或者名称、作品名称，并且不得影响该作品的正常使用，也不得不合理地损害著作权人的合法权益：

（1）为个人学习、研究或者欣赏，使用他人已经发表的作品。

（2）为介绍、评论某一作品或者说明某一问题，在作品中适当引用他人已经发表的作品。

（3）为报道新闻，在报纸、期刊、广播电台、电视台等媒体中不可避免地再现或者引用已经发表的作品。

（4）报纸、期刊、广播电台、电视台等媒体刊登或者播放其他报纸、期刊、广播电台、电视台等媒体已经发表的关于政治、经济、宗教问题的时事性文章，但著作权人声明不许刊登、播放的除外。

（5）报纸、期刊、广播电台、电视台等媒体刊登或者播放在公众集会上发表的讲话，但作者声明不许刊登、播放的除外。

（6）为学校课堂教学或者科学研究，翻译、改编、汇编、播放或者少量复制已经发表的作品,供教学或者科研人员使用,但不得出版发行。

（7）国家机关为执行公务在合理范围内使用已经发表的作品。

（8）图书馆、档案馆、纪念馆、博物馆、美术馆、文化馆等为陈列或者保存版本的需要,复制本馆收藏的作品。

（9）免费表演已经发表的作品,该表演未向公众收取费用,也未向表演者支付报酬,且不以营利为目的。

（10）对设置或者陈列在公共场所的艺术作品进行临摹、绘画、摄影、录像。

（11）将中国公民、法人或者非法人组织已经发表的以国家通用语言文字创作的作品翻译成少数民族语言文字作品在国内出版发行。

（12）以阅读障碍者能够感知的无障碍方式向其提供已经发表的作品。

（13）法律、行政法规规定的其他情形。

前款规定适用于对与著作权有关的权利的限制。

（二）法定许可使用

法定许可使用是指根据法律的直接规定,以特定的方式使用已发表的作品。可以不经著作权人的许可,但应向著作权人支付使用费,并尊重著作权人的其他权利。法定许可使用的情况主要包括:

（1）为实施义务教育和国家教育规划而编写出版教科书,除作者事先声明不许使用外,可以不经著作权人许可,在教科书中汇编已经发表的作品片段或者短小的文字作品、音乐作品或者单幅的美术作品、摄影作品、图形作品。

（2）作品被报社、期刊社刊登后,除著作权人声明不得转载、摘编的外,其他报刊可以转载或者作为文摘、资料刊登。

（3）已在报刊上刊登或者网络上传播的作品,除著作权人声明或者上载该作品的网络服务提供者受著作权人的委托声明不得转载、摘编的外,网站可以转载、摘编。

（4）录音制作者使用他人已经合法录制为录音制品的音乐作品制作录音制品,著作权人声明不许使用的除外。

（5）广播电台、电视台播放他人已经发表的作品。

（6）广播电台、电视台播放已经出版的录音制品。

五、邻接权

邻接权是指与著作权有关的权利,即作品传播者所享有的专有权利。根据我国《著作权法》的规定,邻接权包括表演者权、录音录像制作者权、广播组织权等。这种权利是以他人创造为基础而衍生的一种传播权,虽不同于著作权,但与之相关,因此称为邻接权。我国《著作权法》规定,出版者、表演者、录音录像制作者、广播电台、电视台等依照《著作权法》有关规定使用他人作品的,不得侵犯作者的署名权、修改权、保护作品完整权和获得报酬的权利。邻接权主要包括以下权利。

（一）出版者的权利

图书出版者出版图书应当和著作权人订立出版合同,并支付报酬。图书出版者对著作权人交付出版的作品，按照合同约定享有的专有出版权受法律保护，他人不得出版该作品。图书出版者经作者许可，可以对作品修改、删节。

（二）表演者的权利

表演者使用他人已发表的作品进行营业性演出，可以不经著作权人许可，但应当按照规定支付报酬；著作权人声明不许使用的不得使用。表演者对其表演享有下列权利：① 表明表演者身份；② 保护表演形象不受歪曲；③ 许可他人从现场直播和公开传送其现场表演，并获得报酬；④ 许可他人录音录像，并获得报酬；⑤ 许可他人复制、发行、出租录有其表演的录音录像制品，并获得报酬；⑥ 许可他人通过信息网络向公众传播其表演，并获得报酬。

（三）录音录像制作者的权利

录音录像制作者对其制作的录音录像制品，享有许可他人复制、发行、出租、通过信息网络向公众传播并获得报酬的权利。录音录像制作者的权利的保护期为50年，截止于该制品首次制作完成后第50年的12月31日。

（四）播放者的权利

广播电台、电视台对其制作的广播、电视，享有下列权利：① 播放；② 许可他人播放，并获得报酬；③ 许可他人复制、发行其制作的广播、电视，并获得报酬。播放者的权利的保护期为50年，截止于该广播、电视首次播放后第50年的12月31日。

六、侵犯著作权的法律责任

侵犯著作权的行为是指未经著作权人同意，又无法律依据，擅自使用著作权作品及其他以非法手段行使著作权的行为。侵犯著作权的法律责任是指侵权行为人违反著作权法的规定，对他人著作权造成侵害时，依法应承担的法律后果。我国《著作权法》规定了侵犯著作权的法律责任主要有民事责任和行政责任。

（一）民事责任

有下列侵权行为的，应当根据情况，承担停止侵害、消除影响、赔礼道歉、赔偿损失等民事责任：

（1）未经著作权人许可，发表其作品的。

（2）未经合作作者许可，将与他人合作创作的作品当作自己单独创作的作品发表的。

（3）没有参加创作，为谋取个人名利，在他人作品上署名的。

（4）歪曲、篡改他人作品的。

（5）剽窃他人作品的。

（6）未经著作权人许可，以展览、摄制视听作品的方法使用作品，或者以改编、翻译、注释等方式使用作品的，《著作权法》另有规定的除外。

（7）使用他人作品，应当支付报酬而未支付的。

（8）未经视听作品、计算机软件、录音录像制品的著作权人、表演者或者录音录像制作者许可，出租其作品或者录音录像制品的原件或者复制件的，《著作权法》另有规定的除外。

（9）未经出版者许可，使用其出版的图书、期刊的版式设计的。

（10）未经表演者许可，从现场直播或者公开传送其现场表演，或者录制其表演的。

（11）其他侵犯著作权及与著作权有关的权利的行为。

（二）行政责任

有下列侵权行为的，除承担民事责任外，主管著作权的部门应当根据情况给予警告、没收违法所得、罚款等行政处罚：

（1）未经著作权人许可，复制、发行、表演、放映、广播、汇编、通过信息网络向公众传播其作品的，《著作权法》另有规定的除外。

（2）出版他人享有专有出版权的图书的。

（3）未经表演者许可，复制、发行录有其表演的录音录像制品，或者通过信息网络向公众传播其表演的，《著作权法》另有规定的除外。

（4）未经录音录像制作者许可，复制、发行、通过信息网络向公众传播其制作的录音录像制品的，《著作权法》另有规定的除外。

（5）未经许可，播放、复制或者通过信息网络向公众传播广播、电视的，《著作权法》另有规定的除外。

（6）未经著作权人或者与著作权有关的权利人许可，故意避开或者破坏技术措施的，故意制造、进口或者向他人提供主要用于避开、破坏技术措施的装置或者部件的，或者故意为他人避开或者破坏技术措施提供技术服务的，法律、行政法规另有规定的除外。

（7）未经著作权人或者与著作权有关的权利人许可，故意删除或者改变作品、版式设计、表演、录音录像制品或者广播、电视上的权利管理信息的，知道或者应当知道作品、版式设计、表演、录音录像制品或者广播、电视上的权利管理信息未经许可被删除或者改变，仍然向公众提供的，法律、行政法规另有规定的除外。

（8）制作、出售假冒他人署名的作品的。

【思考题】

1. 简述知识产权的法律特征。
2. 简述发明专利的实质性要件。
3. 简述商标权的内容。
4. 简述著作权的限制。

【参考文献】

1. 郑成思. 知识产权法［M］. 北京：法律出版社，1997.
2. 刘春茂. 中国民法学·知识产权［M］. 北京：中国人民公安大学出版社，1997.
3. 吴汉东. 知识产权法［M］. 5版. 北京：法律出版社，2015.
4. 刘春田. 知识产权法［M］. 北京：中国人民大学出版社，2009.

第四章 个人独资企业与合伙企业法律制度

第一节 个人独资企业法律制度

一、个人独资企业概述

(一) 个人独资企业的概念

个人独资企业（Individual Proprietorship Enterprise），也称独资商号或独资所有制企业、个体企业等，是指由一个自然人单独投资并经营，不具有法人资格，法律上没有注册资本要求，投资人对其债务承担无限责任的企业。《中华人民共和国个人独资企业法》（以下简称《个人独资企业法》）将个人独资企业定义为"在中国境内设立，由一个自然人投资，财产为投资人个人所有，投资人以其个人财产对企业债务承担无限责任的经营实体"。

个人独资企业是企业形式中最古老、最简单的一种形式，它产生于人类社会的第一次分工时期。原始社会末期，伴随着农业文明的发展，某些专业性的体现个人技能的产品生产开始出现，劳动的协作有了新的意义：某些人从集体围猎和集体耕作中分离出来，以某方面的专业技能从事某种单一产品的生产，并将该产品用于交换。个人以此为生的事业便是独资企业的最原初形态。这一简单的商品生产和商业服务的形态经久不衰，在商业文明极度发达的今天依然繁荣昌盛。改革开放以来，随着非公有制经济的发展，我国私人投资企业迅速增加，这类企业中的很大一部分采用独资企业的形式，主要分布于零售业、手工业、农业、林业、渔业、服务业等行业，具有设立简便、规模有限、产权自有、独自经营、自负盈亏、责任无限等特征。

(二) 个人独资企业的法律特征

与其他企业形式相比，个人独资企业主要具有以下法律特征。

1. 投资主体为单个自然人

个人独资企业是由一个自然人单独投资设立的企业，区别于出资人情况复杂的合伙企业和公司，资本构成简单。投资人以其个人财产，或将其家庭共有财产以个人名义投资，企业归投资人个人所有，投资人对企业的财产拥有占有、使用、收益、处分的权利，对企业拥有完全控制权和直接支配权。因为单个自然人的可用于投资的个人财产和控制能力有限，所以个人独资企业的规模一般相对较小。

2. 所有权与经营权合二为一

投资人既是企业的所有者，又是企业的经营者，对企业事务具有绝对的控制权和支配权，就企业事务作出决定时在法律上没有义务去征求他人的意见，完全可以按照自己的意志去经营。这与公司所有权与经营权相分离形成了鲜明的对比。

3. 企业具有相对独立的人格

个人独资企业是企业的典型形式，有企业的外部形式特征——可以起字号；有企业的组织形式；其设立要符合企业设立的基本条件；注册登记后，即获完全的商行为能力，可以在法律许可的范围内，以企业的名义对外进行经营活动。但个人独资企业并非法人企业，不具有法人资格，仍然只是自然人个人进行商业活动的特殊形态。

4. 投资人承担无限责任

投资人对企业承担无限责任，当企业财产不足以清偿债务时，以投资人个人的其他财产清偿。《个人独资企业法》规定了以家庭共有财产出资的方式，将承担无限责任的财产范围推及家庭共有财产。投资人财产责任的无限性，也否定了企业财产的独立性。企业无绝对独立的财产，其名下的财产是投资人个人财产的一部分。

(三) 个人独资企业与个体工商户

个人独资企业与个体工商户既有相同之处，又有明显的区别。通过对两者的比较分析，可以从法律形态上更深刻地认识个人独资企业。《民法典》第54条将个体工商户定义为："自然人从事工商业经营，经依法登记，为个体工商户。个体工商户可以起字号。"个体工商户是我国个体经济的最初形式，是法定许可的自然人以个人财产或家庭财产作为经营资本，依法核准登记并在法定范围内从事非农业性活动的个人或家庭。个体工商户是以户的名义进行注册并经营，是集投资、经营、劳动于一体的非企业组织形式的商自然人。

个人独资企业与个体工商户有很多共通之处，主要表现在以下三个方面。

(1) 投资主体相同。经营活动的资本来源于自然人，经营业主（自然人或家庭）拥有生产资料及全部收益。

(2) 登记程序必要性相同。两者都实行依法核准登记制度，其经营活动严格控制在营业执照核准的范围之内。

(3) 责任方式相同。经营业主对债务承担无限责任。

在实践中，严格区分个人独资企业与个体工商户有一定的困难，两者之间的区别主要表现在以下两个方面。

(1) 规范的视角不同。规范个体工商户的切入视角是经营主体，以经营主体是个人还是家庭来区分承担财产责任的是个人还是家庭，而规范个人独资企业的切入视角是投资，以个人财产投资还是家庭共有财产投资区分承担财产责任的是个人财产还是家庭共有财产。

（2）组织形式不同。个人独资企业是企业组织形式，有正式的企业名称、固定的生产经营场所和必要的生产经营条件，规模不受限制，有比较严密的企业组织结构，可以由投资人自主经营，也可以委托他人经营。而个体工商户是非企业组织形式，组成比较简单，经营场所灵活，营业期限随意性大，只能由投资者自主经营，规模较小。

二、个人独资企业的设立

（一）个人独资企业的设立条件

1. 投资人为一个自然人

投资人应当具备完全民事行为能力。个人独资企业是由投资人单独经营控制，企业的重大问题都由投资人决定，这就要求投资人对自己的行为有正确认识，并能对自己的行为和企业的债务独立担负民事责任。限制民事行为能力和无民事行为能力的自然人显然无法担负起这一责任。因此，个人独资企业的投资人必须是具备完全民事行为能力的自然人。法律禁止从事营利性活动的人不得作为投资人，禁止的原因可以是：① 行为能力因素——限制民事行为能力和无民事行为能力的人被禁止；② 身份因素——为了防止影响国家公务及公平竞争，国家公务员、党政干部、法官和检察官被禁止。此外，负有竞业禁止义务的人，在任职期间不得设立与其任职企业有竞争性业务的个人独资企业。

2. 有合法的企业名称

个人独资企业的名称应当与其责任形式及从事的营业相符合。企业名称的合法性有两层含义：其一是符合法定的个人独资企业名称的一般形式；其二是与个人独资企业的属性相符。个人独资企业的名称中不得使用"有限""有限责任"或者"公司"字样。依照《企业名称登记管理规定》，个人独资企业的名称应当使用规范汉字，通常只能使用一个名称，其名称应当包括字号、行业或者经营特点、组织形式，不得使用法律禁止及与自身实际情况不符的名称。个人独资企业的名称应当经市场监督管理部门核准登记。

3. 有投资人申报的出资

设立个人独资企业必须注明投资人出资金额。这就从法律上界定了企业名下的财产，将投资人投资于企业的那部分个人财产从其个人财产整体中划分出来，为以后企业进行债务清算提供了依据。《个人独资企业法》规定，个人独资企业投资人可以以其家庭共有财产作为个人出资。不同出资方式给企业带的资本结构和财产责任方式是不同的，企业登记时，明确出资方式，有助于理顺各部分个人财产的关系，明确企业债权人的权利对象。个人独资企业由一个自然人投资，自然人以其个人财产对企业债务承担无限责任；自然人可将其家庭共有财产作为个人出资，并以家庭共有财产对企业债务承担无限责任。

4. 有固定的生产经营场所和必要的生产经营条件

有固定的生产经营场所，可以理解为企业有固定的住所；有必要的生产条件，可以理解为有规模化生产经营的厂房、设备条件。归纳起来，就是有作为企业进行规模化生产经营的基本条件，这是对生产经营规模的要求。

5. 有必要的从业人员

有必要的从业人员，这也是对企业经营规模的要求，是企业形态特征之一。

（二）个人独资企业的设立程序

1. 提出申请

申请设立个人独资企业，应当由投资人或者其委托的代理人向个人独资企业所在地的登记机关提交设立申请书、投资人身份证明、生产经营场所使用证明等文件。委托代理人申请设立登记时，应当出具投资人的委托书和代理人的合法证明。个人独资企业不得从事法律、行政法规禁止经营的业务；从事法律、行政法规规定须报经有关部门审批的业务，应当在申请设立登记时提交有关部门的批准文件。

个人独资企业设立申请书应当载明下列事项：

（1）企业的名称和住所。

（2）投资人的姓名和居所。

（3）投资人的出资额和出资方式。

（4）经营范围。

2. 审查核准

登记机关应当在收到设立申请文件之日起 15 日内，对符合《个人独资企业法》规定条件的，予以登记，发给营业执照；对不符合《个人独资企业法》规定条件的，不予登记，并应当给予书面答复，说明理由。

三、个人独资企业的权利与义务

（一）个人独资企业的权利

个人独资企业在经营活动中享有以下权利。

1. 财产所有权

个人独资企业对其财产享有所有权，其财产可以依法转让或继承。

2. 名称专用权

个人独资企业对核准登记的名称在规定范围内享有专用权。

3. 经营自主权

个人独资企业在核准登记范围内有自主经营的权利。

4. 机构设置和用工权

个人独资企业可以自由决定企业的机构设置，招用或者辞退职工。

5. 工资决定权

个人独资企业有权自主决定企业的工资制度和利润分配形式。

6. 定价权

个人独资企业有权按照国家价格管理规定，制定企业的商品价格和收费标准。

7. 工业产权申请权

个人独资企业有权申请专利，注册商标。

8. 土地使用权

个人独资企业可以依法通过缴纳使用费而有偿取得国有土地的使用权。

9. 拒绝摊派权

任何单位和个人不得违反法律、行政法规的规定，以任何方式强制个人独资企业提供财力、物力、人力；对于违法强制提供财力、物力、人力的行为，个人独资企业有权拒绝。

10. 法律、行政法规规定的其他权利

（二）个人独资企业的义务

个人独资企业在经营活动中必须履行以下义务。

1. 依法经营

个人独资企业从事经营活动必须遵守法律、行政法规，遵守诚实信用原则，不损害社会公共利益。

2. 依法纳税

个人独资企业应当依法履行纳税义务。

3. 建立财务会计制度

个人独资企业应当依法设置会计账簿，进行会计核算。

4. 依法用工

个人独资企业招用职工的，应当依法与职工签订劳动合同，保障职工的劳动安全，按时、足额发放职工工资。个人独资企业应当按照国家规定参加社会保险，为职工缴纳社会保险费。个人独资企业职工依法建立工会，工会依法开展活动。在个人独资企业中的中国共产党党员依照中国共产党章程进行活动。

5. 服从国家管理和监督

国家通过市场监督、税收、物价、金融、环保、劳动、技术监督等职能部门和行业主管部门对个人独资企业进行监督与管理。

四、个人独资企业的经营管理

（一）经营管理模式

个人独资企业投资人对企业有绝对的所有权和控制权。投资人可以自行管理企业事务，也可以委托或者聘用其他具有民事行为能力的人负责企业的事务管理。投资人委托或者聘用他人管理个人独资企业事务，应当与受托人或者被聘用的人签订书面合同，明确委托的具体内容和授予的权利范围。

受托人或者被聘用的人员应当履行诚信、勤勉义务，按照与投资人签订的合同负责个人独资企业的事务管理。投资人对受托人或者被聘用的人员职权的限制，不得对抗善意第三人。

（二）受托人、被聘用人员的义务

投资人委托或者聘用的管理个人独资企业事务的人员不得有下列行为：

（1）利用职务上的便利，索取或者收受贿赂。

（2）利用职务或者工作上的便利侵占企业财产。

（3）挪用企业的资金归个人使用或者借贷给他人。
（4）擅自将企业资金以个人名义或者以他人名义开立账户储存。
（5）擅自以企业财产提供担保。
（6）未经投资人同意，从事与本企业相竞争的业务。
（7）未经投资人同意，同本企业订立合同或者进行交易。
（8）未经投资人同意，擅自将企业商标或者其他知识产权转让给他人使用。
（9）泄露本企业的商业秘密。
（10）法律、行政法规禁止的其他行为。

五、个人独资企业的变更、解散与清算

（一）个人独资企业的变更

个人独资企业的变更主要指企业存续过程中因特定原因而使企业登记事项发生变化。变更事项包括企业名称、企业住所、经营范围、投资人姓名和居所、出资额和出资方式等。

个人独资企业变更企业名称、企业住所、经营范围，应当在作出变更决定之日起15日内向原登记机关申请变更登记。经市场监督管理部门审核后，其变更才发生效力。如企业名称发生变更，未经市场监督管理部门审核，不得使用新企业名称。这是事前变更登记。值得注意的是，个人独资企业发生上述变更，不仅要向市场监督管理部门办理变更手续，还要到税务部门办理变更手续。个人独资企业发生的上述商事变更，不影响企业的结构和组织形式，不影响相关的民事关系，主要是营业执照所载事项的变化。个人独资企业变更投资人姓名和居所、出资额和出资方式，应当在变更事由发生之日起15日内向原登记机关申请变更登记。在这种情况下，变更事由一发生，即产生效力，相应的民事关系发生变更，此时的变更登记是事后登记。

（二）个人独资企业的解散

个人独资企业的解散是指个人独资企业因出现法定事由而使其民事主体资格消灭的行为。个人独资企业因设立而取得经营资格，因解散而终止其经营资格。个人独资企业解散后，其经营行为的合法性丧失，投资人不得再以个人独资企业的名义从事经营活动，但以个人名义进行经营活动的资格并未被剥夺。

《个人独资企业法》规定了四种法定的个人独资企业解散事由：
（1）投资人决定解散。
（2）投资人死亡或者被宣告死亡，无继承人或者继承人决定放弃继承。
（3）被依法吊销营业执照。
（4）法律、行政法规规定的其他情形。

其中，前两种情况为自然解散，后两种情况为强制解散。

（三）个人独资企业的清算

清算是个人独资企业解散后，必须执行的一项法律程序，其目的在于：在个人独资企

业结束经营活动后,需要了结各种债权债务,厘清各方面的法律关系,保护债权人的利益。

1. 确定清算人

个人独资企业解散,由投资人自行清算或者由债权人申请人民法院指定清算人进行清算。个人独资企业由一人投资,为一人所有,不存在其他投资人,可以由投资人自行清算;因为直接关系到债权人的利益,债权人也可请求人民法院指定注册会计师、律师等专业人员作为清算人执行清算。

2. 通知公告程序

投资人自行清算的,应当在清算前15日内书面通知债权人,无法通知的,应当予以公告。债权人应当在接到通知之日起30日内,未接到通知的应当在公告之日起60日内,向投资人申报其债权。

3. 财产清偿顺序

个人独资企业解散的,财产应当按照下列顺序清偿:① 所欠职工工资和社会保险费用;② 所欠税款;③ 其他债务。这表明,在企业清算过程中,职工利益被优先考虑,其次是国家利益,最后才是一般债务。此外,还要考虑一些其他费用,如保留足够的金额以支付清算费用。投资人的利益则被放在了最后,完成了以上各项清偿后,剩余部分才留给投资人。

清算期间,个人独资企业不得开展与清算目的无关的经营活动。在按上述规定清偿债务前,投资人不得转移、隐匿财产。个人独资企业财产不足以清偿债务的,投资人应当以其个人的其他财产予以清偿。个人独资企业解散后,原投资人对个人独资企业存续期间的债务仍应承担偿还责任,但债权人在5年内未向债务人提出偿债请求的,该责任消灭。

个人独资企业清算结束后,投资人或者人民法院指定的清算人应当编制清算报告,并于15日内到登记机关办理注销登记。

六、个人独资企业的法律责任

为了规范个人独资企业的行为,保护个人独资企业债权人和其他相关人的合法权益,维护社会经济秩序,根据《个人独资企业法》及相关法律、法规的有关规定,个人独资企业及其投资人要承担相应的法律责任。个人独资企业的法律责任主要是行政处罚、民事赔偿和刑事处罚。

(一) 个人独资企业设立中的法律责任

个人独资企业登记时,提交虚假文件或采取其他欺骗手段,取得企业登记的,责令改正,处以5 000元以下的罚款;情节严重的,并处吊销营业执照。

(二) 个人独资企业经营中的法律责任

(1) 个人独资企业使用的名称与其在登记机关登记的名称不相符合的,责令限期改正,处以2 000元以下的罚款。

(2) 涂改、出租、转让营业执照的,责令改正,没收违法所得,处以3 000元以下的罚款；情节严重的，吊销营业执照。

（3）伪造营业执照的，责令停业，没收违法所得，处以 5 000 元以下的罚款；构成犯罪的，依法追究刑事责任。

（4）个人独资企业成立后无正当理由超过 6 个月未开业的，或者开业后自行停业连续 6 个月以上的，吊销营业执照。

（5）未领取营业执照，以个人独资企业名义从事经营活动的，责令停止经营活动，处以 3 000 元以下的罚款。

（6）个人独资企业登记事项发生变更时，未按《个人独资企业法》规定办理有关变更登记的，责令限期办理变更登记；逾期不办理的，处以 2 000 元以下的罚款。

（7）个人独资企业违反《个人独资企业法》规定，侵犯职工合法权益，未保障职工劳动安全，不缴纳社会保险费用的，按照有关法律、行政法规予以处罚，并追究有关责任人员的责任。

（三）个人独资企业清算中的法律责任

个人独资企业及其投资人在清算前或清算期间隐匿或转移财产，逃避债务的，依法追回其财产，并按照有关规定予以处罚；构成犯罪的，依法追究刑事责任。

（四）侵犯个人独资企业利益的法律责任

《个人独资企业法》规定，为保护投资人的利益，其他人损害个人独资企业的行为也应受到处罚。投资人委托或者聘用的人员管理个人独资企业事务时违反双方订立的合同，给投资人造成损害的，承担民事赔偿责任。

投资人委托或者聘用的人员违反《个人独资企业法》规定，侵犯个人独资企业财产权益的，责令退还侵占的财产；给企业造成损失的，依法承担赔偿责任；有违法所得的，没收违法所得；构成犯罪的，依法追究刑事责任。

第二节　合伙企业法律制度

一、合伙企业概述

（一）合伙企业的概念

合伙也许是人类群体本能最古老的表现形式。罗马法中就对合伙企业作了详尽的规定："合伙是一种合意契约，根据它，两人以上相互承担义务将物品或劳作集中在一起，以实现某一合法的且具有共同功利的目的。"由于募集资金、分担经营负担和分散风险的需要，商事主体的经营方式由"独资经营"演化到了"合伙经营"。合伙作为一种共同经营方式，有着悠久的历史，已经持续、稳定地存在了数千年。从罗马法到法国、德国的民法典和商法典，都有对合伙的具体规定。《中华人民共和国合伙企业法》（以下简称《合伙企业法》）规定："合伙企业，是指自然人、法人和其他组织依照本法在中国境内设立的普通合伙企业和有限合伙企业。"

我国传统上"重义轻利"的伦理观为合伙企业这种人际关系色彩极为浓厚的组织提供了孕育、成长的土壤。《史记·管晏列传》中记载的"管鲍之交"就是典型的合伙经营。中华人民共和国成立以前，合伙企业一直占有重要地位，"全国计130多万工商业户，除公司万余家外，均为独资或合伙组织"。20世纪50年代后期，由于进行资本主义工商业改造，各种合伙企业被作为资本主义势力彻底铲除。到了20世纪80年代，随着我国经济体制改革的深入，在经济结构中多种所有制、多种经济成分并存的局面出现，商品经济发展速度加快，合伙也随之再度兴起和发展，成为重要的企业法律形态，在经济生活中发挥着越来越重要的作用。

（二）合伙企业的类型

1. **普通合伙企业**

普通合伙企业由普通合伙人组成，合伙人对合伙企业债务承担无限连带责任。

特殊的普通合伙企业是普通合伙企业的特殊形态，是以专业知识和专门技能为客户提供有偿服务的普通合伙企业，其合伙人承担有限的连带责任。

2. **有限合伙企业**

有限合伙企业由普通合伙人和有限合伙人组成，普通合伙人对合伙企业债务承担无限连带责任，有限合伙人以其认缴的出资额为限对合伙企业债务承担责任。

（三）合伙企业的法律特征

1. **合伙企业是不具备法人资格的营利性经济组织**

合伙企业不具备法人资格，这是合伙企业与法人的根本区别。合伙企业的营利性和组织性，使其成为民事主体之一。

2. **合伙企业的设立以合伙人的合伙协议为基础**

合伙协议是调整合伙关系、规范合伙人权利和义务、处理合伙纠纷的基本法律依据，对全体合伙人具有约束力。书面合伙协议作为合伙企业的行为规则，是合伙形成的基础性条件，没有书面合伙协议，合伙企业就不能成立。

3. **合伙人共同出资，合伙经营，共享收益，共担风险**

合伙企业的资本由全体合伙人共同出资构成，合伙人原则上都享有平等参与执行合伙事务的权利。对于合伙经营的收益和风险，由全体合伙人共享收益，共担风险。合伙企业是人合性组织，它建立在合伙人相互信任的基础上。

4. **不同合伙人对合伙企业的债务承担的责任不同**

对于普通合伙人而言，合伙人对合伙企业的债务承担无限连带责任；对于有限合伙人而言，合伙人以其认缴的出资额为限对合伙企业的债务承担责任。

二、普通合伙企业

(一) 概念

普通合伙企业是指由普通合伙人订立合伙协议,并依据合伙协议共同出资、共同经营、共享收益、共担风险,对合伙企业债务按规定承担责任的营利性组织。

(二) 设立条件

1. 有符合要求的合伙人

(1) 须有2个以上合伙人。

(2) 合伙人为自然人的,应当具有完全民事行为能力。法律、行政法规禁止从事营利性活动的人,不得成为合伙人,如公务员、法官、检察官、警察等。

(3) 法人和其他组织可以设立普通合伙企业。但是,国有独资公司、国有企业、上市公司及公益性的事业单位、社会团体不得成为普通合伙人。

2. 有书面合伙协议

(1) 合伙协议依法由全体合伙人协商一致、以书面形式订立。

(2) 订立合伙协议、设立合伙企业,应当遵循自愿、平等、公平、诚实信用原则。合伙协议经全体合伙人签名、盖章后生效。合伙人按照合伙协议享有权利,履行义务。修改或者补充合伙协议,应当经全体合伙人一致同意;但是,合伙协议另有约定的除外。

(3) 合伙协议应当载明下列事项:① 合伙企业的名称和主要经营场所的地点;② 合伙目的和合伙经营范围;③ 合伙人的姓名或者名称、住所;④ 合伙人的出资方式、数额和缴付期限;⑤ 利润分配、亏损分担方式;⑥ 合伙事务的执行;⑦ 入伙与退伙;⑧ 争议解决办法;⑨ 合伙企业的解散与清算;⑩ 违约责任。

合伙协议未约定或者约定不明确的事项,由合伙人协商决定;协商不成的,依照有关法律、行政法规的规定处理。

3. 有合伙人认缴或者实缴的出资

合伙人可以用货币、实物、知识产权、土地使用权或者其他财产权利出资,也可以用劳务出资。

合伙人以实物、知识产权、土地使用权或者其他财产权利出资,需要评估作价的,可以由全体合伙人协商确定,也可以由全体合伙人委托法定评估机构评估。合伙人以劳务出资的,其评估办法由全体合伙人协商确定,并在合伙协议中载明。合伙人应当按照合伙协议约定的出资方式、数额和缴付期限,履行出资义务。以非货币财产出资的,依照法律、行政法规的规定,需要办理财产权转移手续的,应当依法办理。

4. 有合伙企业的名称和生产经营场所

(1) 普通合伙企业名称中应当标明"普通合伙"字样。

(2) 企业名称可以使用投资人姓名作为商号。

(3) 有经营场所和从事合伙经营的必要条件。

（三）设立程序

1. 设立登记

申请设立合伙企业，应当向企业登记机关提交登记申请书、合伙协议书、合伙人身份证明等文件。合伙企业的经营范围中有属于法律、行政法规规定在登记前须经批准的项目的，该项经营业务应当依法经过批准，并在登记时提交批准文件。申请人提交的登记申请材料齐全、符合法定形式，企业登记机关能够当场登记的，应予当场登记，发给营业执照。

除上述情形外，企业登记机关应当自受理申请之日起20日内，作出是否登记的决定。予以登记的，发给营业执照；不予登记的，应当给予书面答复，并说明理由。

合伙企业的营业执照签发日期，为合伙企业成立日期。合伙企业领取营业执照前，合伙人不得以合伙企业名义从事合伙业务。

2. 变更登记

合伙企业设立分支机构，应当向分支机构所在地的企业登记机关申请登记，领取营业执照。合伙企业登记事项发生变更的，执行合伙事务的合伙人应当自作出变更决定或者发生变更事由之日起15日内，向企业登记机关申请办理变更登记。

（四）合伙企业财产及合伙人财产份额的转让与出质

1. 合伙企业财产

（1）财产范围。合伙企业财产包括合伙企业存续期间，合伙人的出资、以合伙企业名义取得的收益和依法取得的其他财产。

（2）财产管理与使用。合伙人在合伙企业清算前，不得请求分割合伙企业的财产；但是，《合伙企业法》另有规定的除外。合伙人在合伙企业清算前私自转移或者处分合伙企业财产的，合伙企业不得以此对抗善意第三人。

2. 合伙人财产份额的转让与出质

（1）合伙人财产份额的转让。其一，财产份额的内部转让。合伙人之间转让在合伙企业中的全部或者部分财产份额时，应当通知其他合伙人。其二，财产份额的对外转让。财产份额的对外转让，实质是合伙人的变更。普通合伙企业为人合性企业，合伙人的变更意味着合伙企业原有结构的改变，故《合伙企业法》对此有严格的规定：除合伙协议另有约定外，合伙人向合伙人以外的人转让其在合伙企业中的全部或者部分财产份额时，须经其他合伙人一致同意；合伙人向合伙人以外的人转让其在合伙企业中的财产份额的，在同等条件下，其他合伙人有优先购买权；但是，合伙协议另有约定的除外。

（2）合伙人财产份额的出质。合伙人以其在合伙企业中的财产份额出质的，须经其他合伙人一致同意；未经其他合伙人一致同意，其行为无效，由此给善意第三人造成损失的，由行为人依法承担赔偿责任。

（五）合伙事务的决议、执行与监督

1. 合伙事务的决议

（1）一般事项的表决。合伙人对合伙企业有关事项作出决议，按照合伙协议约定的表决办法办理。合伙协议未约定或者约定不明确的，实行合伙人一人一票并经全体合伙人过

半数通过的表决办法。《合伙企业法》对合伙企业的表决办法另有规定的,从其规定。

（2）重大事项的表决。除合伙协议另有约定外,合伙企业的下列事项应当经全体合伙人一致同意：① 改变合伙企业的名称；② 改变合伙企业的经营范围、主要经营场所的地点；③ 处分合伙企业的不动产；④ 转让或者处分合伙企业的知识产权和其他财产权利；⑤ 以合伙企业名义为他人提供担保；⑥ 聘任合伙人以外的人担任合伙企业的经营管理人员。

2. 合伙事务的执行

合伙事务的执行是指为实现合伙目的而进行的合伙企业的业务活动。

（1）共同执行。合伙人对执行合伙事务享有同等的权利。原则上,每个普通合伙人均可执行合伙企业的事务。

（2）委托执行。按照合伙协议的约定或者经全体合伙人决定,可以委托一个或者数个合伙人对外代表合伙企业,执行合伙事务,其他合伙人不再执行合伙事务。作为合伙人的法人、其他组织执行合伙事务的,由其委派的代表执行。不执行合伙事务的合伙人有权监督执行事务合伙人执行合伙事务的情况。由一个或者数个合伙人执行合伙事务的,执行事务合伙人应当定期向其他合伙人报告事务执行情况及合伙企业的经营和财务状况,其执行合伙事务所产生的收益归合伙企业,所产生的费用和亏损由合伙企业承担。

（3）授权执行。被聘任的合伙企业的经营管理人员应当在合伙企业授权范围内履行职务。被聘任的合伙企业的经营管理人员,超越合伙企业授权范围履行职务,或者在履行职务过程中因故意或者重大过失给合伙企业造成损失的,依法承担赔偿责任。

3. 合伙事务的监督

（1）合伙人为了解合伙企业的经营状况和财务状况,有权查阅合伙企业会计账簿等财务资料。

（2）受委托执行合伙事务的合伙人不按照合伙协议或者全体合伙人的决定执行事务的,其他合伙人可以决定撤销该委托。

（3）合伙人分别执行合伙事务的,执行事务合伙人可以对其他合伙人执行的事务提出异议。提出异议时,应当暂停该项事务的执行。

（六）合伙人的权利与义务

1. 合伙人的知情权

合伙人为了解合伙企业的经营状况和财务状况,有权查阅合伙企业会计账簿等财务资料。

2. 合伙人的义务

（1）竞业禁止。合伙人不得自营或者同他人合作经营与本合伙企业相竞争的业务。

（2）自我交易禁止。除合伙协议另有约定或者经全体合伙人一致同意外,合伙人不得同本合伙企业进行交易。

（3）损害禁止。合伙人不得从事损害本合伙企业利益的活动。

（七）利润分配与亏损分担

（1）合伙企业的利润分配、亏损分担,按照合伙协议的约定办理；合伙协议未约定或者约定不明确的，由合伙人协商决定；协商不成的，由合伙人按照实缴出资比例分配、分担；无法确定出资比例的，由合伙人平均分配、分担。

（2）合伙协议不得约定将全部利润分配给部分合伙人或者由部分合伙人承担全部亏损。

（八）合伙企业与第三人的关系

1. 合伙企业与善意第三人的关系

合伙企业对合伙人执行合伙事务及对外代表合伙企业权利的限制，不得对抗善意第三人。

2. 合伙企业与债权人的关系

合伙企业对其债务，应先以其全部财产进行清偿。合伙企业不能清偿到期债务的，合伙人承担无限连带责任。合伙人由于承担无限连带责任，清偿数额超过其亏损分担比例的，有权向其他合伙人追偿。

3. 合伙企业与合伙人的债权人的关系

合伙人发生与合伙企业无关的债务，相关债权人不得以其债权抵销其对合伙企业的债务；也不得代位行使合伙人在合伙企业中的权利。

合伙人的自有财产不足清偿其与合伙企业无关的债务的，该合伙人可以以其从合伙企业中分取的收益用于清偿；债权人也可以依法请求人民法院强制执行该合伙人在合伙企业中的财产份额用于清偿。

人民法院强制执行合伙人的财产份额时，应当通知全体合伙人，其他合伙人有优先购买权；其他合伙人未购买，又不同意将该财产份额转让给他人的，依照《合伙企业法》的规定为该合伙人办理退伙结算，或者办理削减该合伙人相应财产份额的结算。

（九）入伙与退伙

1. 入伙

新合伙人入伙，除合伙协议另有约定外，应当经全体合伙人一致同意，并依法订立书面入伙协议。订立入伙协议时，原合伙人应当向新合伙人如实告知原合伙企业的经营状况和财务状况。入伙的新合伙人与原合伙人享有同等权利，承担同等责任。入伙协议另有约定的，从其约定。新合伙人对入伙前合伙企业的债务承担无限连带责任。

2. 退伙

（1）自愿退伙。

自愿退伙是指基于合伙人的自愿而退伙。具体有"协议退伙"和"通知退伙"两种情形。其一，协议退伙的情形：合伙协议约定的退伙事由出现；经全体合伙人一致同意；发生合伙人难以继续参加合伙的事由；其他合伙人严重违反合伙协议约定的义务。其二，通知退伙的情形：合伙协议未约定合伙期限的，合伙人在不给合伙企业事务执行造成不利影响的情况下，可以退伙，但应当提前30日通知其他合伙人。

合伙人违反上述规定退伙的，应当赔偿由此给合伙企业造成的损失。

（2）强制退伙。

强制退伙是指合伙人因出现法律规定的事由而退伙，不以合伙人同意为条件。具体有

"当然退伙"和"除名退伙"两种情形。其一,当然退伙的情形:作为合伙人的自然人死亡或者被依法宣告死亡;个人丧失偿债能力;作为合伙人的法人或者其他组织依法被吊销营业执照、责令关闭、撤销,或者被宣告破产;法律规定或者合伙协议约定合伙人必须具有相关资格而丧失该资格;合伙人在合伙企业中的全部财产份额被人民法院强制执行。合伙人被依法认定为无民事行为能力人或者限制民事行为能力人的,经其他合伙人一致同意,可以依法转为有限合伙人,普通合伙企业依法转为有限合伙企业。其他合伙人未能一致同意的,该无民事行为能力或者限制民事行为能力的合伙人退伙。退伙事由实际发生之日为退伙生效日。其二,除名退伙的情形:未履行出资义务;因故意或者重大过失给合伙企业造成损失;执行合伙事务时有不正当行为;发生合伙协议约定的事由。对合伙人的除名决议应当书面通知被除名人。被除名人接到除名通知之日,除名生效,被除名人退伙。被除名人对除名决议有异议的,可以自接到除名通知之日起30日内,向人民法院起诉。

3. 退伙结算

合伙人退伙,其他合伙人应当与该退伙人按照退伙时的合伙企业财产状况进行结算,退还退伙人的财产份额。退伙人对给合伙企业造成的损失负有赔偿责任的,相应扣减其应当赔偿的数额。退伙时有未了结的合伙企业事务的,待该事务了结后进行结算。退伙人在合伙企业中财产份额的退还办法,由合伙协议约定或者由全体合伙人决定,可以退还货币,也可以退还实物。

合伙人死亡或者被依法宣告死亡的,对该合伙人在合伙企业中的财产份额享有合法继承权的继承人,按照合伙协议的约定或者经全体合伙人一致同意,从继承开始之日起,取得该合伙企业的合伙人资格。

有下列情形之一的,合伙企业应当向合伙人的继承人退还被继承合伙人的财产份额:① 继承人不愿意成为合伙人;② 法律规定或者合伙协议约定合伙人必须具有相关资格,而该继承人未取得该资格;③ 合伙协议约定不能成为合伙人的其他情形。合伙人的继承人为无民事行为能力人或者限制民事行为能力人的,经全体合伙人一致同意,可以依法成为有限合伙人,普通合伙企业依法转为有限合伙企业。全体合伙人未能一致同意的,合伙企业应当将被继承合伙人的财产份额退还该继承人。

退伙人对基于其退伙前的原因发生的合伙企业债务,承担无限连带责任。

合伙人退伙时,合伙企业财产少于合伙企业债务的,退伙人应当依照《合伙企业法》的规定分担亏损。

(十)特殊的普通合伙企业

以专业知识和专门技能为客户提供有偿服务的专业服务机构,可以设立为特殊的普通合伙企业。特殊的普通合伙企业名称中应当标明"特殊普通合伙"字样。

一个合伙人或者数个合伙人在执业活动中因故意或者重大过失造成合伙企业债务的,应当承担无限责任或者无限连带责任,其他合伙人以其在合伙企业中的财产份额为限承担责任。合伙人在执业活动中非因故意或者重大过失造成的合伙企业债务及合伙企业的其他债务,由全体合伙人承担无限连带责任。合伙人执业活动中因故意或者重大过失造成的合伙企业债务,以合伙企业财产对外承担责任后,该合伙人应当按照合伙协议的约定对给合伙企业造成的损失承担赔偿责任。

特殊的普通合伙企业应当建立执业风险基金、办理职业保险。执业风险基金用于偿付合伙人执业活动造成的债务。执业风险基金应当单独立户管理。具体管理办法由国务院规定。

三、有限合伙企业

（一）概念

有限合伙企业是由普通合伙人和有限合伙人组成，普通合伙人对合伙企业债务承担无限连带责任，有限合伙人以其认缴的出资额为限对合伙企业债务承担责任的合伙企业。

（二）设立

1. 合伙人

（1）由2个以上50个以下合伙人设立；但是，法律另有规定的除外。

（2）有限合伙企业至少应当有1个普通合伙人。

（3）国有独资公司、国有企业、上市公司及公益性的事业单位、社会团体可以成为有限合伙人。

有限合伙企业登记事项中应当载明有限合伙人的姓名或者名称。

2. 出资

（1）有限合伙人可以用货币、实物、知识产权、土地使用权或者其他财产权利作价出资。

（2）有限合伙人不得以劳务出资。

（3）有限合伙人应当按照合伙协议的约定按期足额缴纳出资；未按期足额缴纳的，应当承担补缴义务，并对其他合伙人承担违约责任。

有限合伙企业登记事项中应当载明有限合伙人认缴的出资数额。

3. 合伙协议

有限合伙企业的合伙协议除需要记载普通合伙企业协议应当载明的事项外，还应当载明下列事项：①普通合伙人和有限合伙人的姓名或者名称、住所；②执行事务合伙人应具备的条件和选择程序；③执行事务合伙人权限与违约处理办法；④执行事务合伙人的除名条件和更换程序；⑤有限合伙人入伙、退伙的条件、程序及相关责任；⑥有限合伙人和普通合伙人相互转变程序。

4. 名称

有限合伙企业名称中应当标明"有限合伙"字样。

（三）事务执行规则

1. 普通合伙人执行合伙事务

有限合伙企业由普通合伙人执行合伙事务。有限合伙人不执行合伙事务，不得对外代表有限合伙企业。执行事务合伙人可以要求在合伙协议中确定执行事务的报酬及报酬提取方式。

有限合伙人的下列行为，不视为执行合伙事务：① 参与决定普通合伙人入伙、退伙；② 对企业的经营管理提出建议；③ 参与选择承办有限合伙企业审计业务的会计师事务所；④ 获取经审计的有限合伙企业财务会计报告；⑤ 对涉及自身利益的情况，查阅有限合伙企业财务会计账簿等财务资料；⑥ 在有限合伙企业中的利益受到侵害时，向有责任的合伙人主张权利或者提起诉讼；⑦ 执行事务合伙人怠于行使权利时，督促其行使权利或者为了本企业的利益以自己的名义提起诉讼；⑧ 依法为本企业提供担保。

2. 表见普通合伙

表见普通合伙是指第三人有理由相信有限合伙人为普通合伙人并与其交易的行为。即该有限合伙人具有普通合伙人的外观，导致交易对象产生错误认识。对于该交易，该有限合伙人承担与普通合伙人同样的责任。

有限合伙人未经授权以有限合伙企业名义与他人进行交易，给有限合伙企业或者其他合伙人造成损失的，该有限合伙人应当承担赔偿责任。

（四）合伙人的权利与义务

（1）有限合伙人可以同本有限合伙企业进行交易；但是，合伙协议另有约定的除外。

（2）有限合伙人可以自营或者同他人合作经营与本有限合伙企业相竞争的业务；但是，合伙协议另有约定的除外。

（3）有限合伙人可以将其在有限合伙企业中的财产份额出质；但是，合伙协议另有约定的除外。

（4）有限合伙人可以按照合伙协议的约定向合伙人以外的人转让其在有限合伙企业中的财产份额，但应当提前30日通知其他合伙人。

（5）有限合伙企业不得将全部利润分配给部分合伙人；但是，合伙协议另有约定的除外。

（五）有限合伙企业与第三人的关系

1. 有限合伙企业与债权人的关系

（1）有限合伙企业对其债务，应当以其全部财产进行清偿。

（2）有限合伙企业财产不足以清偿到期债务时，由普通合伙人承担无限连带责任，有限合伙人以其认缴的出资额为限对合伙企业债务承担责任。

2. 有限合伙企业与有限合伙人的债权人的关系

（1）有限合伙人以自有财产清偿。

（2）有限合伙人的自有财产不足清偿其与合伙企业无关的债务的，该合伙人可以以其从有限合伙企业中分取的收益用于清偿；债权人也可以依法请求人民法院强制执行该合伙人在有限合伙企业中的财产份额用于清偿。人民法院强制执行有限合伙人的财产份额时，应当通知全体合伙人。在同等条件下，其他合伙人有优先购买权。

（六）有限合伙人的入伙与退伙

1. 入伙

有限合伙人按照合伙协议的约定，办理入伙。

新入伙的有限合伙人对入伙前有限合伙企业的债务，以其认缴的出资额为限承担责任。

2. 退伙

（1）当然退伙。有限合伙人有下列情形之一的，当然退伙：① 作为合伙人的自然人死亡或者被依法宣告死亡；② 作为合伙人的法人或者其他组织依法被吊销营业执照、责令关闭、撤销，或者被宣告破产；③ 法律规定或者合伙协议约定合伙人必须具有相关资格而丧失该资格；④ 合伙人在合伙企业中的全部财产份额被人民法院强制执行。

值得注意的是，与普通合伙人相比，"丧失偿债能力"并不是有限合伙人当然退伙的情形。

（2）作为有限合伙人的自然人在有限合伙企业存续期间丧失民事行为能力的，其他合伙人不得因此要求其退伙。

（3）作为有限合伙人的自然人死亡、被依法宣告死亡或者作为有限合伙人的法人及其他组织终止时，其继承人或者权利承受人可以依法取得该有限合伙人在有限合伙企业中的资格。

（4）有限合伙人退伙后，对基于其退伙前的原因发生的有限合伙企业债务，以其退伙时从有限合伙企业中取回的财产承担责任。

（七）有限合伙人与普通合伙人的转换

在有限合伙企业内部，有限合伙人与普通合伙人的身份可以相互转换，即普通合伙人可以转变为有限合伙人，有限合伙人可以转变为普通合伙人。

（1）一致同意。除合伙协议另有约定外，普通合伙人转变为有限合伙人，或者有限合伙人转变为普通合伙人，应当经全体合伙人一致同意。

（2）对转换身份期间的债务承担无限连带责任。有限合伙人转变为普通合伙人的，对其作为有限合伙人期间有限合伙企业发生的债务承担无限连带责任。普通合伙人转变为有限合伙人的，对其作为普通合伙人期间合伙企业发生的债务承担无限连带责任。

（3）有限合伙企业仅剩有限合伙人的，应当解散；有限合伙企业仅剩普通合伙人的，转为普通合伙企业。

四、合伙企业的解散与清算

（一）合伙企业的解散事由

合伙企业有下列情形之一的，应当解散：

（1）合伙期限届满，合伙人决定不再经营。

（2）合伙协议约定的解散事由出现。

（3）全体合伙人决定解散。

（4）合伙人已不具备法定人数满30天。

（5）合伙协议约定的合伙目的已经实现或者无法实现。

（6）依法被吊销营业执照、责令关闭或者被撤销。

（7）法律、行政法规规定的其他原因。

（二）清算规则

合伙企业解散，应当由清算人进行清算。

1. 确定清算人

清算人由全体合伙人担任；经全体合伙人过半数同意，可以自合伙企业解散事由出现后 15 日内指定一个或者数个合伙人，或者委托第三人，担任清算人。自合伙企业解散事由出现之日起 15 日内未确定清算人的，合伙人或者其他利害关系人可以申请人民法院指定清算人。

清算人在清算期间执行下列事务：① 清理合伙企业财产，分别编制资产负债表和财产清单；② 处理与清算有关的合伙企业未了结事务；③ 清缴所欠税款；④ 清理债权、债务；⑤ 处理合伙企业清偿债务后的剩余财产；⑥ 代表合伙企业参加诉讼或者仲裁活动。

2. 申报债权

清算人自被确定之日起 10 日内将合伙企业解散事项通知债权人，并于 60 日内在报纸上公告。债权人应当自接到通知书之日起 30 日内，未接到通知书的自公告之日起 45 日内，向清算人申报债权。债权人申报债权，应当说明债权的有关事项，并提供证明材料。清算人应当对债权进行登记。

清算期间，合伙企业存续，但不得开展与清算无关的经营活动。

3. 确定清偿顺序

合伙企业财产在支付清算费用和职工工资、社会保险费用、法定补偿金及缴纳所欠税款、清偿债务后的剩余财产，依照《合伙企业法》的规定进行分配。

清算结束，清算人应当编制清算报告，经全体合伙人签名、盖章后，在 15 日内向企业登记机关报送清算报告，申请办理合伙企业注销登记。

（三）合伙企业注销后债务的承担

（1）合伙企业注销后，原普通合伙人对合伙企业存续期间的债务仍应承担无限连带责任。

（2）合伙企业不能清偿到期债务的，债权人可以依法向人民法院提出破产清算申请，也可以要求普通合伙人清偿。

（3）合伙企业依法被宣告破产的，普通合伙人对合伙企业债务仍应承担无限连带责任。

五、法律责任

（一）合伙企业设立中的法律责任

提交虚假文件或者采取其他欺骗手段，取得合伙企业登记的，由企业登记机关责令改正，处以 5 000 元以上 5 万元以下的罚款；情节严重的，撤销企业登记，并处以 5 万元以上 20 万元以下的罚款。

（二）合伙企业违法经营的法律责任

合伙企业未在其名称中标明"普通合伙""特殊普通合伙"或者"有限合伙"字样

的，由企业登记机关责令限期改正，处以 2 000 元以上 1 万元以下的罚款。

未领取营业执照，而以合伙企业或者合伙企业分支机构名义从事合伙业务的，由企业登记机关责令停止，处以 5 000 元以上 5 万元以下的罚款。

合伙企业登记事项发生变更时，未依照《合伙企业法》规定办理变更登记的，由企业登记机关责令限期登记；逾期不登记的，处以 2 000 元以上 2 万元以下的罚款。

合伙企业登记事项发生变更，执行合伙事务的合伙人未按期申请办理变更登记的，应当赔偿由此给合伙企业、其他合伙人或者善意第三人造成的损失。

（三）合伙人的违法责任

合伙人执行合伙事务，或者合伙企业从业人员利用职务上的便利，将应当归合伙企业的利益据为己有的，或者采取其他手段侵占合伙企业财产的，应当将该利益和财产退还合伙企业；给合伙企业或者其他合伙人造成损失的，依法承担赔偿责任。

合伙人对《合伙企业法》规定或者合伙协议约定必须经全体合伙人一致同意始得执行的事务擅自处理，给合伙企业或者其他合伙人造成损失的，依法承担赔偿责任。

不具有事务执行权的合伙人擅自执行合伙事务，给合伙企业或者其他合伙人造成损失的，依法承担赔偿责任。

合伙人违反《合伙企业法》规定或者合伙协议的约定，从事与本合伙企业相竞争的业务或者与本合伙企业进行交易的，该收益归合伙企业所有；给合伙企业或者其他合伙人造成损失的，依法承担赔偿责任。

（四）清算人的违法责任

清算人未依照《合伙企业法》规定向企业登记机关报送清算报告，或者报送清算报告隐瞒重要事实，或者有重大遗漏的，由企业登记机关责令改正。由此产生的费用和损失，由清算人承担和赔偿。

清算人执行清算事务，牟取非法收入或者侵占合伙企业财产的，应当将该收入和侵占的财产退还合伙企业；给合伙企业或者其他合伙人造成损失的，依法承担赔偿责任。

清算人违反《合伙企业法》规定，隐匿、转移合伙企业财产，对资产负债表或者财产清单作虚假记载，或者在未清偿债务前分配财产，损害债权人利益的，依法承担赔偿责任。

（五）有关行政管理机关的工作人员的违法责任

有关行政管理机关的工作人员违反《合伙企业法》规定，滥用职权、徇私舞弊、收受贿赂、侵害合伙企业合法权益的，依法给予行政处分。

违反《合伙企业法》规定，应当承担民事赔偿责任和缴纳罚款、罚金，其财产不足以同时支付的，先承担民事赔偿责任；构成犯罪的，依法追究刑事责任。

【思考题】

1. 简述个人独资企业的概念与特征。
2. 简述个人独资企业的设立条件。

3. 简述合伙企业的概念和法律特征。
4. 简述合伙企业合伙人的内部关系。
5. 简述合伙企业合伙人与第三人的关系。
6. 简述有限合伙人与普通合伙人的区别。

【参考文献】

1. 甘培忠. 企业与公司法学[M]. 9版. 北京：北京大学出版社，2018.
2. 赵中孚. 商法通论[M]. 5版. 北京：中国人民大学出版社，2013.
3. 刘安琪，王妍荔. 经济法[M]. 北京：中国商务出版社，2020.

第五章 公司法律制度

第一节 公司概述

一、公司的概念

公司是依法设立的以营利为目的的社团法人，具有独立的人格。《中华人民共和国公司法》（以下简称《公司法》）第2条规定："本法所称公司是指依照本法在中国境内设立的有限责任公司和股份有限公司。"第3条规定："公司是企业法人，有独立的法人财产，享有法人财产权。公司以其全部财产对公司的债务承担责任。有限责任公司的股东以其认缴的出资额为限对公司承担责任；股份有限公司的股东以其认购的股份为限对公司承担责任。"

公司的财产为公司所有，不因股东个人的债务和退股而受直接影响，故公司与不具有权利主体资格的合伙企业不同。公司所有的盈余分配给股东，故公司有别于发展慈善事业或者文化教育等的非营利性社团法人。

二、公司的法律特征

（一）依法设立

公司的设立必须符合法定的条件，遵守法定的程序。我国《公司法》第6条规定："设立公司，应当依法向公司登记机关申请设立登记。符合本法规定的设立条件的，由公司登记机关分别登记为有限责任公司或者股份有限公司；不符合本法规定的设立条件的，不得登记为有限责任公司或者股份有限公司。法律、行政法规规定设立公司必须报经批准的，应当在公司登记前依法办理批准手续。"

（二）具有独立的法人地位

公司具有从事生产经营或者其他服务性活动的权利能力和行为能力，并依法独立享有经济权利和承担经济义务。公司具有独立的法律人格,这是公司区别于独资企业和合伙企业的显著特征。

（三）以营利为目的

公司是企业法人,以营利为目的,追求股东利益最大化。公司的营利特征可概括为两点：其一,经营目的是获取利润；其二,经营要具有连续性,即须连续从事同一性质的经营活动,且经营范围要固定。营利特征使公司不同于财团法人,也区别于国家行政机关、事业单位及其他非营利的社会团体。

（四）以股东及其投资为基础设立

公司是人和财产的组合,是股权式的集合体,这是公司社团性的体现。"一人公司"只是公司形式的一种例外,而非典型的公司形态。

三、公司的产生与发展

关于公司的起源,尚无定论。一般认为现代社会的公司形式萌芽于欧洲中世纪,而工业革命的兴起和发展最终使公司制度确立并得以完善。从演化过程来看,公司是由合伙向无限公司、两合公司、股份有限公司、股份两合公司、有限公司发展而来的。

中世纪意大利地中海沿岸城市,如威尼斯、佛罗伦萨等,曾出现过资本家与船东之间的合作组织——康孟达。业主将其资本交由船东支配,从事海上贸易,盈利按照出资额通过协议分配；当发生亏损时,业主仅以其出资额负有限责任,船东承担无限责任。这种合作形式类似于有限合伙企业。康孟达这种海上贸易形式后来扩展到陆地贸易,为产生于欧洲大陆的隐名合伙奠定了基础。这一体制下的业主负有责任的安排,为后来公司制度的产生起了至关重要的作用。康孟达组织在一定程度上打破了家族经营团体的身份血缘关系,使资本的结合更具有意义。欧洲大陆法系的两合公司直接源于康孟达组织。

最早出现的公司形式是无限公司。无限公司与合伙团体并无实质的差别,只是作为公司比合伙更具有稳定性、团体性,更受法律的强制性规范的约束。就其责任形式来说,股东和合伙人的责任是一致的,必须对共同的债务承担连带的无限责任。无限公司之后,出现了两合公司,这种公司的股东由负无限责任的股东和负有限责任的股东两部分组成。从经营上看,无限公司和两合公司均由章程确定其总负责人,对外交往方便灵活；而早期的普通合伙和隐名合伙中的普通合伙人,均存在烦琐的委托代理手续,执行事务时相对困难些。

对公司的发展具有决定性意义的事件是1600年英国东印度公司的成立。该公司经英国女王特许设立,具有法人资格。公司开办时有总资本68 372英镑,有股东198名,股份可以转让,股东对公司的债务以投资额为限承担责任。该公司章程的规定,表明公司的业务与股东已发生了分离。该公司事实上是最早的股份公司,其产生和发展对现代公司制具有重要的奠基作用。17世纪末,为避免特许设立的麻烦手续,出现了股份两合公司。19世纪末叶,德国立法者创设了有限责任公司这一公司形态。经过400多年的发展,公司制度日渐完善。

四、公司的种类

(一) 大陆法系公司的法律分类

1. **无限责任公司**

无限责任公司是由 2 个以上股东组成，全体股东对公司的债务承担无限连带责任的公司。无限责任公司具有合伙的性质，但在有的国家，它可以具有法人资格。无限责任公司的股东责任过重，风险过大，不利于吸引投资。

2. **两合公司**

两合公司由两部分股东组成，一部分股东对公司债务负无限责任，另一部分股东对公司债务仅以其出资额为限承担责任。负无限责任的股东代表公司执行业务，而负有限责任的股东仅拥有一定的监察权。两合公司相当于英美国家的有限合伙。

3. **有限责任公司**

有限责任公司是指公司以其全部财产对公司的债务承担责任，全体股东仅以各自的出资额为限对公司承担责任的公司。

4. **股份有限公司**

股份有限公司是由一定人数的股东组成，并可以通过发行股票筹集资本，全部资本分为等额股份，股东以其所持股份为限对公司承担责任，而公司以其全部财产对公司承担责任的公司。

5. **股份两合公司**

股份两合公司对外通过发行股票筹集资本，全部资本分为等额股份，负无限责任的股东对公司债务承担无限连带责任，负有限责任的股东仅以其认购的股份为限对公司承担责任。股份两合公司的组织结构较股份有限公司更灵活自由。

(二) 我国公司的法律分类

我国《公司法》以有限责任公司和股份有限公司为公司的基本分类。

有限责任公司包括两种：一种是股东共同投资的有限责任公司；另一种是国有独资的有限责任公司和外商独资的有限责任公司。股份有限公司实际上又有上市公司和不上市公司之分。此外，《公司法》还分别就分公司、子公司的设立及法律地位等作了规定。

(三) 公司的其他分类

1. **人合公司、资合公司和人合兼资合公司**

这是大陆法系学者根据公司信用基础的不同，对公司所作的学理分类。凡公司的信用基础在于股东个人信用而不取决于公司资本数额的，称为人合公司。无限公司即为典型的人合公司。凡公司的信用基础在于公司资本数额而不考虑股东个人信用的，称为资合公司。股份有限公司即为典型的资合公司。凡公司的信用基础兼具股东个人信用和公司资本数额两方面的，称为人合兼资合公司。两合公司的"两合"正是就这种人合与资合的兼具性而言的。

2. **封闭式公司和开放式公司**

这是英美法系国家根据掌握公司股权的对象及其股权转让方式的不同，对公司所作的分类。封闭式公司是指股东人数较少，股东转让股权受到限制，不得向社会公众募股，实行封闭式经营的公司。开放式公司是指可以公开募股并由社会公众持股，股权可以自由转让的公司。

3. 母公司和子公司

根据公司之间的控制或支配关系，可以把公司分为母公司和子公司，母公司和子公司都是独立的法人。

4. 本公司（总公司）和分公司

根据公司内部的管辖系统，可以把公司分为本公司（总公司）和分公司。本公司（总公司）是法人，分公司是本公司（总公司）的分支机构，不是独立的法人。

5. 本国公司、外国公司和跨国公司

根据公司的国籍，可以把公司分为本国公司、外国公司和跨国公司。本国公司是指具有本国国籍的公司。对本国公司的确定有不同的标准，有的以公司设立所依据的法律确定公司的国籍，有的以公司管理机构所在地或主要营业地确定公司的国籍，有的以股东的国籍或过半数出资者的国籍确定公司的国籍。确定为本国国籍的公司为本国公司，确定为外国国籍的公司为外国公司。跨国公司也称国际公司或多国公司，是指以本国为主要基地，通过控股而在外国直接投资、设立子公司或分公司的公司。

第二节　公司法概述

一、公司法的概念

公司法是规定公司的设立、组织、运营、解散及其他对内对外关系的法律规范的总称。公司法的概念有广义和狭义之分。广义上的公司法，是指规定各种公司的设立、组织、运营、解散及其他对内对外关系的法律规范的总称，包括涉及公司的所有法律、法规。狭义上的公司法，专指以"公司法"命名的法律文件。

二、公司法的调整对象

公司法的调整对象主要是指在公司设立、组织、运营、解散过程中所发生的社会关系，主要包括以下几个方面。

（一）公司内部财产关系

主要指公司发起人之间、发起人与其他股东之间、股东之间、股东与公司之间在设立、变更、破产、解散、清算过程中所形成的带有经济内容的社会关系。

（二）公司外部财产关系

主要指公司从事与公司组织特征密切相关的营利性活动，与其他公司、企业或个人之间发生的财产关系,如发行公司债券或公司股票。

（三）公司内部组织管理与协作关系

主要指公司内部组织机构,如股东会或股东大会、董事会、监事会之间,公司同公司职员之间发生的管理或合同关系。

（四）公司外部组织管理关系

主要指公司在设立、变更、经营、解散过程中与有关国家经济管理机关之间形成的纵向经济管理关系。如公司的设立审批、登记,股份与公司债的发行审批、交易管理,公司财务会计的检查监督等。

三、公司法的性质

（一）公司法是公法化了的私法

公司法属于私法,其主旨在于维护股东的意思自治和权利自由,私法自治和权利保障是公司法的核心理念。股东设立何种类型公司、选择何种行业投资、聘请何人管理公司、股份如何转让等,都是建立在股东意思自治的基础上的。然而,作为现代企业制度的主要形式,为了确保社会交易安全和公众利益,带有公法色彩的强制性规定越来越多地渗透到公司法领域,使公司法具有一定的公法色彩,成为典型的公法化了的私法。

（二）公司法是组织法

公司是一种经济组织形式,因此,规范公司的公司法是组织法,对公司的设立、变更、解散及其组织机构等都作了规定。

（三）公司法是行为法

公司法规定了公司的基本生产经营活动,如股票的发行和交易、债券的发行和转让、公司财务会计事项、利润分配等。此外,还规定了与公司组织具有直接关系的公司行为,如公司设立行为、募集资本行为、股份转让行为、对外交易行为等。因此,公司法具有行为法的特征,是组织法与行为法的结合。

（四）公司法是兼具程序法内容的实体法

公司法对公司内部组织机构的设置,法定代表人的产生,股东、董事、高级管理人员的权利、义务与责任,监事的权利、义务与责任等方面作出规定,这些都属于实体法的规定。同时,公司法为了确保这些实体权利的实现和义务的履行,还规定了取得、行使实体权利、履行实体义务必须遵守的法定程序,如股东会或者股东大会的召开程序,董事会的议事规则等程序法的内容。因此,公司法以实体法内容规定为主,同时兼具程序法内容。

（五）公司法是具有一定国际性的国内法

公司法是各国立法机关所制定的,因此,属于国内法的范畴。但同时为了保证本国的对外贸易、国际投资等的顺利进行,公司立法还必须考虑国际经济合作的需要,参照他国公司立法的一般规则,使公司法的规定符合国际惯例。因此,公司法也就具有了一定的国际性。

四、中国的公司立法

中国传统社会的小农经济形式、重农抑商的社会环境及近代闭关锁国的政策，使企业无法突破合伙经营的形式，适应商品经济发展的公司制很难产生。直到清末，企业组织形式才引入中国。清政府中的洋务派通过招商、集资方式兴办轮船、电报等企业。著名的招商局就是以现代集股方式成立的我国最早的公司之一。1904年，《公司律》正式颁布，这是我国最早的成文公司法典。1909年起，《大清商律草案》陆续脱稿，其中第三编为"公司律"。1914年，《公司条例》颁布，规定了公司形式有无限公司、两合公司、股份有限公司和股份两合公司四种。1929年，国民政府颁布了《中华民国公司法》，除上述四种形式的公司外，又增加了外国公司的内容。1946年，国民政府对《中华民国公司法》进行修订，增加了有限公司形式。

中华人民共和国成立后于1950年颁布了《私营企业暂行条例》，规定了独资、合伙和公司三种企业组织方式，对公司形式规定了无限公司、有限公司、两合公司、股份有限公司及股份两合公司。私营企业社会主义改造完成后，各种公司形式的企业就不复存在。

从1978年年末开始，中国进行了经济体制改革，企业形式的规范化逐步成为一项国家目标。1993年12月29日，第八届全国人民代表大会常务委员会第五次会议通过了《中华人民共和国公司法》（后经历1999年12月25日、2004年8月28日、2005年10月27日、2013年12月28日、2018年10月26日5次修订），并于1994年7月1日起正式施行。该法成为规范我国公司的组织和行为，保护公司、股东和债权人的合法权益，维护社会经济秩序，促进社会主义市场经济发展的基本法律规范。此外，最高人民法院陆续制定颁布了多个有关《公司法》的司法解释，以适应司法实践的需要。

我国《公司法》规定了两种类型的公司，即有限责任公司和股份有限公司。外商投资的有限责任公司和股份有限公司适用《公司法》的规定；但有关外商投资的法律另有规定的，适用其规定。

第三节 有限责任公司

一、概念

有限责任公司又称有限公司，是指由符合法定人数的股东依法组成的，股东仅以其出资额为限对公司债务承担责任的公司形式。

在公司的发展史上，较其他形式的公司，有限责任公司出现较晚。德国于1892年颁布了世界上最早的有限责任公司法。接着，法国、日本等大陆法系国家也相继颁布了各自的有限责任公司法，遂使这种形态的公司成为法定的公司形式之一。

二、法律特征

（一）股东人数的限制性

因为有限责任公司虽为资合公司，但兼具人合性，股东必须相互信任，这就决定了股东人数不可能太多。

（二）股东责任的有限性

有限责任公司的股东，以其认缴的出资额为限对公司承担责任，公司的债权人不得向股东主张债权或请求清偿。

（三）股东出资的非股份性

股东出资，一般不划分股份，每个股东只有一份出资；而股份有限公司的资本，则要划分为金额相等的股份，股东就其所认购的股份对公司负责。

（四）公司资本的封闭性

有限责任公司资本的封闭性体现在两个方面：其一，公司的资本由全体股东认缴，不得向社会公开募集；其二，有限责任公司具有一定的人合性，公司转让其出资要受一定的限制。

（五）公司设立程序和组织机构简单

有限责任公司只有发起设立这一种设立方式，所以设立程序相对于股份有限公司而言较简单，公司的组织机构也根据公司规模大小灵活设置。

三、有限责任公司的设立

根据我国《公司法》的规定，设立有限责任公司，应当具备下列条件。

（一）股东符合法定人数

有限责任公司由 50 个以下股东出资设立。

（二）有符合公司章程规定的全体股东认缴的出资额

有限责任公司的注册资本为在公司登记机关登记的全体股东认缴的出资额。法律、行政法规及国务院决定对有限责任公司注册资本实缴、注册资本最低限额另有规定的，从其规定。

（三）股东共同制定公司章程

公司章程是关于公司的组织、内部关系和开展公司业务活动的基本规则与依据。设立公司必须依法制定公司章程。有限责任公司章程应当载明下列事项：① 公司名称和住所；② 公司经营范围；③ 公司注册资本；④ 股东的姓名或者名称；⑤ 股东的出资方式、出资额和出资时间；⑥ 公司的机构及其产生办法、职权、议事规则；⑦ 公司法定代表人；⑧ 股东会会议认为需要规定的其他事项。

股东应当在公司章程上签名、盖章。

（四）有公司名称，建立符合有限责任公司要求的组织机构

公司名称是公司区别于其他公司的标志。公司设定自己的名称时，必须符合有关法律、行政法规的规定。公司名称经登记注册后，即受法律保护，公司取得对其名称的专用权。公司从事生产经营活动，必须建立一套组织机构。根据我国《公司法》的规定，有限责任公司须设立股东会、董事会或执行董事、监事会或监事。

（五）有公司住所

公司住所是公司主要办事机构所在地。

四、股东与股东权利

（一）有限责任公司的股东

有限责任公司的股东是有限责任公司资本的出资人。自然人、法人、个人独资企业、合伙企业、社会其他经济组织、国家均可以为有限责任公司的股东。在我国，普通有限责任公司的股东人数为2人以上50人以下，一人公司和国有独资公司是特殊的有限责任公司。自然人作为设立公司时的股东必须具备民事行为能力。

有限责任公司的股东对公司债务以投资额为限承担责任，因此股东不可以以劳务、商誉、自然人姓名和信用等出资，更不可以以设定担保的财产出资，以防止公司的注册资本虚置。法律允许股东出资的方式为货币、实物、知识产权和土地使用权。

有限责任公司成立后，应当由公司向股东签发出资证明书。出资证明书是有限责任公司股东出资的凭证，是一种权利证书。我国《公司法》规定，出资证明书应当载明下列事项：① 公司名称；② 公司成立日期；③ 公司注册资本；④ 股东的姓名或者名称、缴纳的出资额和出资日期；⑤ 出资证明书的编号和核发日期。出资证明书由公司盖章。

（二）股东资格的确认与公示效力

法律规定确认股东地位的有效凭证除出资证明书外，还有另外两种形式的文件，即股东名册和公司登记。

股东名册是由公司制作的记载股东姓名或者名称及股东出资数额的一项法律文件，它表征公司对投资者及其投资数量的记载和确认，是公司档案中与公司章程同等重要的必要法律文件。我国《公司法》规定，有限责任公司应当置备股东名册，记载下列事项：① 股东的姓名或者名称及住所；② 股东的出资额；③ 出资证明书编号。

公司因登记而成立。登记采用公示的方式，由不存在利害关系的公信机构对公司设立及其重要的关系内容加以记载、固化、公告，借此可以确认主体资格与权利，表征国家对公司的生和进入运营状态的承认与保护。公司股东的姓名或者名称是公司登记的必要事项，该事项发生变更的，公司应当办理变更登记。

（三）股东权利

股东权利简称股权或股东权。法理上将股东单独实现的权利称为自益权，将股东共同行使的权利称为共益权。

1. 出席股东会会议权及对公司重大决策问题的讨论权和表决权

股东的表决权取决于股东所持投资额的多少。

2. 选举权和被选举权

股东有权选举公司的董事、监事,也有权被选举为公司的董事、监事,或被董事会任命担任公司高级管理人员。

3. 红利分配权

红利分配权是股东权的核心,向公司主张利润分配,是股东的一项基本权利。我国《公司法》规定,公司连续5年不向股东分配利润,而公司该5年连续盈利,并且符合《公司法》规定的分配利润条件的,股东可以请求公司按照合理的价格收购其股权。

4. 知情权

知情权同样是基于投资而产生的权利。公司章程、股东之间的协议等不得剥夺股东依法查阅或者复制公司文件材料的权利。

5. 股东会临时会议召集请求权和提案权

我国《公司法》规定,持有公司1/10以上表决权的股东可以提议召开股东会临时会议,董事会或者执行董事应当负责召开。提案权是基于公司股东的成员权而派生的权利,在股东会会议上,股东可以提出提案。

6. 公司增资的优先认购权

我国《公司法》规定,公司新增资本时,股东有权优先按照实缴的出资比例认缴出资。但是,全体股东约定不按照出资比例优先认缴出资的除外。

7. 股权转让权和被转让股权的优先购买权

转让股权是公司的股东将自己持有的股权转让给他人,使自己丧失部分或全部股权,使他人成为股东而使自己获得金钱或其他对价的行为。股东之间的股权转让是自由的,向股东以外的人转让股权,要受到一定的限制。我国《公司法》规定,股东向股东以外的人转让股权,应当经其他股东过半数同意。经股东同意转让的股权,在同等条件下,其他股东有优先购买权。其他股东半数以上不同意转让的,不同意的股东应当购买该转让的股权;不购买的,视为同意转让。

8. 剩余财产的分配请求权

公司在清算时,首先用公司财产清理公司债务,剩余部应按出资比例分配给股东。

股东的义务主要是出资的义务、出资填补的义务、不得抽回其出资的义务及遵守公司章程的义务。

五、组织机构

有限责任公司的组织机构主要由股东会、董事会、监事会、经理机构四个部分组成。

(一) 股东会

1. 股东会的地位与职权

有限责任公司的股东会是由公司全体股东组成的最高权力机构。有限责任公司的重大事务须由股东会决定。我国《公司法》规定,有限责任公司的股东会行使下列职权:

① 决定公司的经营方针和投资计划；② 选举和更换非由职工代表担任的董事、监事，决定有关董事、监事的报酬事项；③ 审议批准董事会的报告；④ 审议批准监事会或者监事的报告；⑤ 审议批准公司的年度财务预算方案、决算方案；⑥ 审议批准公司的利润分配方案和弥补亏损方案；⑦ 对公司增加或者减少注册资本作出决议；⑧ 对发行公司债券作出决议；⑨ 对公司合并、分立、解散、清算或者变更公司形式作出决议；⑩ 修改公司章程；⑪ 公司章程规定的其他职权。

2. 股东会会议的召集程序

股东会会议分为首次股东会会议、股东会定期会议和股东会临时会议三种情形。

首次股东会会议也可以称为出资人会议，是指公司成立之初为组建公司而专门举行的由全体股东参加的会议。首次股东会会议有明确的职责，就是为设立公司而完成必要的事项。首次股东会会议由出资最多的股东召集和主持是国际通例，一是因为此时还没有产生公司股东会的召集机构——董事会；二是因为公司制企业奉行资本多数决的原则，多数出资具有多数的感召力，一般不会引起其他股东的抵制。

股东会定期会议是由公司章程规定的股东会活动的常态形式。定期会议可以研究公司法和公司章程赋予股东会职权内的任何事由并可作出相关决议。定期会议由公司的董事会召集，董事长主持；董事长不能履行职务或者不履行职务的，由副董事长主持；副董事长不能履行职务或者不履行职务的，由半数以上董事共同推举一名董事主持。股东人数较少或者规模较小的有限责任公司可以设一名执行董事而不设董事会，股东会定期会议由执行董事召集和主持。董事会或者执行董事不能履行或者不履行召集股东会定期会议职责的，由监事会或者不设监事会的公司的监事负责召集和主持；监事会或者监事不召集和主持的，代表1/10以上表决权的股东可以自行召集和主持。

股东会临时会议是在两次定期会议之间公司发生了紧急事项或者出现了重大问题而不得不举行的股东会专门会议。代表 1/10 以上表决权的股东，1/3 以上的董事，监事会或者不设监事会的公司的监事提议召开临时会议的，应当召开临时会议。

召开股东会会议，应当于会议召开 15 日前通知全体股东；但是，公司章程另有规定或者全体股东另有约定的除外。

3. 股东会的表决程序

股东会对公司的重大问题作出决议，须由股东进行表决。根据我国《公司法》的规定，股东出席股东会议，按照出资比例行使表决权。对某些涉及股东根本利益的事项的表决，《公司法》规定了特别程序。根据我国《公司法》的规定，股东会会议对下列事项作出决议，必须经代表2/3以上表决权的股东通过：① 修改公司章程；② 增加或者减少注册资本；③ 公司分立、合并或者变更公司形式；④ 公司的解散。除上述几方面外，股东会对其他事项的表决程序，由公司章程规定。

（二）董事会

董事会是有限责任公司的常设管理机构，其依照公司法的规定由股东会选举产生，代表公司，执行公司业务，负责公司经营决策及管理活动。

1. 董事会的组成

（1）有限责任公司设董事会，董事会是公司的执行机构。董事会由公司的全体董事组成,董事由全体股东选举产生。其成员为3—13人。董事会设董事长1人,可以设副董事长1—2人。董事任期由公司章程规定,但每届任期不得超过3年。董事任期届满,连选可以连任。董事长、副董事长的产生办法由公司章程规定。董事长为公司的法定代表人。

(2) 有限责任公司股东人数较少或者规模较小的,可以设1名执行董事,不设董事会;执行董事为公司的法定代表人。

2. **董事会或者执行董事的职权**

董事会对股东会负责,行使下列职权:① 召集股东会会议,并向股东会报告工作;② 执行股东会的决议;③ 决定公司的经营计划和投资方案;④ 制订公司的年度财务预算方案、决算方案;⑤ 制订公司的利润分配方案和弥补亏损方案;⑥ 制订公司增加或者减少注册资本及发行公司债券的方案;⑦ 制订公司合并、分立、解散或者变更公司形式的方案;⑧ 决定公司内部管理机构的设置;⑨ 决定聘任或者解聘公司经理及其报酬事项,并根据经理的提名决定聘任或者解聘公司副经理、财务负责人及其报酬事项;⑩ 制定公司的基本管理制度;⑪ 公司章程规定的其他职权。执行董事的职权,应当参照董事会的职权,由公司章程规定。

董事会在行使权力的同时,也必须认真履行义务。权利与义务是对等的。一方面,董事会要负责召集股东会,向股东会报告工作,以便股东了解公司的重大事项,这也有利于股东会行使权力,维护股东利益。另一方面,董事会必须执行股东会的决议,股东会是公司的权力机构,而董事会仅仅是执行机构。董事会的活动不能违背股东的意志,股东会的决议,董事会必须执行。

3. **董事会的召集和议事规则**

董事会会议由董事长召集和主持;董事长不能履行职务或者不履行职务的,由副董事长召集和主持;副董事长不能履行职务或者不履行职务的,由半数以上董事共同推举一名董事召集和主持。

董事会的议事方式和表决程序,除《公司法》另有规定的外,由公司章程规定。董事会应当对所议事项的决定作成会议记录,出席会议的董事应当在会议记录上签名。

董事会决议的表决,实行一人一票。

(三) 监事会

1. **监事会的设立**

我国《公司法》规定,经营规模较大的有限责任公司应当设监事会,其成员不得少于3人。股东人数较少或者规模较小的有限责任公司,可以设1—2名监事,不设监事会。监事会设主席1人,由全体监事过半数选举产生。

监事会由股东代表和适当比例的公司职工代表组成,具体比例由公司章程规定。监事会中的职工代表由公司职工民主选举产生,股东代表由股东会选举产生。董事、高级管理人员不得兼任监事。监事的任期每届为3年。监事任期届满,连选可以连任。

2. **监事会或者监事的职权**

监事会、不设监事会的公司的监事行使下列职权:① 检查公司财务;② 对董事、高级管理人员执行公司职务的行为进行监督,对违反法律、行政法规、公司章程或者股东会决议的董事、高级管理人员提出罢免的建议;③ 当董事、高级管理人员的行为损害公司的利益时,要求董事、高级管理人员予以纠正;④ 提议召开临时股东会会议,在董事会不履行《公司法》规定的召集和主持股东会会议职责时召集和主持股东会会议;⑤ 向股东会会议提出提案;⑥ 依照《公司法》的规定,对董事、高级管理人员提起诉讼;⑦ 公司章程规定的其他职权。

监事可以列席董事会会议,并对董事会决议事项提出质询或者建议。

3. 监事会的召集和议事规则

监事会每年度至少召开一次会议,监事可以提议召开临时监事会会议。

监事会的议事方式和表决程序,除《公司法》另有规定的外,由公司章程规定。

监事会决议应当经半数以上监事通过。监事会应当对所议事项的决定作成会议记录,出席会议的监事应当在会议记录上签名。

(四) 经理机构

有限责任公司可以设经理,由董事会决定聘任或者解聘。经理对董事会负责,行使下列职权:

(1) 主持公司的生产经营管理工作,组织实施董事会决议。

(2) 组织实施公司年度经营计划和投资方案。

(3) 拟订公司内部管理机构设置方案。

(4) 拟订公司的基本管理制度。

(5) 制定公司的具体规章。

(6) 提请聘任或者解聘公司副经理、财务负责人。

(7) 决定聘任或者解聘除应由董事会决定聘任或者解聘以外的负责管理人员。

(8) 董事会授予的其他职权。

公司章程对经理职权另有规定的,从其规定。

经理列席董事会会议。

六、一人有限责任公司

(一) 概念

一人有限责任公司是指只有一个自然人股东或者一个法人股东的有限责任公司。

(二) 制度要点

(1) 一个自然人只能投资设立一个一人有限责任公司。该一人有限责任公司不能投资设立新的一人有限责任公司。

(2) 一人有限责任公司应当在公司登记中注明自然人独资或者法人独资,并在公司营业执照中载明。

(3) 一人有限责任公司不设股东会。一人有限责任公司章程由股东制定。

(4) 一人有限责任公司应当在每一会计年度终了时编制财务会计报告,并经会计师事务所审计。

(5) 一人有限责任公司的股东不能证明公司财产独立于股东自己的财产的，应当对公司债务承担连带责任。

七、国有独资公司

（一）概念

国有独资公司是指国家单独出资、由国务院或者地方人民政府授权本级人民政府国有资产监督管理机构履行出资人职责的有限责任公司。

（二）制度要点

（1）国有独资公司章程由国有资产监督管理机构制定，或者由董事会制订报国有资产监督管理机构批准。

（2）国有独资公司不设股东会，由国有资产监督管理机构行使股东会职权。国有资产监督管理机构可以授权公司董事会行使股东会的部分职权，决定公司的重大事项，但公司的合并、分立、解散、增加或者减少注册资本和发行公司债券，必须由国有资产监督管理机构决定；其中，重要的国有独资公司合并、分立、解散、申请破产的，应当由国有资产监督管理机构审核后，报本级人民政府批准。

（3）国有独资公司设董事会，依照《公司法》的规定行使职权。董事每届任期不得超过3年。董事会成员中应当有公司职工代表。董事会成员由国有资产监督管理机构委派；但是，董事会成员中的职工代表由公司职工代表大会选举产生。

董事会设董事长1人，可以设副董事长。董事长、副董事长由国有资产监督管理机构从董事会成员中指定。

国有独资公司设经理，由董事会聘任或者解聘。经国有资产监督管理机构同意，董事会成员可以兼任经理。

国有独资公司的董事长、副董事长、董事、高级管理人员，未经国有资产监督管理机构同意，不得在其他有限责任公司、股份有限公司或者其他经济组织兼职。

（4）国有独资公司监事会成员不得少于5人，其中职工代表的比例不得低于1/3，具体比例由公司章程规定。监事会成员由国有资产监督管理机构委派；但是，监事会成员中的职工代表由公司职工代表大会选举产生。监事会主席由国有资产监督管理机构从监事会成员中指定。

监事会行使《公司法》规定的职权和国务院规定的其他职权。

第四节 股份有限公司

一、概念和法律特征

（一）概念

股份有限公司也称股份公司，是指由2人以上200人以下的股东发起设立，公司全部资本分为等额股份，股东以其所持股份为限对公司负责，公司以其全部财产对公司债务承担责任的企业法人。

（二）法律特征

与有限责任公司相比，股份有限公司具有以下法律特征：
（1）股份有限公司是典型的资合公司，其信用基础是公司的资本。
（2）股份有限公司的股东有法定最低人数限制，但没有最高人数的限制。
（3）股份有限公司的资本划分为均等的股份。
（4）股份有限公司设立和运行中可以公开募股集资。
（5）股份有限公司股东权利转让灵活。

二、股份有限公司的设立

（一）设立条件

设立股份有限公司，应当具备下列条件：
（1）发起人符合法定人数。设立股份有限公司，应当有2人以上200人以下为发起人，其中须有半数以上的发起人在中国境内有住所。股份有限公司发起人承担公司筹办事务。发起人应当签订发起人协议，明确各自在公司设立过程中的权利和义务。
（2）有符合公司章程规定的全体发起人认购的股本总额或者募集的实收股本总额。
（3）股份发行、筹办事项符合法律规定。
（4）发起人制订公司章程，采用募集方式设立的经创立大会通过。
（5）有公司名称，建立符合股份有限公司要求的组织机构。
（6）有公司住所。

（二）设立方式

1. 发起设立

发起设立是指由发起人认购公司应发行的全部股份而设立公司。股份有限公司采取发起设立方式设立的，注册资本为在公司登记机关登记的全体发起人认购的股本总额。在发起人认购的股份缴足前，不得向他人募集股份。以发起设立方式设立股份有限公司的，发起人应当书面认足公司章程规定其认购的股份，并按照公司章程规定缴纳出资。以非货币财产出资的，应当依法办理其财产权的转移手续。发起人不依照上述规定缴纳出资的，应当按照发起人协议承担违约责任。发起人认足公司章程规定的出资后，应当选举董事会和监事会，由董事会向公司登记机关报送公司章程及法律、行政法规规定的其他文件，申请设立登记。

2. 募集设立

募集设立是指由发起人认购公司应发行股份的一部分，其余股份向社会公开募集或者向特定对象募集而设立公司。股份有限公司采取募集方式设立的，注册资本为在公司登记机关登记的实收股本总额。以募集设立方式设立股份有限公司的，发起人认购的股份不得少于公司股份总数的35%；但是，法律、行政法规另有规定的，从其规定。

（三）发起人的权利

1. 公告招股说明书，并制作认股书

认股书由认股人填写认购股数、金额、住所，并签名、盖章。认股人按照所认购股数缴纳股款。招股说明书应当附有发起人制订的公司章程，并载明下列事项：① 发起人认购的股份数；② 每股的票面金额和发行价格；③ 无记名股票的发行总数；④ 募集资金的用途；⑤ 认股人的权利、义务；⑥ 本次募股的起止期限及逾期未募足时认股人可以撤回所认股份的说明。

2. 公开募集股份

发起人向社会公开募集股份，应当由依法设立的证券公司承销，签订承销协议。发起人向社会公开募集股份，应当同银行签订代收股款协议。发行股份的股款缴足后，必须经依法设立的验资机构验资并出具证明。发起人应当自股款缴足之日起30日内主持召开公司创立大会。创立大会由发起人、认股人组成。发行的股份超过招股说明书规定的截止期限尚未募足的，或者发行股份的股款缴足后，发起人在30日内未召开创立大会的，认股人可以按照所缴股款并加算银行同期存款利息，要求发起人返还。

3. 召开创立大会

发起人应当在创立大会召开15日前将会议日期通知各认股人或者予以公告。创立大会应有代表股份总数过半数的发起人、认股人出席，方可举行。创立大会行使下列职权：① 审议发起人关于公司筹办情况的报告；② 通过公司章程；③ 选举董事会成员；④ 选举监事会成员；⑤ 对公司的设立费用进行审核；⑥ 对发起人用于抵作股款的财产的作价进行审核；⑦ 发生不可抗力或者经营条件发生重大变化直接影响公司设立的，可以作出不设立公司的决议。创立大会对上述事项作出决议，必须经出席会议的认股人所持表决权过半数通过。

（四）发起人的责任

股份有限公司的发起人应承担的责任包括：

（1）公司不能成立时，对设立行为所产生的债务和费用负连带责任。

（2）公司不能成立时，对认股人已缴纳的股款，负返还股款并加算银行同期存款利息的连带责任。

（3）在公司设立过程中，由于发起人的过失致使公司利益受到损害的，应当对公司承担赔偿责任。

（4）公司成立后，发起人未按照公司章程的规定缴足出资的，应当补缴；其他发起人承担连带责任。

（5）公司成立后，发现作为设立公司出资的非货币财产的实际价额显著低于公司章程所定价额的，应当由交付该出资的发起人补足其差额；其他发起人承担连带责任。

三、公司章程

股份有限公司章程应当载明下列事项：
（1）公司名称和住所。
（2）公司经营范围。
（3）公司设立方式。
（4）公司股份总数、每股金额和注册资本。
（5）发起人的姓名或者名称、认购的股份数、出资方式和出资时间。
（6）董事会的组成、职权和议事规则。
（7）公司法定代表人。
（8）监事会的组成、职权和议事规则。
（9）公司利润分配办法。
（10）公司的解散事由与清算办法。
（11）公司的通知和公告办法。
（12）股东大会会议认为需要规定的其他事项。

四、组织机构

（一）股东大会

股份有限公司股东大会由全体股东组成。股东大会是公司的权力机构。

《公司法》关于有限责任公司股东会职权的规定，适用于股份有限公司股东大会。

1. 股东大会的种类

股东大会分为定期年会和临时会议两种。

股东大会应当每年召开一次年会。有下列情形之一的，应当在2个月内召开临时股东大会：① 董事人数不足《公司法》规定人数或者公司章程所定人数的2/3时；② 公司未弥补的亏损达实收股本总额1/3时；③ 单独或者合计持有公司10%以上股份的股东请求时；④ 董事会认为必要时；⑤ 监事会提议召开时；⑥ 公司章程规定的其他情形。

2. 股东大会的召集和议事规则

（1）召集。

股东大会会议由董事会召集，董事长主持；董事长不能履行职务或者不履行职务的，由副董事长主持；副董事长不能履行职务或者不履行职务的，由半数以上董事共同推举一名董事主持。董事会不能履行或者不履行召集股东大会会议职责的，监事会应当及时召集和主持；监事会不召集和主持的，连续90日以上单独或者合计持有公司10%以上股份的股东可以自行召集和主持。

召开股东大会会议，应当将会议召开的时间、地点和审议的事项于会议召开20日前通知各股东；临时股东大会应当于会议召开15日前通知各股东；发行无记名股票的，应当于会议召开30日前公告会议召开的时间、地点和审议事项。

单独或者合计持有公司3%以上股份的股东，可以在股东大会召开10日前提出临时提案并书面提交董事会；董事会应当在收到提案后2日内通知其他股东，并将该临时提案提交股东大会审议。临时提案的内容应当属于股东大会职权范围，并有明确议题和具体决议事项。

无记名股票持有人出席股东大会会议的，应当于会议召开5日前至股东大会闭会时将股票交存于公司。

（2）议事规则。

股东出席股东大会会议，所持每一股份有一表决权。但是，公司持有的本公司股份没有表决权。

股东大会作出决议，必须经出席会议的股东所持表决权过半数通过。但是，股东大会作出修改公司章程、增加或者减少注册资本的决议，以及公司合并、分立、解散或者变更公司形式的决议，必须经出席会议的股东所持表决权的2/3以上通过。

《公司法》和公司章程规定公司转让、受让重大资产或者对外提供担保等事项必须经股东大会作出决议的，董事会应当及时召集股东大会会议，由股东大会就上述事项进行表决。股东可以委托代理人出席股东大会会议，代理人应当向公司提交股东授权委托书，并在授权范围内行使表决权。

股东大会应当对所议事项的决定作成会议记录，主持人、出席会议的董事应当在会议记录上签名。会议记录应当与出席股东的签名册及代理出席的委托书一并保存。

（3）累积投票制。

股东大会选举董事、监事，可以依照公司章程的规定或者股东大会的决议，实行累积投票制。累积投票制是指股东大会选举董事或者监事时，每一股份拥有与应选董事或者监事人数相同的表决权，股东拥有的表决权可以集中使用。

（二）董事会与经理

股份有限公司设董事会，其成员为5—19人。董事会是股份有限公司的法定机构，具有法律规定和公司章程所赋予的管理公司、决策经营活动以及对外代表公司的权力。在公司法人治理结构体系内，董事会的地位和作用处在核心的位置。

1. 董事的种类

股份有限公司的董事主要分为内部董事、独立董事和职工代表董事。

（1）内部董事。内部董事是同时担任公司其他职务或者虽不担任其他职务，但按公司章程规定或者授权对公司的运营负有直接管理职责的董事。内部董事由于在公司中担任经营管理等职务，因此对公司信息掌握全面，有利于董事会作出及时、正确的决策并能较好地协调与经理的关系，从而有利于决策的执行。

（2）独立董事。独立董事是指不在公司担任除董事外的其他职务，也不参与公司的运营管理事务,并与其所受聘的公司及其主要股东不存在任何可能妨碍其进行客观判断的重要关系的董事。独立董事不直接参与公司的决策和管理活动,在董事会中所起的作用主要是评价公司高级管理人员的薪酬、公司的审计,对高级管理人员的任命发表意见及对他们的行为进行监督,对涉及董事和控股股东的交易表达意见,等等。为了维护公司和中小股东的权益,法律一般还赋予独立董事一些特别的职权。

(3) 职工代表董事。董事会成员中可以有公司职工代表。董事会中的职工代表由公司职工通过职工代表大会、职工大会或者其他形式民主选举产生。

2. 董事长的地位与职权

董事会设董事长1人,可以设副董事长。董事长和副董事长由董事会以全体董事的过半数选举产生。

董事长召集和主持董事会会议,检查董事会决议的实施情况。副董事长协助董事长工作,董事长不能履行职务或者不履行职务的,由副董事长履行职务;副董事长不能履行职务或者不履行职务的,由半数以上董事共同推举一名董事履行职务。

3. 董事会会议

董事会每年度至少召开两次会议,每次会议应当于会议召开10日前通知全体董事和监事。代表1/10以上表决权的股东、1/3以上董事或者监事会,可以提议召开董事会临时会议。董事长应当自接到提议后10日内,召集和主持董事会会议。董事会召开临时会议,可以另定召集董事会的通知方式和通知时限。

董事会会议,应由董事本人出席;董事因故不能出席,可以书面委托其他董事代为出席,委托书中应载明授权范围。

董事会会议应有过半数的董事出席方可举行。董事会作出决议,必须经全体董事的过半数通过。董事会决议的表决,实行一人一票。董事会应当对会议所议事项的决定作成会议记录,出席会议的董事应当在会议记录上签名。董事应当对董事会的决议承担责任。董事会的决议违反法律、行政法规或者公司章程、股东大会决议,致使公司遭受严重损失的,参与决议的董事对公司负赔偿责任。但经证明在表决时曾表明异议并记载于会议记录的,该董事可以免除责任。

4. 经理

股份有限公司设经理,由董事会决定聘任或者解聘。公司董事会可以决定由董事会成员兼任经理。

(三) 监事会

股份有限公司设监事会,其成员不得少于3人。

1. 监事会的组成

监事会应当包括股东代表和适当比例的公司职工代表,其中职工代表的比例不得低于1/3,具体比例由公司章程规定。监事会中的职工代表由公司职工通过职工代表大会、职工大会或者其他形式民主选举产生。

监事会设主席1人,可以设副主席。监事会主席和副主席由全体监事过半数选举产生。监事会主席召集和主持监事会会议;监事会主席不能履行职务或者不履行职务的,由监事会副主席召集和主持监事会会议；监事会副主席不能履行职务或者不履行职务的，由半数以上监事共同推举一名监事召集和主持监事会会议。

董事、高级管理人员不得兼任监事。

2. 监事会的议事规则

监事会每6个月至少召开一次会议。监事可以提议召开临时监事会会议。监事会的议事方式和表决程序，除《公司法》有规定的外，由公司章程规定。监事会决议应当经半数以上监事通过。监事会应当对所议事项的决定作成会议记录，出席会议的监事应当在会议记录上签名。

五、上市公司组织机构的特别规定

上市公司是指其股票在证券交易所上市交易的股份有限公司。

上市公司在1年内购买、出售重大资产或者担保金额超过公司资产总额30%的，应当由股东大会作出决议，并经出席会议的股东所持表决权的2/3以上通过。

上市公司设独立董事，具体办法由国务院规定。

上市公司设董事会秘书，负责公司股东大会和董事会会议的筹备、文件保管及公司股东资料的管理，办理信息披露事务等事宜。

上市公司董事与董事会会议决议事项所涉及的企业有关联关系的，不得对该项决议行使表决权，也不得代理其他董事行使表决权。该董事会会议由过半数的无关联关系董事出席即可举行，董事会会议所作决议须经无关联关系董事过半数通过。出席董事会的无关联关系董事人数不足3人的，应将该事项提交上市公司股东大会审议。

六、股份有限公司的股份发行和转让

（一）股份发行

股份有限公司的资本划分为股份，每一股的金额相等。

股份的发行，实行公平、公正的原则，同种类的每一股份应当具有同等权利。同次发行的同种类股票，每股的发行条件和价格应当相同；任何单位或者个人所认购的股份，每股应当支付相同价额。

1. 股票

公司的股份采取股票的形式。股票是公司签发的证明股东所持股份的凭证。股票发行价格可以按票面金额，也可以超过票面金额，但不得低于票面金额。股票采用纸面形式或者国务院证券监督管理机构规定的其他形式。

股票应当载明下列主要事项：① 公司名称；② 公司成立日期；③ 股票种类、票面金额及代表的股份数；④ 股票的编号。股票由法定代表人签名，公司盖章。

发起人的股票，应当标明发起人股票字样。

公司发行的股票，可以为记名股票，也可以为无记名股票。公司向发起人、法人发行的股票，应当为记名股票，并应当记载该发起人、法人的名称或者姓名，不得另立户名或者以代表人姓名记名。公司发行记名股票的，应当置备股东名册，记载下列事项：① 股

东的姓名或者名称及住所；② 各股东所持股份数；③ 各股东所持股票的编号；④ 各股东取得股份的日期。

发行无记名股票的，公司应当记载其股票数量、编号及发行日期。

股份有限公司成立后，即向股东正式交付股票。公司成立前不得向股东交付股票。

2. 新股发行

公司发行新股，股东大会应当对下列事项作出决议：① 新股种类及数额；② 新股发行价格；③ 新股发行的起止日期；④ 向原有股东发行新股的种类及数额。

公司经国务院证券监督管理机构核准公开发行新股时，必须公告新股招股说明书和财务会计报告，并制作认股书。公司发行新股，可以根据公司经营情况和财务状况，确定其作价方案。公司发行新股募足股款后，必须向公司登记机关办理变更登记，并公告。

（二）股份转让

股东持有的股份可以依法转让。股东转让其股份，应当在依法设立的证券交易场所进行或者按照国务院规定的其他方式进行。

（1）记名股票的转让，由股东以背书方式或者法律、行政法规规定的其他方式转让；转让后由公司将受让人的姓名或者名称及住所记载于股东名册。股东大会召开前 20 日内或者公司决定分配股利的基准日前 5 日内，不得进行上述规定的股东名册的变更登记。但是，法律对上市公司股东名册变更登记另有规定的，从其规定。

（2）无记名股票的转让，由股东将该股票交付给受让人后即发生转让的效力。

（3）发起人持有的本公司股份，自公司成立之日起 1 年内不得转让。公司公开发行股份前已发行的股份，自公司股票在证券交易所上市交易之日起 1 年内不得转让。

（4）公司董事、监事、高级管理人员应当向公司申报所持有的本公司的股份及其变动情况，在任职期间每年转让的股份不得超过其所持有本公司股份总数的 25%；所持本公司股份自公司股票上市交易之日起 1 年内不得转让。上述人员离职后半年内，不得转让其所持有的本公司股份。公司章程可以对公司董事、监事、高级管理人员转让其所持有的本公司股份作出其他限制性规定。

（5）公司不得收购本公司股份。但是，有下列情形之一的除外：① 减少公司注册资本；② 与持有本公司股份的其他公司合并；③ 将股份用于员工持股计划或者股权激励；④ 股东因对股东大会作出的公司合并、分立决议持异议，要求公司收购其股份；⑤ 将股份用于转换上市公司发行的可转换为股票的公司债券；⑥ 上市公司为维护公司价值及股东权益所必需。

（6）公司不得接受本公司的股票作为质押权的标的。

第五节　公司董事、监事、高级管理人员的资格和义务

公司高级管理人员是指公司的经理、副经理、财务负责人，上市公司董事会秘书和公司章程规定的其他人员。

一、公司董事、监事、高级管理人员的资格

有下列情形之一的，不得担任公司的董事、监事、高级管理人员：
（1）无民事行为能力或者限制民事行为能力。
（2）因贪污、贿赂、侵占财产、挪用财产或者破坏社会主义市场经济秩序，被判处刑罚，执行期满未逾5年，或者因犯罪被剥夺政治权利，执行期满未逾5年。
（3）担任破产清算的公司、企业的董事或者厂长、经理，对该公司、企业的破产负有个人责任的，自该公司、企业破产清算完结之日起未逾3年。
（4）担任因违法被吊销营业执照、责令关闭的公司、企业的法定代表人，并负有个人责任的，自该公司、企业被吊销营业执照之日起未逾3年。
（5）个人所负数额较大的债务到期未清偿。

二、公司董事、监事、高级管理人员的义务

（1）董事、监事、高级管理人员应当遵守法律、行政法规和公司章程，对公司负有忠实义务和勤勉义务。
（2）董事、监事、高级管理人员不得利用职权收受贿赂或者其他非法收入，不得侵占公司的财产。
（3）董事、高级管理人员不得有下列行为：① 挪用公司资金；② 将公司资金以其个人名义或者以其他个人名义开立账户存储；③ 违反公司章程的规定，未经股东会、股东大会或者董事会同意，将公司资金借贷给他人或者以公司财产为他人提供担保；④ 违反公司章程的规定或者未经股东会、股东大会同意，与本公司订立合同或者进行交易；⑤ 未经股东会或者股东大会同意，利用职务便利为自己或者他人谋取属于公司的商业机会，自营或者为他人经营与所任职公司同类的业务；⑥ 接受他人与公司交易的佣金归为己有；⑦ 擅自披露公司秘密；⑧ 违反对公司忠实义务的其他行为。

三、董事、监事、高级管理人员对公司的责任

（1）董事、监事、高级管理人员执行公司职务时违反法律、行政法规或者公司章程的规定，给公司造成损失的，应当承担赔偿责任。
（2）股东会或者股东大会要求董事、监事、高级管理人员列席会议的，董事、监事、高级管理人员应当列席并接受股东的质询。

(3)董事、高级管理人员应当如实向监事会或者不设监事会的有限责任公司的监事提供有关情况和资料，不得妨碍监事会或者监事行使职权。

四、针对董事、监事、高级管理人员的派生诉讼

(1)董事、高级管理人员有上述第三条第（1）项规定的情形的，有限责任公司的股东、股份有限公司连续180日以上单独或者合计持有公司1%以上股份的股东，可以书面请求监事会或者不设监事会的有限责任公司的监事向人民法院提起诉讼；监事有上述第三条第（1）项规定的情形的，前述股东可以书面请求董事会或者不设董事会的有限责任公司的执行董事向人民法院提起诉讼。

(2)监事会、不设监事会的有限责任公司的监事，或者董事会、执行董事收到前款规定的股东书面请求后拒绝提起诉讼，或者自收到请求之日起30日内未提起诉讼，或者情况紧急、不立即提起诉讼将会使公司利益受到难以弥补的损害的，前款规定的股东有权为了公司的利益以自己的名义直接向人民法院提起诉讼。

(3)董事、高级管理人员违反法律、行政法规或者公司章程的规定，损害股东利益的，股东可以向人民法院提起诉讼。

第六节 公司债券

一、概念

公司债券是指公司依照法定程序发行、约定在一定期限还本付息的有价证券。

债券本身是一种债权凭证，债券持有人可据以要求债券发行者到期还本付息。公司债券反映的是公司作为债务人，债券持有人作为债权人的特定的金钱债务关系。

公司发行公司债券应当符合《中华人民共和国证券法》规定的发行条件。

二、公司债券与股票的区别

公司发行债券与发行股票的目的均为筹集资金，债券和股票作为证券均能在证券市场上流通与转让。但两者代表的法律关系不同。

（一）持有人与公司形成的法律关系不同

债券代表一定的债权债务关系，而股票则是一种所有权凭证，股票持有人是公司财产的最终所有者。债券持有人一般不介入公司的经营活动，而股票持有人即股东则有权通过股东大会参与公司管理事务及选择公司的管理者。

（二）发行主体的范围不同

根据我国《公司法》的规定，股票只能由股份有限公司发行，发行债券的公司则有股

份有限公司和有限责任公司两类。公司债券发行主体的范围远大于股票发行主体的范围。

（三）利益实现的方式不同

公司债券持有人对其债权利益的实现有直接的请求权，不管公司是否盈利或盈利多少，公司都应当履行按期给付本金及利息的责任。而股东对公司利益的分配请求权，只是在公司有盈余的情况下才能实现。同时，公司债券的利率是事先约定的，股利则随公司的业绩灵活确定，由股东大会决定是否分配和分配多少。

三、公司债券与普通债务凭证的区别

（1）公司发行债券是面向社会发行的，往往为广大公众及机构投资者所持有。

（2）公司债券的发行有严格的法定条件和法定程序，筹资的费用也较大；而普通债务则由借款人与出借人协商确定即可。

（3）公司债券可自由流通转让，但普通债务的有关契据则不具有自由流通转让的性能。

四、公司债券的种类

（一）记名公司债券与无记名公司债券

记名公司债券是指在债券券面上记载债权人姓名或者名称的公司债券。与此相反，在债券券面上不记载债权人姓名或者名称的公司债券为无记名公司债券。

发行记名公司债券的，应当在公司债券存根簿上载明下列事项：① 债券持有人的姓名或者名称及住所；② 债券持有人取得债券的日期及债券的编号；③ 债券总额，债券的票面金额、利率、还本付息的期限和方式；④ 债券的发行日期。记名公司债券的登记结算机构应当建立债券登记、存管、付息、兑付等相关制度。

发行无记名公司债券的，应当在公司债券存根簿上载明债券总额、利率、偿还期限和方式、发行日期及债券的编号。

（二）登记公司债券和实物券债券

登记公司债券是指以电子、计算机技术为记载确认形式发行的无纸面载体的公司债券。与之相对应的是实物券债券（纸面公司债券），是指以规定的格式设计印制的以纸面为载体的载明发行公司名称、票面金额、利率、还本付息期限等事项，由公司盖章并由法定代表人签名的公司债券。纸面公司债券是传统的债券发行形式。登记公司债券则是借助科学技术的进步和计算机的普及使用产生公司债券公开发行形式，它依赖于由公司委托的证券公司的准确记载，确定债券持有人持有公司债券的种类、数量、面额、利率、偿付本金及利息的时间等。基于此，登记公司债券只能是记名公司债券。

（三）可转换公司债券与非转换公司债券

可转换公司债券是指专由股份有限公司发行的依约定办法可转换为公司股票的债券。相反，不能转换为公司股票的债券则为非转换公司债券。

上市公司经股东大会决议可以发行可转换为股票的公司债券，并在公司债券募集办法中规定具体的转换办法。上市公司发行可转换为股票的公司债券，应当报国务院证券监督管理机构核准。发行可转换为股票的公司债券，应当在债券上标明可转换公司债券字样，并在公司债券存根簿上载明可转换公司债券的数额。

发行可转换为股票的公司债券的，公司应当按照其转换办法向债券持有人换发股票，但债券持有人对转换股票或者不转换股票有选择权。

五、公司债券募集办法

公司债券募集办法是发行债券的公司就债券发行的有关事项按照规定的内容进行说明的法定文件。发行公司债券的申请经国务院授权的部门核准后，应当公告公司债券募集办法。

公司债券募集办法中应当载明下列主要事项：

（1）公司名称。
（2）债券募集资金的用途。
（3）债券总额和债券的票面金额。
（4）债券利率的确定方式。
（5）还本付息的期限和方式。
（6）债券担保情况。
（7）债券的发行价格、发行的起止日期。
（8）公司净资产额。
（9）已发行的尚未到期的公司债券总额。
（10）公司债券的承销机构。

此外，还应当说明国务院授权的部门或者国务院证券监督管理机构核准的内容、文号和日期。

六、公司债券的转让

公司债券是有价证券，具有流通性。公司债券的转让价格由转让人与受让人约定。公司债券在证券交易所上市交易的，按照证券交易所的交易规则转让。

记名公司债券，由债券持有人以背书方式或者法律、行政法规规定的其他方式转让；转让后由公司将受让人的姓名或者名称及住所记载于公司债券存根簿。

无记名公司债券的转让，由债券持有人将该债券交付给受让人后即发生转让的效力。

第七节　公司财务、会计

一、公司财务会计报告

公司财务是指公司生产经营活动中有关资金筹集、使用、管理和收益分配的活动。公司会计是指以货币为计量单位，以记账、算账、报账等方式，对公司的整个财务活动和经营状况进行核算与监督的活动。公司财务与会计密不可分。调整公司财务与会计活动的各项法律规则被称为公司财务会计制度。

财务会计报告是指企业对外提供的反映企业某一特定日期财务状况和某一会计期间经营成果、现金流量等会计信息的文件。财务会计报告包括财务报表和其他相关信息。财务报表至少应当包括资产负债表、利润表、现金流量表等报表及其附注。公司对外编制的财务会计报告分为年度、半年度、季度和月度财务会计报告。

公司应当依照法律、行政法规和国务院财政部门的规定建立本公司的财务、会计制度。公司应当在每一会计年度终了时编制财务会计报告，并依法经会计师事务所审计。

财务会计报告应当依照法律、行政法规和国务院财政部门的规定制作。有限责任公司应当依照公司章程规定的期限将财务会计报告送交各股东。股份有限公司的财务会计报告应当在召开股东大会年会的 20 日前置备于本公司，供股东查阅；公开发行股票的股份有限公司必须公告其财务会计报告。

二、公司税后利润分配

（一）分配顺序和原则

公司可对当年税后利润进行分配。利润分配应当按照以下顺序进行：弥补以前年度的亏损；提取 10% 的法定公积金；提取任意公积金；向投资者分配利润。

公司进行利润分配时，相同种类的每一股份所分得的利润应该相同。有限责任公司股东按照实缴的出资比例分取红利，全体股东另有约定的除外；股份有限公司股东按照持有的股份比例分取红利，公司章程另有规定的除外。股东会、股东大会或者董事会违反上述规定，在公司弥补亏损和提取法定公积金之前向股东分配利润的，股东必须将违反规定分配的利润退还公司。

公司持有的本公司股份不得分配利润。

（二）公积金制度

公积金是依照法律和公司章程的规定及股东会、股东大会的决议而积累的资金。公司的公积金用于弥补公司的亏损、扩大公司生产经营或者转为增加公司资本。但是，资本公积金不得用于弥补公司的亏损。

1. 资本公积金

资本公积金是指公司非营业活动所产生的收益。股份有限公司以超过股票票面金额的发行价格发行股份所得的溢价款及国务院财政部门规定列入资本公积金的其他收入，应当列为公司资本公积金。除溢价款外，资本公积金的来源还有国务院财政部门规定列入资本公积金的其他收入，如处置公司资产所得收入、资产重估价值与账面净值的差额、接受捐赠等。

2. 盈余公积金

盈余公积金是指公司按照规定从净利润中提取的累计资金，包括法定公积金和任意公积金。法定公积金是指《公司法》规定必须从税后利润中提取的公积金。我国《公司法》规定，公司分配当年税后利润时，应当提取利润的10%列入公司法定公积金。公司法定公积金累计额为公司注册资本的50%以上的，可以不再提取。法定公积金转为资本时，所留存的该项公积金不得少于转增前公司注册资本的25%。公司从税后利润中提取法定公积金后，经股东会或者股东大会决议，还可以从税后利润中提取任意公积金。

第八节 公司变更

一、公司形式变更

公司组织形式变更是指在不改变公司法人资格的前提下，将一种公司变更为另一种公司。一般包括有限责任公司转变为股份有限公司和股份有限公司转变为有限责任公司。有限责任公司变更为股份有限公司，应当符合《公司法》规定的股份有限公司的条件。股份有限公司变更为有限责任公司，应当符合《公司法》规定的有限责任公司的条件。

有限责任公司变更为股份有限公司的，或者股份有限公司变更为有限责任公司的，公司变更前的债权、债务由变更后的公司承继。

有限责任公司股东会会议作出变更公司形式的决议，必须经代表2/3以上表决权的股东通过。股份有限公司股东大会作出变更公司形式的决议，必须经出席会议的股东所持表决权的2/3以上通过。

二、公司合并与分立

（一）公司合并

公司合并是指两个或两个以上的公司依法达成合意，不经过清算程序，归并为一个公司的行为。公司合并是适应市场变化，实现规模经营的手段。

公司合并可以采取吸收合并或者新设合并。一个公司吸收其他公司为吸收合并，被吸收的公司解散。两个以上公司合并设立一个新的公司为新设合并，合并各方解散。

公司合并，应当由合并各方签订合并协议，并编制资产负债表及财产清单。公司应当自作出合并决议之日起 10 日内通知债权人，并于 30 日内在报纸上公告。债权人自接到通知书之日起 30 日内，未接到通知书的自公告之日起 45 日内，可以要求公司清偿债务或者提供相应的担保。

公司合并时，合并各方的债权、债务，应当由合并后存续的公司或者新设的公司承继。

（二）公司分立

公司分立是指一个公司依照法律规定和合同约定，不经过清算程序，分立为两个或两个以上公司的行为。公司分立有利于实现专门经营，提高经营效率。

公司分立有新设分立和派生分立两种形式。新设分立是指一个公司分解为两个以上的公司，原公司消灭的分立。派生分立是指一个公司以其部分资产设立一个以上新公司，原公司继续存在但发生变更的分立。

公司分立，其财产应作相应的分割。公司分立，应当编制资产负债表及财产清单。公司应当自作出分立决议之日起 10 日内通知债权人，并于 30 日内在报纸上公告。公司分立前的债务由分立后的公司承担连带责任。但是，公司在分立前与债权人就债务清偿达成的书面协议另有约定的除外。

公司合并或者分立，登记事项发生变更的，应当依法向公司登记机关办理变更登记；公司解散的，应当依法办理公司注销登记；设立新公司的，应当依法办理公司设立登记。

三、公司增资与减资

（一）增加资本

公司增资是指公司成立后增加注册资本。有限责任公司增加注册资本时，股东认缴新增资本的出资，依照《公司法》设立有限责任公司缴纳出资的有关规定执行。

股份有限公司为增加注册资本发行新股时，股东认购新股，依照《公司法》设立股份有限公司缴纳股款的有关规定执行。

（二）减少资本

公司减资是指公司成立后减少注册资本。公司需要减少注册资本时，必须编制资产负债表及财产清单。

公司应当自作出减少注册资本决议之日起 10 日内通知债权人，并于 30 日内在报纸上公告。债权人自接到通知书之日起 30 日内，未接到通知书的自公告之日起 45 日内，有权要求公司清偿债务或者提供相应的担保。

公司增加或者减少注册资本，应当依法向公司登记机关办理变更登记。

第九节 公司解散和清算

一、公司解散

(一) 公司解散的概念

公司解散是指公司因出现法律规定或者章程约定的原因,停止营业活动,开始处理未了事务,逐步终止法人资格。

(二) 公司解散的原因

(1) 公司章程规定的营业期限届满或者公司章程规定的其他解散事由出现。

(2) 股东会或者股东大会决议解散。

(3) 因公司合并或者分立需要解散。

(4) 依法被吊销营业执照、责令关闭或者被撤销。

(5) 公司经营管理发生严重困难,继续存续会使股东利益受到重大损失,通过其他途径不能解决的,持有公司全部股东表决权10%以上的股东,可以请求人民法院解散公司。

公司章程规定的营业期限届满或者公司章程规定的其他解散事由出现,可以通过修改公司章程而存续。修改公司章程,有限责任公司须经持有2/3以上表决权的股东通过,股份有限公司须经出席股东大会会议的股东所持表决权的2/3以上通过。

二、公司清算

公司清算是指公司由于合并或者分立以外的原因而解散后,依照法定程序了结公司事务,收回债权,清偿债务,处理剩余财产的活动,并最终使公司归于消灭。

除因公司合并或者分立需要解散的外,公司应当在解散事由出现之日起15日内成立清算组,开始清算。

(一) 清算组的组成

有限责任公司的清算组由股东组成,股份有限公司的清算组由董事或者股东大会确定的人员组成。逾期不成立清算组进行清算的,债权人可以申请人民法院指定有关人员组成清算组进行清算。人民法院应当受理该申请,并及时组织清算组进行清算。

清算组在清理公司财产、编制资产负债表和财产清单后,发现公司财产不足清偿债务的,应当依法向人民法院申请宣告破产。公司经人民法院裁定宣告破产后,清算组应当将清算事务移交给人民法院。公司被依法宣告破产的,依照有关企业破产的法律实施破产清算。

(二) 清算组的职权与责任

(1) 清理公司财产,分别编制资产负债表和财产清单。

(2) 通知、公告债权人。
(3) 处理与清算有关的公司未了结的业务。
(4) 清缴所欠税款及清算过程中产生的税款。
(5) 清理债权、债务。
(6) 处理公司清偿债务后的剩余财产。
(7) 代表公司参与民事诉讼活动。

清算组成员应当忠于职守,依法履行清算义务。清算组成员不得利用职权收受贿赂或者其他非法收入,不得侵占公司财产。清算组成员因故意或者重大过失给公司或者债权人造成损失的,应当承担赔偿责任。

(三) 通知并公告债权人及登记申报债权

清算组应当自成立之日起10日内通知债权人,并于60日内在报纸上公告。

债权人应当自接到通知书之日起30日内,未接到通知书的自公告之日起45日内,向清算组申报其债权。债权人申报债权,应当说明债权的有关事项,并提供证明材料。清算组应当对债权进行登记。

在申报债权期间,清算组不得对债权人进行清偿。

(四) 制订清算方案

清算组在清理公司财产、编制资产负债表和财产清单后,应当制订清算方案,并报股东会、股东大会或者人民法院确认。

(五) 分配财产

公司财产在分别支付清算费用、职工的工资、社会保险费用和法定补偿金,缴纳所欠税款,清偿公司债务后的剩余财产,有限责任公司按照股东的出资比例分配,股份有限公司按照股东持有的股份比例分配。

清算期间,公司存续,但不得开展与清算无关的经营活动。公司财产在未依照上述规定清偿前,不得分配给股东。

(六) 注销登记

公司清算结束后,清算组应当制作清算报告,报股东会、股东大会或者人民法院确认,并报送公司登记机关,申请注销公司登记,公告公司终止。

第十节 外国公司的分支机构

一、外国公司分支机构概述

外国公司是指依照外国法律在中国境外设立的公司。

外国公司分支机构是指外国公司依照中国法律规定,在中国境内设立的从事经营活动的办事机构，它通常表现为外国公司在中国境内的分公司。

外国公司在中国境内设立的分支机构不具有中国法人资格，外国公司对其分支机构在中国境内进行经营活动承担民事责任。外国公司分支机构不同于外国公司常驻代表机构，后者不直接从事经营活动。

二、外国公司分支机构的设立和活动

外国公司在中国境内设立分支机构，必须向中国主管机关提出申请，并提交其公司章程、所属国的公司登记证书等有关文件，经批准后，向公司登记机关依法办理登记，领取营业执照。外国公司分支机构的审批办法由国务院另行规定。

外国公司在中国境内设立分支机构，必须在中国境内指定负责该分支机构的代表人或者代理人，并向该分支机构拨付与其所从事的经营活动相适应的资金。对外国公司分支机构的经营资金需要规定最低限额的，由国务院另行规定。外国公司的分支机构应当在其名称中标明该外国公司的国籍及责任形式。外国公司的分支机构应当在本机构中置备该外国公司章程。

经批准设立的外国公司分支机构，在中国境内从事业务活动，必须遵守中国的法律，不得损害中国的社会公共利益，其合法权益受中国法律保护。

三、外国公司分支机构的清算

外国公司撤销其在中国境内的分支机构时，必须依法清偿债务，依照《公司法》有关公司清算程序的规定进行清算。未清偿债务之前，不得将其分支机构的财产移至中国境外。

第十一节 法律责任

一、虚报注册资本、虚假出资、抽逃出资的法律责任

违反《公司法》规定，虚报注册资本、提交虚假材料或者采取其他欺诈手段隐瞒重要事实取得公司登记的，由公司登记机关责令改正，对虚报注册资本的公司，处以虚报注册资本金额5%以上15%以下的罚款；对提交虚假材料或者采取其他欺诈手段隐瞒重要事实的公司，处以5万元以上50万元以下的罚款；情节严重的，撤销公司登记或者吊销营业执照。

公司的发起人、股东虚假出资，未交付或者未按期交付作为出资的货币或者非货币财产的，由公司登记机关责令改正，处以虚假出资金额5%以上15%以下的罚款。

公司的发起人、股东在公司成立后，抽逃其出资的，由公司登记机关责令改正，处以所抽逃出资金额5%以上15%以下的罚款。

二、公司财务、会计的法律责任

公司违反《公司法》规定，在法定的会计账簿以外另立会计账簿的，由县级以上人民政府财政部门责令改正，处以5万元以上50万元以下的罚款。

公司在依法向有关主管部门提供的财务会计报告等材料上作虚假记载或者隐瞒重要事实的，由有关主管部门对直接负责的主管人员和其他直接责任人员处以3万元以上30万元以下的罚款。

公司不依照《公司法》规定提取法定公积金的，由县级以上人民政府财政部门责令如数补足应当提取的金额，可以对公司处以20万元以下的罚款。

三、公司合并、分立、减资、清算中的法律责任

公司在合并、分立、减少注册资本或者进行清算时，不依照《公司法》规定通知或者公告债权人的，由公司登记机关责令改正，对公司处以1万元以上10万元以下的罚款。

公司在进行清算时，隐匿财产，对资产负债表或者财产清单作虚假记载或者在未清偿债务前分配公司财产的，由公司登记机关责令改正，对公司处以隐匿财产或者未清偿债务前分配公司财产金额5%以上10%以下的罚款；对直接负责的主管人员和其他直接责任人员处以1万元以上10万元以下的罚款。

公司在清算期间开展与清算无关的经营活动的，由公司登记机关予以警告，没收违法所得。

清算组不依照《公司法》规定向公司登记机关报送清算报告，或者报送清算报告隐瞒重要事实或者有重大遗漏的，由公司登记机关责令改正。

清算组成员利用职权徇私舞弊、谋取非法收入或者侵占公司财产的，由公司登记机关责令退还公司财产，没收违法所得，并可以处以违法所得1倍以上5倍以下的罚款。

四、资产评估、验资、验证机构的法律责任

承担资产评估、验资或者验证的机构提供虚假材料的，由公司登记机关没收违法所得，处以违法所得1倍以上5倍以下的罚款，并可以由有关主管部门依法责令该机构停业、吊销直接责任人员的资格证书，吊销营业执照。

承担资产评估、验资或者验证的机构因过失提供有重大遗漏的报告的，由公司登记机关责令改正，情节较重的，处以所得收入1倍以上5倍以下的罚款，并可以由有关主管部门依法责令该机构停业、吊销直接责任人员的资格证书，吊销营业执照。

承担资产评估、验资或者验证的机构因其出具的评估结果、验资或者验证证明不实，给公司债权人造成损失的，除能够证明自己没有过错的外，在其评估或者证明不实的金额范围内承担赔偿责任。

五、公司登记机关的法律责任

公司登记机关对不符合《公司法》规定条件的登记申请予以登记，或者对符合《公司法》规定条件的登记申请不予登记的，对直接负责的主管人员和其他直接责任人员，依法给予行政处分。

公司登记机关的上级部门强令公司登记机关对不符合《公司法》规定条件的登记申请予以登记，或者对符合《公司法》规定条件的登记申请不予登记的，或者对违法登记进行包庇的，对直接负责的主管人员和其他直接责任人员依法给予行政处分。

六、其他法律责任

未依法登记为有限责任公司或者股份有限公司，而冒用有限责任公司或者股份有限公司名义的，或者未依法登记为有限责任公司或者股份有限公司的分公司，而冒用有限责任公司或者股份有限公司的分公司名义的，由公司登记机关责令改正或者予以取缔，可以并处10万元以下的罚款。

公司成立后无正当理由超过6个月未开业的，或者开业后自行停业连续6个月以上的，可以由公司登记机关吊销营业执照。

公司登记事项发生变更时，未依照《公司法》规定办理有关变更登记的，由公司登记机关责令限期登记；逾期不登记的，处以1万元以上10万元以下的罚款。

外国公司违反《公司法》规定，擅自在中国境内设立分支机构的，由公司登记机关责令改正或者关闭，可以并处5万元以上20万元以下的罚款。

利用公司名义从事危害国家安全、社会公共利益的严重违法行为的，吊销营业执照。

公司违反《公司法》规定，应当承担民事赔偿责任和缴纳罚款、罚金的，其财产不足以支付时，先承担民事赔偿责任。

违反《公司法》规定，构成犯罪的，依法追究刑事责任。

【思考题】

1. 简述我国《公司法》规定的公司种类。
2. 简述公司资本三原则。
3. 简述股东权利即股东代表诉讼。
4. 简述有限责任公司董事会的议事方式和表决程序。
5. 简述股份有限公司的议事方式和表决程序。

【参考文献】

1. 甘培忠. 企业与公司法学[M]. 9版. 北京：北京大学出版社，2018.
2. 《公司法释义》编写组. 中华人民共和国公司法释义[M]. 北京：中国法制出版社，2005.
3. 刘安琪，王妍荔. 经济法[M]. 北京：中国商务出版社，2020.

第六章 破产法律制度

第一节 破产法概述

一、破产的概念与特征

（一）破产的概念

破产是指在债务人不能清偿到期债务，并且资产不足以清偿全部债务或者明显缺乏清偿能力的情况下，由人民法院强制执行其全部财产，公平清偿全体债权人的法律制度。就破产的性质而言，破产是一种法律规定的债务清偿的特殊手段，其目的在于通过破产程序使全体债权人获得公平受偿，保护债权人的合法权益。

（二）破产的特征

破产制度和同是解决债务纠纷的民事诉讼与执行制度相比，具有以下特征：

（1）民事诉讼与执行程序中的债务人通常具有清偿能力，故强调债务人的自动履行，并在必要时强制其履行；而破产程序中的债务人已丧失清偿能力，其对个别债权人的自动履行违背对全体债权人公平清偿的原则，是法律所限制的。

（2）民事诉讼与执行程序是为个别债权人利益进行的；而破产程序是为全体债权人利益进行的。前者的目的是债的履行；而后者更强调在债权人之间的公平履行及对债权人和债务人正当权益的维护。

（3）破产程序是对债务人全部财产与经济关系进行彻底清算，在作出破产宣告的情况下，将终结债务人的经营业务，并使其丧失民事主体资格；而民事诉讼与执行程序不涉及民事主体资格问题，其范围限于债务人的相关财产。

二、企业破产法的概念

企业破产法是指在企业法人不能清偿到期债务，并且资产不足以清偿全部债务或者明显缺乏清偿能力的情况下，人民法院强制对其全部财产进行清算分配，公平清偿债权人，或者通过和解、重整延缓清偿债务，避免企业法人破产的法律规范的总称。

企业破产法有广义和狭义之分。狭义的企业破产法仅指对企业法人破产清算的法律规范。广义的企业破产法则还包括以避免企业法人破产为主要目的的各种和解与重整方面的法律规范。现代意义上的企业破产法均是广义的。

第二节　破产申请和受理

一、破产申请

《中华人民共和国企业破产法》（以下简称《企业破产法》）规定："债务人有本法第二条规定的情形，可以向人民法院提出重整、和解或者破产清算申请。债务人不能清偿到期债务，债权人可以向人民法院提出对债务人进行重整或者破产清算的申请。企业法人已解散但未清算或者未清算完毕，资产不足以清偿债务的，依法负有清算责任的人应当向人民法院申请破产清算。"

根据上述规定，破产申请主要涉及以下问题。

（一）破产申请的主体

破产申请的主体包括债务人、债权人及依法负有清算责任的人。

《企业破产法》赋予债务人重整、和解或者破产清算申请权，目的在于使其得以主动通过破产程序解决纠纷，摆脱债务困境，甚至避免破产清算，恢复生产经营；赋予债权人重整或者破产清算申请权，即债权人可以根据情形提出对债务人进行重整的申请，也可以提出对债务人进行破产清算的申请，目的在于保护债权人的利益。此外，对于债务人和债权人而言，申请破产是一项民事权利，但在特殊情况下提出破产申请则是一项义务。在企业法人已解散但未清算或者未清算完毕且资产不足以清偿全部债务的情况下，负有清算责任的人有向人民法院申请破产清算的法律义务。

（二）破产案件的管辖

破产申请应向对破产案件有管辖权的人民法院提出。企业破产案件由债务人住所地人民法院管辖。债务人住所地是指债务人的主要办事机构所在地，债务人主要办事机构不明确的，由其注册地人民法院管辖。

二、破产受理

（一）破产申请受理的期限

债权人提出破产申请的，人民法院应当自收到申请之日起 5 日内通知债务人。债务人对申请有异议的，应当自收到人民法院通知之日起 7 日内向人民法院提出。人民法院应当自异议期满之日起 10 日内裁定是否受理。除上述情形外，人民法院应当自收到破产申请之日起 15 日内裁定是否受理。有特殊情况需要延长裁定受理期限的，经上一级人民法院批准，可以延长 15 日。

人民法院受理破产申请的，应当自裁定作出之日起 5 日内送达申请人。债权人提出申请的，人民法院应当自裁定作出之日起 5 日内送达债务人。债务人应当自裁定送达之日起 15 日内，向人民法院提交财产状况说明、债务清册、债权清册、有关财务会计报告及职工工资的支付和社会保险费用的缴纳情况。

（二）破产申请受理的效力

（1）自人民法院受理破产申请的裁定送达债务人之日起至破产程序终结之日，债务人的有关人员承担下列义务：① 妥善保管其占有和管理的财产、印章和账簿、文书等资料；② 根据人民法院、管理人的要求进行工作，并如实回答询问；③ 列席债权人会议并如实回答债权人的询问；④ 未经人民法院许可，不得离开住所地；⑤ 不得新任其他企业的董事、监事、高级管理人员。

（2）人民法院受理破产申请后，债务人对个别债权人的债务清偿无效。

（3）人民法院受理破产申请后，债务人的债务人或者财产持有人应当向管理人清偿债务或交付财产。

（4）人民法院受理破产申请后，管理人对破产申请受理前成立而债务人和对方当事人均未履行完毕的合同有权决定解除或继续履行，并通知对方当事人。

（5）人民法院受理破产申请后，有关债务人财产的保全措施应当解除，执行程序应当中止。

（6）人民法院受理破产申请后，已经开始而尚未终结的有关债务人的民事诉讼或者仲裁应当中止；在管理人接管债务人的财产后，该诉讼或者仲裁继续进行。

（7）人民法院受理破产申请后，有关债务人的民事诉讼，只能向受理破产申请的人民法院提出。

第三节　管理人

一、管理人的概念

管理人也称破产管理人，是人民法院依法受理破产申请的同时指定的全面接管破产企业并负责破产财产的保管、清理、估价、处理和分配，总管破产事务的人。

二、管理人的产生和组成

（一）管理人的产生

《企业破产法》规定，管理人由人民法院指定。债权人会议认为管理人不能依法、公正执行职务或者有其他不能胜任职务情形的，可以申请人民法院予以更换。管理人没有正当理由不得辞去职务。管理人辞去职务应当经人民法院许可。

管理人的报酬由人民法院确定。债权人会议对管理人的报酬有异议的，有权向人民法院提出，由人民法院决定是否需要对管理人的报酬进行调整。

（二）管理人的组成

《企业破产法》规定，管理人可以由有关部门、机构的人员组成的清算组或者依法设立的律师事务所、会计师事务所、破产清算事务所等社会中介机构担任。

管理人除可以由有关组织担任外，也可以由自然人担任，但应当参加执业责任保险。

根据《企业破产法》的规定，有下列情形之一的，不得担任管理人：① 因故意犯罪受过刑事处罚；② 曾被吊销相关专业执业证书；③ 与本案有利害关系；④ 人民法院认为不宜担任管理人的其他情形。

三、管理人的职责

管理人依法执行职务，向人民法院报告工作，并接受债权人会议和债权人委员会的监督。

根据《企业破产法》的规定，管理人履行下列职责：

（1）接管债务人的财产、印章和账簿、文书等资料。
（2）调查债务人财产状况，制作财产状况报告。
（3）决定债务人的内部管理事务。
（4）决定债务人的日常开支和其他必要开支。
（5）在第一次债权人会议召开之前，决定继续或者停止债务人的营业。
（6）管理和处分债务人的财产。
（7）代表债务人参加诉讼、仲裁或者其他法律程序。
（8）提议召开债权人会议。
（9）人民法院认为管理人应当履行的其他职责。

第四节　债务人财产

一、债务人财产的概念及范围

债务人财产是指破产申请受理时属于债务人的全部财产，以及破产申请受理后至破产程序终结前债务人取得的财产。

以人民法院受理破产申请为界限，债务人财产可划分为以下两部分：

（1）破产申请受理时属于债务人的全部财产，包括动产、不动产、财产权利。
（2）破产申请受理后至破产程序终结前债务人取得的财产，包括动产、不动产、财产权利。

二、撤销权

（一）撤销权的概念

撤销权是指因债务人实施的减少其财产的行为危及债权人的债权时，管理人可以请求人民法院撤销该行为的权利。

（二）可撤销行为

《企业破产法》规定，人民法院受理破产申请前1年内，涉及债务人财产的下列行为，管理人有权请求人民法院予以撤销。

1. **无偿转让财产的**

这将导致财产的减少，从而损害债权人的利益，因此无论第三人主观上是否有过错，管理人均可以请求撤销该行为，以恢复债务人财产原状。

2. **以明显不合理的价格进行交易的**

无论是以明显不合理的低价将财产或者财产权益转让给第三人，还是以明显不合理的高价受让财产或者财产权益，管理人均有权请求撤销该行为，恢复财产原状。

3. **对没有财产担保的债务提供财产担保的**

这种行为对有财产担保的债权人是有利的，但是对其他债权人是不利的。因此，对没有财产担保的债务提供财产担保会损害债权人的利益，管理人有权请求撤销该担保。

4. **对未到期的债务提前清偿的**

对未到期的债务提前清偿，是指债务人在人民法院受理破产申请前1年内，对本来没有到期的债务，提前予以清偿。这也会损害债权人的利益，管理人有权请求撤销该行为。

5. **放弃债权的**

放弃债权就是放弃财产或者财产权益，也就意味着债权人可获得的财产的减少，因而损害了债权人的利益，管理人有权请求撤销该行为。

（三）撤销权的行使

根据《企业破产法》的规定，撤销权的行使应当符合下列要求。

1. **必须由管理人行使撤销权**

在人民法院受理破产申请后，管理人即全面接管破产企业并负责破产财产的保管、清理、估价、处理和分配，总管破产事务。因此，应由管理人向人民法院请求撤销债务人的不当行为，其他任何人不能行使这一权利。

2. **必须是发生在人民法院受理破产申请前1年内的行为**

可撤销的行为必须发生在人民法院受理破产申请前1年内，超过1年的，债务人即使发生上述行为，也不属于可撤销的行为。经管理人的请求被人民法院撤销的行为即归于消灭。如果据此取得财产，管理人应当追回。对于已领受债务人财产的第三人，负有返还财产的义务，原物不存在时，应当折价赔偿。

第五节　债权申报

一、债权申报的概念

债权申报是指债务人的债权人在接到人民法院的破产申请受理裁定通知或者公告后，在法定期限内向人民法院申请登记债权，以取得破产债权人地位的行为。

债权人在法定期限内申报了债权即成为破产债权人，享有破产债权人的权利；未在法定期限内申报债权，则视为放弃债权。

二、债权申报的期限

债权申报的期限是指《企业破产法》规定或者经人民法院允许债权人向人民法院申报债权的期限。

（一）法定申报期限

法定申报期限是指《企业破产法》规定的债权申报期限。《企业破产法》规定，人民法院受理破产申请后，应当确定债权人申报债权的期限。债权申报期限自人民法院发布受理破产申请公告之日起计算，最短不得少于 30 日，最长不得超过 3 个月。

（二）延展申报期限

延展申报期限也称补充申报期限，是指在人民法院确定的债权申报期限内，债权人未申报债权的，可以在破产财产最后分配前补充申报。但是，此前已进行的分配，不再对其补充分配。

第六节　债权人会议

一、债权人会议的性质

债权人会议是破产程序中全体债权人的自治性组织，以维护债权人共同利益为目的，讨论决定有关破产事宜，表达债权人意志的机构。

二、债权人会议的组成

《企业破产法》规定，依法申报债权的债权人为债权人会议的成员，有权参加债权人会议，享有表决权。但是，《企业破产法》也规定，债权尚未确定的债权人，除人民法院能够为其行使表决权而临时确定债权额的外,不得行使表决权。对债务人的特定财产享有担保权的债权人,未放弃优先受偿权利的,对于通过和解协议和通过破产财产的分配方案的事项不享有表决权。

债权人可以委托代理人出席债权人会议,行使表决权。代理人出席债权人会议,应当向人民法院或者债权人会议主席提交债权人的授权委托书。

债权人会议应当有债务人的职工和工会的代表参加,对有关事项发表意见。

债权人会议设主席1人,由人民法院从有表决权的债权人中指定。债权人会议主席主持债权人会议。

三、债权人会议的召集

第一次债权人会议由人民法院召集,自债权申报期限届满之日起15日内召开,由人民法院主持。以后的债权人会议,在人民法院认为必要时,或者管理人、债权人委员会、占债权总额1/4以上的债权人向债权人会议主席提议时召开。

召开债权人会议,管理人应当提前15日将会议的时间、地点、内容、目的等事项通知已知的债权人。

四、债权人会议的职权

根据《企业破产法》的规定,债权人会议行使下列职权:
(1)核查债权。
(2)申请人民法院更换管理人,审查管理人的费用和报酬。
(3)监督管理人。
(4)选任和更换债权人委员会成员。
(5)决定继续或者停止债务人的营业。
(6)通过重整计划。
(7)通过和解协议。
(8)通过债务人财产的管理方案。
(9)通过破产财产的变价方案。
(10)通过破产财产的分配方案。
(11)人民法院认为应当由债权人会议行使的其他职权。

债权人会议所议事项都是破产程序中的重大事项,应当对所议事项的决议作成会议记录,以备查询。

第七节 重 整

一、重整的概念

重整是指当企业法人不能清偿到期债务时，不立即进行破产清算，而是在人民法院的主持下，由债务人与债权人达成协议，制订债务人重整计划，债务人继续营业，并在一定期限内全部或者部分清偿债务的制度。

二、重整申请和重整期间

（一）重整申请

根据《企业破产法》的规定，债务人在不同的阶段重整申请人不同：

（1）债务人尚未进入破产程序的，债务人或者债权人可以直接向人民法院申请对债务人进行重整。

（2）债权人申请对债务人进行破产清算的，在人民法院受理破产申请后、宣告债务人破产前，债务人或者出资额占债务人注册资本 1/10 以上的出资人，可以向人民法院申请重整。

人民法院经审查认为重整申请符合《企业破产法》规定的，应当裁定债务人重整，并予以公告。

（二）重整期间

重整期间是指自人民法院裁定债务人重整之日起至重整程序终止的期间。

在重整期间，经债务人申请，人民法院批准，债务人可以在管理人的监督下自行管理财产和营业事务。

在重整期间，对债务人的特定财产享有的担保权暂停行使。但是，担保物有损坏或者价值明显减少的可能，足以危害担保权人权利的，担保权人可以向人民法院请求恢复行使担保权。在重整期间，债务人或者管理人为继续营业而借款的，可以为该借款设定担保。

三、重整计划的制定和批准

（一）重整计划的制定

重整计划草案由债务人或者管理人制定。债务人自行管理财产和营业事务的，由债务人制作重整计划草案。管理人负责管理财产和营业事务的，由管理人制作重整计划草案。

（二）重整计划的批准

人民法院应当自收到重整计划草案之日起 30 日内召开债权人会议，对重整计划草案进行表决。出席会议的同一表决组的债权人过半数同意重整计划草案,并且其所代表的债权额占该组债权总额的 2/3 以上的,即为该组通过重整计划草案。债务人或者管理人应当向债权人会议就重整计划草案作出说明,并回答询问。

各表决组均通过重整计划草案时,重整计划即为通过。自重整计划通过之日起 10 日内,债务人或者管理人应当向人民法院提出批准重整计划的申请。人民法院经审查认为符合《破产企业法》规定的,应当自收到申请之日起 30 日内裁定批准,终止重整程序,并予以公告。

四、重整计划的执行

(一)重整计划由债务人负责执行

人民法院裁定批准重整计划后,已接管财产和营业事务的管理人应当向债务人移交财产和营业事务。

(二)重整计划的执行由管理人监督

自人民法院裁定批准重整计划之日起,在重整计划规定的监督期内,由管理人监督重整计划的执行。

第八节 和 解

一、和解的概念

和解是指具备破产原因的债务人,为了避免破产清算,而与债权人会议达成协商解决债务的协议的制度。

二、和解的提出

债务人可以依照《企业破产法》规定,直接向人民法院申请和解;也可以在人民法院受理破产申请后、宣告债务人破产前,向人民法院申请和解。

债务人申请和解,应当提出和解协议草案。和解协议草案的主要内容是债务清偿方案,其中包括延长清偿的期限、分期清偿的数额、申请减免债务的额度及比例等。

三、和解协议的通过及裁定

对债务人提出的和解申请,人民法院经审查认为符合《企业破产法》规定的,应当裁定和解,予以公告,并召集债权人会议讨论和解协议草案。对债务人的特定财产享有担保权的权利人,自人民法院裁定和解之日起可以行使权利。

债权人会议通过和解协议的决议,由出席会议的有表决权的债权人过半数同意,并且其所代表的债权额占无财产担保债权总额的 2/3 以上。

债权人会议通过和解协议的，由人民法院裁定认可，终止和解程序，并予以公告。

四、和解协议的效力

和解协议的法律效力体现在以下几个方面：

（1）经人民法院裁定认可的和解协议，对债务人和全体和解债权人均有约束力。和解债权人未依照《企业破产法》规定申报债权的，在和解协议执行期间不得行使权利；在和解协议执行完毕后，可以按照和解协议规定的清偿条件行使权利。上述和解债权人是指人民法院受理破产申请时对债务人享有无财产担保债权的人。

（2）和解债权人对债务人的保证人和其他连带债务人所享有的权利，不受和解协议的影响。

（3）债务人应当按照和解协议规定的条件清偿债务。

（4）和解协议无强制执行效力，如债务人不履行协议，债权人不能请求人民法院强制执行，只能请求人民法院终止和解协议的执行，宣告其破产。

（5）和解协议的终止。因债务人的欺诈或者其他违法行为而成立的和解协议，人民法院应当裁定无效，并宣告债务人破产。有上述情形的，和解债权人因执行和解协议所受的清偿，在其他债权人所受清偿同等比例的范围内，不予返还。

债务人不能执行或者不执行和解协议的，人民法院经和解债权人请求，应当裁定终止和解协议的执行，并宣告债务人破产。人民法院裁定终止和解协议执行的，和解债权人在和解协议中作出的债权调整的承诺失去效力。和解债权人因执行和解协议所受的清偿仍然有效，和解债权未受清偿的部分作为破产债权。上述债权人，只有在其他债权人同自己所受的清偿达到同一比例时，才能继续接受分配。此外，有上述情形的，为和解协议的执行提供的担保继续有效。

按照和解协议减免的债务，自和解协议执行完毕时起，债务人不再承担清偿责任。

人民法院受理破产申请后，债务人与全体债权人就债权债务的处理自行达成协议的，可以请求人民法院裁定认可，并终结破产程序。

第九节 破产清算

一、破产宣告

破产宣告是人民法院依据当事人的申请或者法定职权裁定宣告债务人破产以清偿债务的活动。

根据《企业破产法》的规定，有下列情形之一的，人民法院应当以书面裁定宣告债务人破产：

（1）企业不能清偿到期债务，又不具备法律规定的不予宣告破产条件的。
（2）企业被人民法院依法裁定终止重整程序的。
（3）企业被人民法院依法裁定终止和解协议执行的。

人民法院依照《企业破产法》宣告债务人破产的，应当自裁定作出之日起 5 日内送达债务人和管理人，自裁定作出之日起 10 日内通知已知债权人，并予以公告。

二、破产财产的变价

（一）由管理人及时拟订破产财产变价方案

在破产财产变价过程中，破产财产变价方案的制定是一个关键的环节。管理人应及时拟订破产财产变价方案，提交债权人会议讨论通过。

（二）破产财产变价方案的执行

《企业破产法》规定，管理人应当按照债权人会议通过的或者人民法院裁定的破产财产变价方案，适时变价出售破产财产。

三、破产财产的分配顺序

破产财产的分配顺序是指将破产财产分配给债权人的先后顺序，即后一顺序的债权只有在前一顺序的债权受偿后才能受偿；同一顺序的债权或依法律规定平等受偿，或依法律规定按比例受偿。

根据《企业破产法》的规定，破产财产按照下列顺序进行分配：
（1）破产财产优先清偿破产费用和共益债务。
（2）破产财产在清偿破产费用和共益债务后的清偿顺序。

破产财产在清偿破产费用和共益债务后，依照下列顺序清偿：
（1）破产人所欠职工的工资和医疗、伤残补助、抚恤费用，所欠的应当划入职工个人账户的基本养老保险、基本医疗保险费用，以及法律、行政法规规定应当支付给职工的补偿金。
（2）破产人欠缴的除前项规定以外的社会保险费用和破产人所欠税款。
（3）普通破产债权。

破产财产不足以清偿同一顺序的清偿要求的，按照比例分配。即按照各债权人的债权额在该顺序中占债权总额比例进行清偿。

破产企业的董事、监事和高级管理人员的工资按照该企业职工的平均工资计算。

四、破产费用和共益债务

（一）破产费用的概念和范围

破产费用是指人民法院受理破产申请后，为破产程序的顺利进行及对债务人财产的管理、变价、分配过程中发出的，必须支付且用债务人财产优先支付的费用。

根据《企业破产法》的规定，人民法院受理破产申请后发生的下列费用，为破产费用：

（1）破产案件的诉讼费用。

（2）管理、变价和分配债务人财产的费用。

（3）管理人执行职务的费用、报酬和聘用工作人员的费用。

（二）共益债务的概念和范围

共益债务是指人民法院受理破产申请后，管理人为全体债权人的共同利益，管理债务人财产时所负担或产生的债务，以及因债务人财产而产生的以债务人财产优先支付的债务。

根据《企业破产法》的规定，人民法院受理破产申请后发生的下列债务，为共益债务：

（1）因管理人或者债务人请求对方当事人履行双方均未履行完毕的合同所产生的债务。

（2）债务人财产受无因管理所产生的债务。

（3）因债务人不当得利所产生的债务。

（4）为债务人继续营业而应支付的劳动报酬和社会保险费用以及由此产生的其他债务。

（5）管理人或者相关人员执行职务致人损害所产生的债务。

（6）债务人财产致人损害所产生的债务。

（三）破产费用和共益债务的清偿

根据《企业破产法》的规定，破产费用和共益债务的清偿，按照下列原则进行：

（1）破产费用和共益债务由债务人财产随时清偿。

（2）债务人财产不足以清偿所有破产费用和共益债务的，先行清偿破产费用。

（3）债务人财产不足以清偿所有破产费用或者共益债务的，按照比例清偿。

（4）债务人财产不足以清偿破产费用的，管理人应当提请人民法院终结破产程序。人民法院应当自收到请求之日起15日内裁定终结破产程序，并予以公告。

五、破产程序的终结

破产程序的终结又称破产程序的终止，是指人民法院受理破产案件后，在出现法定事由时，由人民法院依法裁定终结破产程序，结束破产案件的审理。

（一）破产程序终结的事由

根据《企业破产法》的规定，下列情况终结破产程序：

（1）债务人财产不足以清偿破产费用的，管理人应当提请人民法院终结破产程序。

（2）人民法院受理破产申请后，债务人与全体债权人就债权债务的处理自行达成协议的，可以请求人民法院裁定认可，并终结破产程序。

（3）破产人无财产可供分配的，管理人应当请求人民法院裁定终结破产程序。

（4）破产财产分配完毕。管理人在最后分配完结后，应当及时向人民法院提交破产财产分配报告，并提请人民法院裁定终结破产程序。

（二）破产程序的终结

破产程序终结必须由人民法院依法作出裁定。人民法院应当自收到管理人终结破产程序的请求之日起 15 日内作出是否终结破产程序的裁定。裁定终结的，应当予以公告。

管理人应当自破产程序终结之日起 10 日内，持人民法院终结破产程序的裁定，向破产人的原登记机关办理注销登记。管理人于办理注销登记完毕的次日终止执行职务。但是，存在诉讼或者仲裁未决情况的除外。

【思考题】

1. 简述破产管理人的产生与组成
2. 简述破产财产及其构成。
3. 简述重整计划的批准。
4. 简述和解协议的法律效力
5. 简述破产财产的分配顺序。

【参考文献】

1. 全国会计专业技术资格评价中心. 经济法 [M]. 北京：经济科学出版社，2007.
2. 邹海林，周泽新. 破产法学的新发展 [M]. 北京：中国社会科学出版社，2013.

第七章 合同法律制度

第一节 合同概述

一、合同的概念与法律性质

（一）合同的概念

合同的含义十分广泛。《民法典》所称合同是指民事主体之间设立、变更、终止民事法律关系的协议。婚姻、收养、监护等有关身份关系的协议，适用有关该身份关系的法律规定；没有规定的，可以根据其性质参照适用《民法典》"合同编"之规定。

（二）合同的法律性质

1. 合同是一种民事法律行为

合同以意思表示为要素，并且按意思表示的内容赋予法律效果，因此，合同是民事法律行为，而非事实行为。

2. 合同是两方以上当事人意思表示一致的民事法律行为

合同的成立必须有两方以上的当事人，他们互为意思表示，并且意思表示一致。

3. 合同是以设立、变更、终止民事权利义务关系为目的的民事法律行为

任何民事法律行为均有目的性，合同的目的在于设立、变更、终止民事权利义务关系。

4. 合同是当事人各方在平等、自愿的基础上实施的民事法律行为

当事人各方在订立合同时的法律地位是平等的，所作的意思表示是自主自愿的。但是，在现代法上，为了实践合同正义，该自由受到了一定的限制。

二、合同的分类

合同的分类是指基于特定的标准，将合同划分为不同的类型。

(一) 单务合同与双务合同

根据合同当事人是否相互负有对价义务,可将合同分为单务合同与双务合同。单务合同是一方负有义务,对方享有权利,并没有相对应的义务,如赠与合同;双务合同是双方相互负有义务,如买卖合同。

这种区分的法律意义在于:① 双务合同存在显失公平的问题,但单务合同就不存在;② 双务合同适用同时履行抗辩权、先履行抗辩权和不安抗辩权,而单务合同不能主张这些抗辩权。

(二) 有偿合同与无偿合同

根据合同当事人取得权益是否须付相应代价,可将合同分为有偿合同与无偿合同。有偿合同是指当事人一方享有合同规定的权益,须向对方当事人偿付相应代价的合同。买卖合同、租赁合同、保险合同属于典型的有偿合同。无偿合同是指当事人一方享有合同规定的权益,不必向对方当事人偿付相应代价的合同。赠与合同、借用合同属于典型的无偿合同。

这种区分的法律意义在于:① 责任的轻重不同。在无偿合同中,债务人所负的注意义务程度较低;在有偿合同中则较高。② 对主体行为能力的要求不同。订立有偿合同的当事人原则上应为完全民事行为能力人,限制民事行为能力人非经其法定代理人同意不得订立重大的有偿合同。对于纯获利益的无偿合同,如接受赠与等,限制民事行为能力人和无民事行为能力人即使未取得法定代理人的同意,也可以订立;但是,在负返还原物义务的无偿合同中,仍须取得法定代理人的同意。

(三) 诺成合同与实践合同

根据合同的成立是否须交付标的物或者完成其他给付,可将合同分为诺成合同与实践合同。诺成合同是指只要合同双方当事人意思表示一致即能成立的合同。实践合同是指除合同双方当事人意思表示一致外还须交付标的物或者完成其他给付才能成立的合同。保管合同、定金合同、自然人借款合同等属于实践合同。

这种区分的法律意义在于:① 合同成立的要件不同。诺成合同仅以合意为成立要件,实践合同以合意和交付标的物或者完成其他给付为成立要件。② 当事人义务的确定不同。在诺成合同中,交付标的物或者完成其他给付系当事人的给付义务,违反该义务便产生违约责任;在实践合同中,交付标的物或者完成其他给付不是当事人的给付义务,而是先合同义务,违反它不产生违约责任,可构成缔约过失责任。

(四) 要式合同与不要式合同

根据合同生效是否需要采用特定的形式,可将合同分为要式合同与不要式合同。要式合同是指必须具备法律、行政法规所规定的或者合同当事人所约定的特定形式才能成立的合同,如金融机构借款合同、建设工程合同等。不要式合同是指法律、行政法规并未规定或者合同当事人并未约定必须具备特定形式的合同,如买卖合同、赠与合同等。

这种区分的法律意义在于:对于不要式合同,由当事人选择合同形式;对于要式合同,当事人必须采用法定形式。

（五）主合同与从合同

根据两个合同之间的关系，可将合同分为主合同与从合同。主合同即不依赖于其他合同而独立存在的合同。从合同即以其他合同的存在为前提而成立的合同。

这种区分的法律意义在于：明确从合同的效力具有从属性。主合同无效，从合同当然无效，从合同无效并不影响主合同的效力。典型的主合同与从合同的关系如借款合同与担保合同。

（六）实定合同与射幸合同

根据合同的法律效果在缔约时是否确定，可将合同分为实定合同与射幸合同。实定合同是指合同的法律效果在缔约时已经确定的合同。绝大多数合同都属于实定合同。射幸合同是指合同的法律效果在缔约时不能确定的合同。保险合同、彩票合同均属于射幸合同。

这种区分的法律意义在于：实定合同一般要求等价有偿，若不等价则可能被撤销甚至无效；射幸合同一般不能从等价与否的角度来衡量合同是否公平。

（七）有名合同与无名合同

根据法律是否设有规范并赋予一个特定名称，可将合同分为有名合同与无名合同。有名合同又称典型合同，是指法律设有规范并赋予一定名称的合同。《民法典》分则规定的所有合同，如买卖合同、赠与合同、运输合同等均属于有名合同。无名合同又称非典型合同，是指法律尚未特别规定，亦未赋予一定名称的合同。无名合同参照适用最为接近的有名合同的规定。

三、合同的解释

合同的解释是对合同及其相关资料的含义所作的分析和说明。当事人对合同条款的理解有争议的，应当按照所使用的词句，结合相关条款、行为的性质和目的、习惯及诚信原则，确定争议条款的含义。

合同文本采用两种以上文字订立并约定具有同等效力的，对各文本使用的词句推定具有相同含义。各文本使用的词句不一致的，应当根据合同的相关条款、性质、目的、诚信原则等予以解释。

第二节　合同的订立

合同的订立是指缔约人为意思表示并达成合意的状态。它描述的是缔约各方自接触、洽商直至达成合意的过程。

一、合同的订立形式

当事人订立合同，可以采用书面形式、口头形式或者其他形式。

书面形式是合同书、信件、电报、电传、传真等可以有形地表现所载内容的形式。以电子数据交换、电子邮件等方式能够有形地表现所载内容，并可以随时调取查用的数据电文，视为书面形式。

二、合同订立的一般程序

合同的订立一般需要经过要约和承诺两个阶段。

（一）要约

要约是指希望与他人订立合同的意思表示。在商业活动及对外贸易中，要约常被称作发价、发盘、报价等。要约应当符合下列规定：要约必须是特定人所为的意思表示；要约必须向相对人发出；要约必须具有缔结合同的目的；要约的内容必须具体确定和完整；要约必须表明经受要约人承诺，要约人即受该意思表示约束。

要约与要约邀请的区别：要约邀请又称要约引诱，其目的不是订立合同，是希望他人向自己发出要约的表示。要约邀请只是当事人订立合同的预备行为，其本身并不发生法律效果。拍卖公告、招标公告、招股说明书、债券募集办法、基金招募说明书、商业广告和宣传、寄送的价目表等为要约邀请。但是，商业广告和宣传的内容符合要约条件的，构成要约。

1. 要约的效力

要约的效力又称要约的拘束力，是指要约的生效及对要约人、受要约人的拘束力。

（1）要约的生效。要约的生效，区分是对话方式还是非对话方式：以对话方式作出的意思表示，相对人知道其内容时生效；以非对话方式作出的意思表示，到达相对人时生效。采用数据电文形式的意思表示，相对人指定特定系统接收数据电文的，该数据电文进入该特定系统时生效；未指定特定系统的，相对人知道或者应当知道该数据电文进入其系统时生效。当事人对采用数据电文形式的意思表示的生效时间另有约定的，按照其约定。

（2）要约对要约人的拘束力。要约一经生效，要约人即受要约的拘束，不得撤回、随意撤销或者对要约加以限制、变更和扩张。法律赋予要约这种效力，目的在于保护受要约人的合法权益，维护交易安全。

（3）要约对受要约人的拘束力。要约一经受要约人承诺，合同即告成立，双方均受合同约束。

2. 要约的撤回和撤销

（1）要约的撤回。要约的撤回是指要约人在发出要约后，于要约生效前使要约不发生效力的行为，该行为产生阻却要约生效的效果。撤回要约的通知应当先于或者同时与要约到达受要约人。

（2）要约的撤销。要约的撤销是指要约人在要约生效后消灭要约效力的行为。要约可以撤销，撤销要约的意思表示以对话方式作出的，该意思表示的内容应当在受要约人作出承诺之前为受要约人所知道；撤销要约的意思表示以非对话方式作出的，应当在受要约人作出承诺之前到达受要约人。但有下列情形之一的，要约不得撤销：① 要约人以确定承诺期限或者其他形式明示要约不可撤销；② 受要约人有理由认为要约是不可撤销的，并已经为履行合同作了合理准备工作。

3. 要约的失效

根据《民法典》的规定，有下列情形之一的，要约失效：

（1）要约被拒绝。

（2）要约被依法撤销。

（3）承诺期限届满，受要约人未作出承诺。

（4）受要约人对要约的内容作出实质性变更。

（二）承诺

承诺是受要约人同意要约的意思表示。在商业交易中，承诺又称接盘。承诺到达要约人，合同即告成立。承诺的成立条件包括：承诺须由受要约人向要约人作出；承诺的内容须与要约的内容一致，承诺不得对要约的内容作出实质性变更；承诺必须在承诺期限内到达要约人；承诺应当以通知的方式作出。

1. 承诺的期限

承诺应当在要约确定的期限内到达要约人。要约没有确定承诺期限的，承诺应当依照下列规定到达：① 要约以对话方式作出的，应当即时作出承诺；② 要约以非对话方式作出的，承诺应当在合理期限内到达。

所谓合理期限，是指依通常情形可期待承诺到达的期间，一般包括要约到达受要约人的期间、受要约人作出承诺的期间、承诺通知到达要约人的期间。要约以信件或者电报作出的，承诺期限自信件载明的日期或者电报交发之日开始计算。信件未载明日期的，自投寄该信件的邮戳日期开始计算。要约以电话、传真、电子邮件等快速通信方式作出的，承诺期限自要约到达受要约人时开始计算。

2. 承诺的变更

承诺的内容应当与要约的内容一致。如果受要约人对要约的内容进行了变更，区分情况处理：① 受要约人对要约的内容作出实质性变更的，为新要约。有关合同标的、数量、质量、价款或者报酬、履行期限、履行地点和方式、违约责任和解决争议方法等的变更，是对要约内容的实质性变更。② 承诺对要约的内容作出非实质性变更的，除要约人及时表示反对或者要约表明承诺不得对要约的内容作出任何变更外，该承诺有效，合同的内容以承诺的内容为准。

3. 承诺的迟延与迟到

承诺迟延，即受要约人超过承诺期限发出承诺，或者在承诺期限内发出承诺，按照通常情形不能及时到达要约人的，为新要约；但是，要约人及时通知受要约人该承诺有效的除外。

承诺迟到，即受要约人在承诺期限内发出承诺，按照通常情形能够及时到达要约人，但是因其他原因致使承诺到达要约人时超过承诺期限的，除要约人及时通知受要约人因承诺超过期限不接受该承诺外，该承诺有效。

4. 承诺的生效

承诺的生效，区分是通知方式还是非通知方式。以通知方式作出的承诺，若通知是以对话方式作出的,应当在要约人知道其内容时生效;若通知是以非对话方式作出的,承诺自通知到达要约人时生效。通知采用数据电文形式的,承诺的生效时间与要约的生效时间一致。

承诺不需要通知的,根据交易习惯或者要约的要求作出承诺的行为时生效。

承诺生效时合同成立。

5. 承诺的撤回

承诺的撤回是指受要约人在承诺生效前撤回其承诺,阻却承诺效力的行为。承诺撤回使已经作出的承诺不发生任何效力。撤回承诺的通知应当先于或者同时与承诺到达要约人。承诺只能撤回,不能撤销。

三、合同成立的时间和地点

(一) 一般的诺成合同、不要式合同

承诺生效的时间和地点为合同成立的时间和地点。

(二) 书面合同

当事人采用合同书形式订立合同的,自当事人均签名、盖章或者按指印时合同成立。在签名、盖章或者按指印之前,当事人一方已经履行主要义务,对方接受时,该合同成立。当事人采用信件、数据电文等形式订立合同要求签订确认书的,签订确认书时合同成立。因此,对于要式合同而言,法律规定或者当事人约定采用合同书形式订立合同的,双方当事人同时签名、盖章或者按指印时,双方当事人签名、盖章或者按指印完成的时间和地点为合同成立的时间和地点。双方当事人异时签名、盖章或者按指印时,最后一方当事人签名、盖章或者按指印的时间和地点为合同成立的时间和地点。

同时,《民法典》规定:"法律、行政法规规定或者当事人约定合同应当采用书面形式订立,当事人未采用书面形式但是一方已经履行主要义务,对方接受时,该合同成立。"

(三) 电商合同

当事人一方通过互联网等信息网络发布的商品或者服务信息符合要约条件的,对方选择该商品或者服务并提交订单成功时合同成立,但是当事人另有约定的除外。

四、合同的内容

合同的内容指合同当事人协商一致的合同条款。合同的内容由当事人约定,一般包括下列条款:

(1) 当事人的姓名或者名称和住所。
(2) 标的。
(3) 数量。
(4) 质量。
(5) 价款或者报酬。
(6) 履行期限、地点和方式。

（7）违约责任。
（8）解决争议的方法。
当事人可以参照各类合同的示范文本订立合同。

五、预约合同

当事人约定在将来一定期限内订立合同的认购书、订购书、预订书等，构成预约合同。

当事人一方不履行预约合同约定的订立合同义务的，对方可以请求其承担预约合同的违约责任。

六、格式条款

格式条款是当事人为了重复使用而预先拟定，并在订立合同时未与对方协商的条款。格式条款具有以下特点：第一，格式条款是一方为了反复使用而预先拟定的；第二，格式条款是一方与不特定的相对人订立的；第三，格式条款的内容具有定型化的特点；第四，相对人在订约中居于附从地位。格式条款在生活中的应用很广，有的表现为独立的合同文本，有的表现为店堂公告、提示等。

对格式条款的调整主要有以下几个方面：

（1）采用格式条款订立合同的，提供格式条款的一方应当遵循公平原则确定当事人之间的权利和义务，并采取合理的方式提示对方注意免除或者减轻其责任等与对方有重大利害关系的条款，按照对方的要求，对该条款予以说明。提供格式条款的一方未履行提示或者说明义务，致使对方没有注意或者理解与其有重大利害关系的条款的，对方可以主张该条款不成为合同的内容。

（2）对格式条款的理解发生争议的，应当按照通常理解予以解释。对格式条款有两种以上解释的，应当作出不利于提供格式条款一方的解释。格式条款和非格式条款不一致的，应当采用非格式条款。

七、缔约过失责任

缔约过失责任是指在合同订立过程中，一方当事人因违背依诚信原则负有的先合同义务，而导致另一方当事人信赖利益损失时所应承担的民事责任。

（一）缔约过失责任与违约责任的区别

缔约过失责任与违约责任是《民法典》中的两大责任，二者之间的区别表现在以下几个方面。

1. 责任产生的依据不同

缔约过失责任是在缔结合同中基于合同不成立、合同无效或者被撤销的情形而产生的责任，缔约过失责任产生的根据是先合同义务；而违约责任则只能产生于已生效的合同。

2. 责任发生的时间不同

缔约过失责任只能发生在缔结合同过程中，而违约责任只能发生在合同成立且已经生效后。

3. 责任保护的利益不同

缔约过失责任保护信赖利益的损失；而违约责任则重在保护合同当事人的履行利益，也即合同当事人基于合同的生效，实际履行后所获得的利益。

（二）缔约过失责任的构成要件

（1）缔约一方当事人有违反先合同义务的行为。先合同义务是指合同成立之前，缔约双方当事人在磋商过程中根据诚实信用原则所应承担的说明、告知、通知等义务。

（2）该违反先合同义务的行为给缔约另一方当事人造成了信赖利益的损失。信赖利益的损失是指缔约另一方当事人因相信合同成立而付出的缔约费用或直接财产的减少。

（3）违反先合同义务缔约一方当事人在主观上必须存在过错。

（4）缔约一方当事人违反先合同义务的行为与对方所受到的损失之间存在因果关系。

（三）承担缔约过失责任的类型

《民法典》规定承担缔约过失责任的情形主要有：

（1）假借订立合同，恶意进行磋商。

（2）故意隐瞒与订立合同有关的重要事实或者提供虚假情况。

（3）有其他违背诚信原则的行为。

第三节 合同的效力

一、合同生效

（一）合同生效的概念和条件

合同生效是指合同产生法律上的约束力。具体来说，合同当事人依法可以享有合同权利，同时又必须依照合同的约定履行义务。

具备下列条件的合同有效：

（1）行为人具有相应的民事行为能力。限制民事行为能力人实施的纯获利益的合同行为或者与其年龄、智力、精神健康状况相适应的合同行为有效；实施的其他合同行为经法定代理人同意或者追认后有效。相对人可以催告法定代理人自收到通知之日起 30 日内予以追认。法定代理人未作表示的，视为拒绝追认。合同行为被追认前，善意相对人有撤销的权利。撤销应当以通知的方式作出。

（2）意思表示真实。

（3）不违反法律、行政法规的强制性规定，不违背公序良俗。法人的法定代表人或者非法人组织的负责人超越权限订立的合同，除相对人知道或者应当知道其超越权限外，该代表行为有效，订立的合同对法人或者非法人组织发生效力。

(二) 合同生效的时间

依法成立的合同，自成立时生效，但是法律另有规定或者当事人另有约定的除外。

依照法律、行政法规的规定，合同应当办理批准等手续的，依照其规定。未办理批准等手续影响合同生效的，不影响合同中履行报批等义务条款及相关条款的效力。应当办理申请批准等手续的当事人未履行义务的，对方可以请求其承担违反该义务的责任。

此外，当事人可以订立附条件和附期限的合同。合同可以附条件，但是根据其性质不得附条件的除外。附生效条件的合同，自条件成就时生效。附条件的合同，当事人为自己的利益不正当地阻止条件成就的，视为条件已经成就；不正当地促成条件成就的，视为条件不成就。合同可以附期限，但是根据其性质不得附期限的除外。附生效期限的合同，自期限届至时生效。

二、无效合同

(一) 无效合同的概念和特征

无效合同是指不具有法律约束力和不发生履行效力的合同。依法订立的合同一旦成立，即具有法律约束力。无效合同往往是由于违反法律、行政法规的强制性规定或者损害国家、社会公共利益而不具有法律约束力。

无效合同具有以下特征：

（1）无效合同具有违法性。合同当事人的合意违反了法律的强制性规范或者社会公共利益。

（2）无效合同自始无效。自始无效就是合同从订立时起就不具有法律效力。

(二) 无效合同的种类

（1）无民事行为能力人实施的合同行为无效。

（2）违反法律、行政法规的强制性规定的合同行为无效。但是，该强制性规定不导致该合同行为无效的除外。

（3）违背公序良俗的合同行为无效。

（4）行为人与相对人恶意串通，损害他人合法权益的合同行为无效。

(三) 免责条款的无效

免责条款是指双方当事人在合同中约定的，为免除或者限制一方或者双方当事人未来责任的条款。但是，合同中的下列免责条款无效：

（1）造成对方人身损害的。

（2）因故意或者重大过失造成对方财产损失的。

(四) 格式条款的无效

有下列情形之一的，该格式条款无效：

（1）提供格式条款一方不合理地免除或者减轻其责任、加重对方责任、限制对方主要权利。

（2）提供格式条款一方排除对方主要权利。

无效的或者被撤销的合同自始没有法律约束力。

合同部分无效，不影响其他部分效力的，其他部分仍然有效。

三、可变更和可撤销的合同

可变更和可撤销的合同是指合同成立后，因存在法定事由，人民法院或者仲裁机构根据一方当事人的申请，变更合同的有关内容或者将合同予以撤销。

（一）可变更和可撤销的合同类型

（1）基于重大误解实施的合同行为，当事人有权请求人民法院或者仲裁机构予以撤销。

（2）一方以欺诈手段，使对方在违背真实意思的情况下实施的合同行为，受欺诈方有权请求人民法院或者仲裁机构予以撤销。

（3）第三人实施欺诈行为，使一方在违背真实意思的情况下实施的合同行为，对方知道或者应当知道该欺诈行为的，受欺诈方有权请求人民法院或者仲裁机构予以撤销。

（4）一方或者第三人以胁迫手段，使对方在违背真实意思的情况下实施的合同行为，受胁迫方有权请求人民法院或者仲裁机构予以撤销。

（5）一方利用对方处于危困状态、缺乏判断能力等情形，致使合同行为成立时显失公平的，受损害方有权请求人民法院或者仲裁机构予以撤销。

（二）撤销权消灭

有下列情形之一的，撤销权消灭：

（1）当事人自知道或者应当知道撤销事由之日起1年内、重大误解的当事人自知道或者应当知道撤销事由之日起90日内没有行使撤销权。

（2）当事人受胁迫，自胁迫行为终止之日起1年内没有行使撤销权。

（3）当事人知道撤销事由后明确表示或者以自己的行为表明放弃撤销权。

（4）当事人自合同行为发生之日起5年内没有行使撤销权的，撤销权消灭。

四、效力待定合同

效力待定合同是指已成立的合同因欠缺一定的生效要件，其生效与否尚未确定，须由有追认权的当事人进行补正方可生效，在一定的期限内不予补正则视为无效的合同。

八周岁以上的未成年人为限制民事行为能力人，实施合同行为由其法定代理人代理或者经其法定代理人同意、追认。

无权代理人以被代理人的名义订立合同，被代理人已经开始履行合同义务或者接受相对人履行的，视为对合同的追认。

相对人可以催告法定代理人自收到通知之日起30日内予以追认。法定代理人未作表示的，视为拒绝追认。合同行为被追认前，善意相对人有撤销的权利。撤销应当以通知的方式作出。

五、合同无效与合同被撤销的法律后果

合同无效、被撤销或者确定不发生效力后，当事人因该合同取得的财产，应当予以返还；不能返还或者没有必要返还的，应当折价补偿。有过错的一方应当赔偿对方由此所受到的损失；各方都有过错的，应当各自承担相应的责任。法律另有规定的，依照其规定。

合同不生效、无效、被撤销或者终止的，不影响合同中有关解决争议方法的条款的效力。

第四节　合同的履行

一、合同的履行原则

当事人应当按照约定全面履行自己的义务。

当事人应当遵循诚信原则，根据合同的性质、目的和交易习惯履行通知、协助、保密等义务。

当事人在履行合同过程中，应当避免浪费资源、污染环境和破坏生态。

二、合同的履行规则

（一）合同约定不明时的履行规则

合同生效后，当事人就质量、价款或者报酬、履行地点等内容没有约定或者约定不明确的，可以协议补充；不能达成补充协议的，按照合同相关条款或者交易习惯确定。当事人就有关合同内容约定不明确，依照上述规定仍不能确定的，适用下列规定：

（1）质量要求不明确的，按照强制性国家标准履行；没有强制性国家标准的，按照推荐性国家标准履行；没有推荐性国家标准的，按照行业标准履行；没有国家标准、行业标准的，按照通常标准或者符合合同目的的特定标准履行。

（2）价款或者报酬不明确的，按照订立合同时履行地的市场价格履行；依法应当执行政府定价或者政府指导价的，依照规定履行。

（3）履行地点不明确，给付货币的，在接受货币一方所在地履行；交付不动产的，在不动产所在地履行；其他标的，在履行义务一方所在地履行。

（4）履行期限不明确的，债务人可以随时履行，债权人也可以随时请求履行，但是应当给对方必要的准备时间。

（5）履行方式不明确的，按照有利于实现合同目的的方式履行。

（6）履行费用的负担不明确的，由履行义务一方负担；因债权人原因增加的履行费用，由债权人负担。

（二）电子合同交付时间的确定

通过互联网等信息网络订立的电子合同的标的为交付商品并采用快递物流方式交付的，收货人的签收时间为交付时间。电子合同的标的为提供服务的，生成的电子凭证或者实物凭证中载明的时间为提供服务时间；上述凭证没有载明时间或者载明时间与实际提供服务时间不一致的，以实际提供服务的时间为准。

电子合同的标的物为采用在线传输方式交付的，合同标的物进入对方当事人指定的特定系统且能够检索识别的时间为交付时间。

电子合同当事人对交付商品或者提供服务的方式、时间另有约定的，按照其约定。

（三）政府价格调整时的履行规则

执行政府定价或者政府指导价的，在合同约定的交付期限内政府价格调整时，按照交付时的价格计价。逾期交付标的物的，遇价格上涨时，按照原价格执行；价格下降时，按照新价格执行。逾期提取标的物或者逾期付款的，遇价格上涨时，按照新价格执行；价格下降时，按照原价格执行。

（四）第三人履行规则

当事人约定由债务人向第三人履行债务，债务人未向第三人履行债务或者履行债务不符合约定的，应当向债权人承担违约责任。法律规定或者当事人约定第三人可以直接请求债务人向其履行债务，第三人未在合理期限内明确拒绝，债务人未向第三人履行债务或者履行债务不符合约定的，第三人可以请求债务人承担违约责任；债务人对债权人的抗辩，可以向第三人主张。

当事人约定由第三人向债权人履行债务，第三人不履行债务或者履行债务不符合约定的，债务人应当向债权人承担违约责任。债务人不履行债务，第三人对履行该债务具有合法利益的，第三人有权向债权人代为履行；但是，根据债务性质、按照当事人约定或者依照法律规定只能由债务人履行的除外。

债权人接受第三人履行后，其对债务人的债权转让给第三人，但是债务人和第三人另有约定的除外。

（五）合同履行的特殊情况

1. 中止履行

债权人分立、合并或者变更住所没有通知债务人，致使履行债务发生困难的，债务人可以中止履行或者将标的物提存。

2. 提前履行

债权人可以拒绝债务人提前履行债务，但是提前履行不损害债权人利益的除外。债务人提前履行债务给债权人增加的费用，由债务人负担。

3. 部分履行

债权人可以拒绝债务人部分履行债务，但是部分履行不损害债权人利益的除外。债务人部分履行债务给债权人增加的费用，由债务人负担。

4. 金钱履行

以支付金钱为内容的债，除法律另有规定或者当事人另有约定外，债权人可以请求债务人以实际履行地的法定货币履行。

5. 选择履行

标的有多项而债务人只需履行其中一项的，债务人享有选择权；但是，法律另有规定、当事人另有约定或者另有交易习惯的除外。享有选择权的当事人在约定期限内或者履行期限届满未作选择，经催告后在合理期限内仍未选择的，选择权转移至对方。当事人行使选择权应当及时通知对方，通知到达对方时，标的确定。标的确定后不得变更，但是经对方同意的除外。可选择的标的发生不能履行情形的，享有选择权的当事人不得选择不能履行的标的，但是该不能履行的情形是由对方造成的除外。

6. 当事人变动履行

合同生效后，当事人不得因姓名、名称的变更或者法定代表人、负责人、承办人的变动而不履行合同义务。

7. 情势变更履行

合同成立后，合同的基础条件发生了当事人在订立合同时无法预见的、不属于商业风险的重大变化，继续履行合同对于当事人一方明显不公平的，受不利影响的当事人可以与对方重新协商；在合理期限内协商不成的，当事人可以请求人民法院或者仲裁机构变更或者解除合同。人民法院或者仲裁机构应当结合案件的实际情况，根据公平原则变更或者解除合同。

三、双务合同履行中的抗辩权

双务合同履行中的抗辩权是指在双务合同履行中，当事人一方在符合法定条件时享有的对抗另一方履行请求权的权利。双务合同履行中的抗辩权主要包括以下三种。

（一）同时履行抗辩权

当事人互负债务，没有先后履行顺序的，应当同时履行。一方在对方履行之前有权拒绝其履行请求。一方在对方履行债务不符合约定时，有权拒绝其相应的履行请求。

（二）先履行抗辩权

当事人互负债务，有先后履行顺序，应当先履行债务一方未履行的，后履行一方有权拒绝其履行请求。先履行一方履行债务不符合约定的，后履行一方有权拒绝其相应的履行请求。

（三）不安抗辩权

应当先履行债务的当事人，有确切证据证明对方有下列情形之一的，可以中止履行：

（1）经营状况严重恶化。

（2）转移财产、抽逃资金，以逃避债务。

（3）丧失商业信誉。

（4）有丧失或者可能丧失履行债务能力的其他情形。

当事人没有确切证据中止履行的，应当承担违约责任。

当事人依据上述规定中止履行的，应当及时通知对方。对方提供适当担保的，应当恢复履行。中止履行后,对方在合理期限内未恢复履行能力且未提供适当担保的,视为以自己的行为表明不履行主要债务,中止履行的一方可以解除合同并可以请求对方承担违约责任。

四、合同的保全

合同的保权也称债的保全,是指法律为了防止因债务人财产的不当减少致使债权人的债权实现受到危害,允许债权人行使代位权或者撤销权,确保其债权得以实现的一种制度。合同保全的方式包括债权人行使代位权和撤销权两种。

(一)代位权

因债务人怠于行使其债权或者与该债权有关的从权利,影响债权人的到期债权实现的,债权人可以向人民法院请求以自己的名义代位行使债务人对相对人的权利,但是该权利专属于债务人自身的除外。

代位权的行使范围以债权人的到期债权为限。债权人行使代位权的必要费用,由债务人负担。相对人对债务人的抗辩,可以向债权人主张。

债权人的债权到期前,债务人的债权或者与该债权有关的从权利存在诉讼时效期间即将届满或者未及时申报破产债权等情形,影响债权人的债权实现的,债权人可以代位向债务人的相对人请求其向债务人履行、向破产管理人申报或者作出其他必要的行为。

人民法院认定代位权成立的,由债务人的相对人向债权人履行义务,债权人接受履行后,债权人与债务人、债务人与相对人之间相应的权利义务终止。债务人对相对人的债权或者与该债权有关的从权利被采取保全、执行措施,或者债务人破产的,依照相关法律的规定处理。

(二)撤销权

撤销权是指债务人的行为导致自己的责任财产减少,损害债权人的债权,债权人可以请求人民法院撤销债务人行为的权利。所谓责任财产,是指债务人可以用于清偿给债权人的财产。

债务人以放弃其债权、放弃债权担保、无偿转让财产等方式无偿处分财产权益,或者恶意延长其到期债权的履行期限,影响债权人的债权实现的,债权人可以请求人民法院撤销债务人的行为。

债务人以明显不合理的低价转让财产、以明显不合理的高价受让他人财产或者为他人的债务提供担保,影响债权人的债权实现,债务人的相对人知道或者应当知道该情形的,债权人可以请求人民法院撤销债务人的行为。

撤销权的行使范围以债权人的债权为限。债权人行使撤销权的必要费用,由债务人负担。

撤销权自债权人知道或者应当知道撤销事由之日起 1 年内行使。自债务人的行为发生之日起 5 年内没有行使撤销权的,该撤销权消灭。

债务人影响债权人的债权实现的行为被撤销的,自始没有法律约束力。

第五节 合同的变更和转让

一、合同的变更

当事人协商一致,可以变更合同。合同的变更是指合同当事人于合同订立后消灭前,在不改变合同主体的前提下改变合同的内容。

合同变更的条件包括:

(1)变更必须以原合同的存在为前提。

(2)变更必须由法律明确规定或者经当事人协商一致。

法律、行政法规规定变更合同应当办理批准、登记等手续的,应当办理相应手续。当事人对合同变更的内容约定不明确的,推定为未变更。

二、合同的转让

合同的转让是指当事人一方依法将合同权利或者义务的全部或者部分转让给第三人履行。合同的转让包括合同权利的转让、合同义务的转让和合同权利义务的概括转让三种形式。

(一)合同权利的转让

合同权利的转让是指债权人将权利转让给第三人享有,包括权利的全部或者部分转让。

债权人可以将债权的全部或者部分转让给第三人,但是有下列情形之一的除外:

(1)根据债权性质不得转让。

(2)按照当事人约定不得转让。

(3)依照法律规定不得转让。

当事人约定非金钱债权不得转让的,不得对抗善意第三人。当事人约定金钱债权不得转让的,不得对抗第三人。

债权人转让债权,未通知债务人的,该转让对债务人不发生效力。债权转让的通知不得撤销,但是经受让人同意的除外。

债权人转让债权的,受让人取得与债权有关的从权利,但是该从权利专属于债权人自身的除外。受让人取得从权利不因该从权利未办理转移登记手续或者未转移占有而受到影响。

债务人接到债权转让通知后,债务人对让与人的抗辩,可以向受让人主张。

有下列情形之一的,债务人可以向受让人主张抵销:

(1)债务人接到债权转让通知时,债务人对让与人享有债权,且债务人的债权先于转让的债权到期或者同时到期。

(2) 债务人的债权与转让的债权是基于同一合同产生。

因债权转让增加的履行费用，由让与人负担。

(二) 合同义务的转让

债务人将债务的全部或者部分转移给第三人的，应当经债权人同意。债务人或者第三人可以催告债权人在合理期限内予以同意，债权人未作表示的，视为不同意。

第三人与债务人约定加入债务并通知债权人，或者第三人向债权人表示愿意加入债务，债权人未在合理期限内明确拒绝的，债权人可以请求第三人在其愿意承担的债务范围内和债务人承担连带债务。

债务人转移债务的，新债务人可以主张原债务人对债权人的抗辩；原债务人对债权人享有债权的，新债务人不得向债权人主张抵销。

债务人转移债务的，新债务人应当承担与主债务有关的从债务，但是该从债务专属于原债务人自身的除外。

(三) 合同权利义务的概括转让

当事人一方经对方同意，可以将自己在合同中的权利和义务一并转让给第三人。合同的权利和义务一并转让的，适用债权转让、债务转移的有关规定。

第六节 合同的权利义务终止

合同的权利义务终止，即合同权利义务关系的消灭。

一、合同权利义务终止的原因

有下列情形之一的，合同的债权债务终止。

(一) 债务已经履行

债务人对同一债权人负担的数项债务种类相同，债务人的给付不足以清偿全部债务的，除当事人另有约定外，由债务人在清偿时指定其履行的债务。债务人未作指定的，应当优先履行已经到期的债务；数项债务均到期的，优先履行对债权人缺乏担保或者担保最少的债务；均无担保或者担保相等的，优先履行债务人负担较重的债务；负担相同的，按照债务到期的先后顺序履行；到期时间相同的，按照债务比例履行。

债务人在履行主债务外还应当支付利息和实现债权的有关费用，其给付不足以清偿全部债务的，除当事人另有约定外，应当按照下列顺序履行：

(1) 实现债权的有关费用。

(2) 利息。

(3) 主债务。

(二) 债务相互抵销

当事人互负债务，该债务的标的物种类、品质相同的，任何一方可以将自己的债务与对方的到期债务抵销；但是，根据债务性质、按照当事人约定或者依照法律规定不得抵销的除外。当事人互负债务，标的物种类、品质不相同的，经协商一致，也可以抵销。当事人主张抵销的，应当通知对方。通知自到达对方时生效。抵销不得附条件或者附期限。

（三）债务人依法将标的物提存

有下列情形之一，难以履行债务的，债务人可以将标的物提存：

（1）债权人无正当理由拒绝受领。

（2）债权人下落不明。

（3）债权人死亡未确定继承人、遗产管理人，或者丧失民事行为能力未确定监护人。

（4）法律规定的其他情形。

标的物不适于提存或者提存费用过高的，债务人依法可以拍卖或者变卖标的物，提存所得的价款。

债务人将标的物或者将标的物依法拍卖、变卖所得价款交付提存部门时，提存成立。提存成立的，视为债务人在其提存范围内已经交付标的物。

标的物提存后，债务人应当及时通知债权人或者债权人的继承人、遗产管理人、监护人、财产代管人。标的物提存后，毁损、灭失的风险由债权人承担。提存期间，标的物的孳息归债权人所有。提存费用由债权人负担。

债权人可以随时领取提存物。但是，债权人对债务人负有到期债务的，在债权人未履行债务或者提供担保之前，提存部门根据债务人的要求应当拒绝其领取提存物。债权人领取提存物的权利，自提存之日起5年内不行使而消灭，提存物扣除提存费用后归国家所有。但是，债权人未履行对债务人的到期债务，或者债权人向提存部门书面表示放弃领取提存物权利的，债务人负担提存费用后有权取回提存物。

（四）债权人免除债务

债权人免除债务人部分或者全部债务的，债权债务部分或者全部终止，但是债务人在合理期限内拒绝的除外。

（五）债权债务同归于一人

债权和债务同归于一人的，债权债务终止，但是损害第三人利益的除外。

（六）法律规定或者当事人约定终止的其他情形

二、合同终止后的义务与责任

（1）债权债务终止后，当事人应当遵循诚信等原则，根据交易习惯履行通知、协助、保密、旧物回收等义务。

（2）债权债务终止时，债权的从权利同时消灭，但是法律另有规定或者当事人另有约定的除外。

（3）合同的权利义务关系终止，不影响合同中结算和清理条款的效力。

三、合同的解除

当事人协商一致,可以解除合同。

合同的解除是指合同有效成立后,因当事人一方的意思表示或者由当事人双方协议,使基于合同产生的权利义务关系归于消灭的行为。合同解除的,该合同的权利义务关系终止。

(一) 合同解除的形式

合同解除的形式包括约定解除和法定解除两种。

1. 约定解除

当事人可以约定一方解除合同的事由。解除合同的事由发生时,解除权人可以解除合同。

2. 法定解除

有下列情形之一的,当事人可以解除合同:

(1) 因不可抗力致使不能实现合同目的。

(2) 在履行期限届满前,当事人一方明确表示或者以自己的行为表明不履行主要债务。

(3) 当事人一方迟延履行主要债务,经催告后在合理期限内仍未履行。

(4) 当事人一方迟延履行债务或者有其他违约行为致使不能实现合同目的。

(5) 法律规定的其他情形。

以持续履行的债务为内容的不定期合同,当事人可以随时解除合同,但是应当在合理期限之前通知对方。法律规定或者当事人约定解除权行使期限,期限届满当事人不行使的,该权利消灭。法律没有规定或者当事人没有约定解除权行使期限,自解除权人知道或者应当知道解除事由之日起 1 年内不行使,或者经对方催告后在合理期限内不行使的,该权利消灭。

当事人一方依法主张解除合同的,应当通知对方。合同自通知到达对方时解除;通知载明债务人在一定期限内不履行债务则合同自动解除,债务人在该期限内未履行债务的,合同自通知载明的期限届满时解除。对方对解除合同有异议的,任何一方当事人均可以请求人民法院或者仲裁机构确认解除行为的效力。当事人一方未通知对方,直接以提起诉讼或者申请仲裁的方式依法主张解除合同,人民法院或者仲裁机构确认该主张的,合同自起诉状副本或者仲裁申请书副本送达对方时解除。

(二) 合同解除的法律后果

合同解除后,尚未履行的,终止履行;已经履行的,根据履行情况和合同性质,当事人可以请求恢复原状或者采取其他补救措施,并有权请求赔偿损失。

合同因违约解除的,解除权人可以请求违约方承担违约责任,但是当事人另有约定的除外。

主合同解除后,担保人对债务人应当承担的民事责任仍应当承担担保责任,但是担保合同另有约定的除外。

第七节　违约责任

一、违约责任概述

违约责任是指合同当事人因违反合同义务所应承担的民事责任。

违约责任的归责原则主要是严格责任。绝大多数合同，只要当事人有违约行为，无论主观上是否有过错，除有法定或者约定的免责事由外，均不得主张免责。《民法典》只规定了少数合同适用过错责任原则，如保管合同，保管人只有在有过错的情况下才对保管标的物的毁损、灭失承担责任。另外，无偿合同的责任一般以当事人故意或者重大过失为限，如无偿保管，保管人只有在存在故意或者重大过失的情况下，才对保管标的物的毁损、灭失承担责任。

二、违约责任的承担方式

承担违约责任的方式有五种，包括继续履行、采取补救措施、赔偿损失、支付违约金、支付定金。

（一）继续履行

继续履行又称实际履行，是指当事人一方不履行合同，守约方可以请求人民法院或者仲裁机构强制违约方实际履行合同义务。

1. 金钱债务的继续履行

当事人一方未支付价款、报酬、租金、利息，或者不履行其他金钱债务的，对方可以请求其支付。

2. 非金钱债务的继续履行

当事人一方不履行非金钱债务或者履行非金钱债务不符合约定的，对方可以请求履行，但是有下列情形之一的除外：① 法律上或者事实上不能履行；② 债务的标的不适于强制履行或者履行费用过高；③ 债权人在合理期限内未请求履行。

当事人一方不履行债务或者履行债务不符合约定，根据债务的性质不得强制履行的，对方可以请求其负担由第三人替代履行的费用。

（二）采取补救措施

履行不符合约定的，应当按照当事人的约定承担违约责任。对违约责任没有约定或者约定不明确，受损害方根据标的的性质及损失的大小，可以合理选择请求对方承担修理、重作、更换、退货、减少价款或者报酬等违约责任。

（三）赔偿损失

当事人一方不履行合同义务或者履行合同义务不符合约定的，在履行义务或者采取补救措施后，对方还有其他损失的，应当赔偿损失。

损失赔偿要遵循以下原则和规则。

1. 完全赔偿原则

损失赔偿额应当相当于因违约所造成的损失，包括合同履行后可以获得的利益。

2. 可预见规则

损失赔偿额不得超过违约一方订立合同时预见到或者应当预见到的因违约可能造成的损失。

3. 过失相抵规则

当事人一方违约造成对方损失，对方对损失的发生有过错的，可以减少相应的损失赔偿额。

4. 防止损失扩大规则

当事人一方违约后，对方应当采取适当措施防止损失的扩大；没有采取适当措施致使损失扩大的，不得就扩大的损失请求赔偿。当事人因防止损失扩大而支出的合理费用，由违约方负担。

经营者对消费者提供商品或者服务有欺诈行为的，依照《中华人民共和国消费者权益保护法》的规定承担损害赔偿责任。经营者提供商品或者服务有欺诈行为的，应当按照消费者的要求增加赔偿其受到的损失，增加赔偿的金额为消费者购买商品的价款或者接受服务的费用的 3 倍；增加赔偿的金额不足 500 元的，为 500 元。法律另有规定的，依照其规定。

（四）支付违约金

违约金是当事人事先在合同中约定一方违约时应当给予对方一定数额的金钱作为承担违约责任的方式。当事人可以约定一方违约时应当根据违约情况向对方支付一定数额的违约金，也可以约定因违约产生的损失赔偿额的计算方法。

1. 违约金的数额

约定的违约金低于造成的损失的，人民法院或者仲裁机构可以根据当事人的请求予以增加；约定的违约金过分高于造成的损失的，人民法院或者仲裁机构可以根据当事人的请求予以适当减少。

2. 违约金与继续履行的关系

当事人就迟延履行约定违约金的，违约方支付违约金后，还应当履行债务。

（五）支付定金

定金是当事人为了确保合同的履行，依据法律规定或者合同约定，一方预先支付一定数额的金钱作为债权担保的形式。定金合同自实际交付定金时成立。

定金的数额由当事人约定；但是，不得超过主合同标的额的 20%，超过部分不产生定金的效力。实际交付的定金数额多于或者少于约定数额的，视为变更约定的定金数额。

1. 定金与违约金的关系

在同一合同中，当事人既约定违约金，又约定定金的，一方违约时，对方可以选择适用违约金或者定金条款，不能并用。

2. **定金与损失赔偿的关系**

定金不足以弥补一方违约造成的损失的,对方可以请求赔偿超过定金数额的损失。

3. **适用定金责任的效力体现为"定金罚则"**

债务人履行债务的,定金应当抵作价款或者收回。给付定金的一方不履行债务或者履行债务不符合约定,致使不能实现合同目的的,无权请求返还定金;收受定金的一方不履行债务或者履行债务不符合约定,致使不能实现合同目的的,应当双倍返还定金。

三、违约的法定免责事由——不可抗力

不可抗力是指不能预见、不能避免且不能克服的客观情况。

当事人一方因不可抗力不能履行合同的,根据不可抗力的影响,部分或者全部免除责任,但是法律另有规定的除外。因不可抗力不能履行合同的,应当及时通知对方,以减轻可能给对方造成的损失,并应当在合理期限内提供证明。

当事人迟延履行后发生不可抗力的,不免除其违约责任。

四、违约责任的承担主体

当事人一方不履行合同义务或者履行合同义务不符合约定的,应当承担继续履行、采取补救措施或者赔偿损失等违约责任。当事人一方违约造成对方损失,对方对损失的发生有过错的,可以减少相应的损失赔偿额。

若一方当事人预期违约,即当事人一方明确表示或者以自己的行为表明不履行合同义务的,对方可以在履行期限届满前请求其承担违约责任。

当事人都违反合同的,应当各自承担相应的责任。

当事人一方因第三人的原因造成违约的,应当依法向对方承担违约责任。当事人一方和第三人之间的纠纷,依照法律规定或者按照约定处理。

第八节 典型合同之买卖合同

买卖合同是出卖人转移标的物的所有权于买受人,买受人支付价款的合同。买卖合同是最常见的有名合同。买卖合同是双务合同、有偿合同、诺成合同、不要式合同。

买卖合同的内容一般包括标的物的名称、数量、质量、价款、履行期限、履行地点和方式、包装方式、检验标准和方法、结算方式、合同使用的文字及其效力等条款。

一、交付标的物的时间和地点

(一)交付标的物的时间

出卖人应当按照约定的时间交付标的物。约定交付期限的,出卖人可以在该交付期限

内的任何时间交付。标的物在订立合同之前已为买受人所占有的,合同生效的时间为交付时间。

(二) 交付标的物的地点

出卖人应当按照约定的地点交付标的物。当事人没有约定交付地点或者约定不明确,依照《民法典》的有关规定仍不能确定的,适用下列规定:① 标的物需要运输的,出卖人应当将标的物交付给第一承运人以运交给买受人。② 标的物不需要运输,出卖人和买受人订立合同时知道标的物在某一地点的,出卖人应当在该地点交付标的物;不知道标的物在某一地点的,应当在出卖人订立合同时的营业地交付标的物。

二、标的物的所有权、孳息转移

(1) 标的物的所有权自标的物交付时起转移,但是法律另有规定的除外;出卖具有知识产权的计算机软件等标的物的,除法律另有规定或者当事人另有约定的外,该标的物的知识产权不属于买受人。

(2) 标的物在交付之前产生的孳息,归出卖人所有;交付之后产生的孳息,归买受人所有。但是,当事人另有约定的除外。

三、标的物的风险转移

要理解标的物的风险转移,首先要理解风险与责任的区别。所谓风险,是指标的物发生了不可归责于双方当事人的损失;而所谓责任,是指当事人的行为导致其应当承担的不利法律后果。责任是根据法律规定行为人应当承担的,而风险不属于当事人承担责任的范围。因此,在买卖合同中,标的物毁损、灭失的风险何时从出卖人转移给买受人就非常重要。

(一) 基本原则——交付导致风险转移

标的物毁损、灭失的风险,在标的物交付之前由出卖人承担,交付之后由买受人承担,但是法律另有规定或者当事人另有约定的除外。

(1) 出卖人按照约定将标的物运送至买受人指定地点并交付给承运人后,标的物毁损、灭失的风险由买受人承担。

(2) 当事人没有约定交付地点或者约定不明确,标的物需要运输的,出卖人将标的物交付给第一承运人后,标的物毁损、灭失的风险由买受人承担。

(3) 出卖人出卖交由承运人运输的在途标的物,除当事人另有约定外,毁损、灭失的风险自合同成立时起由买受人承担。这是关于"路货交易"的规定,即标的物正在运输途中,然后当事人签订合同。出卖人出卖交由承运人运输的在途标的物,在合同成立时知道或者应当知道标的物已经毁损、灭失却未告知买受人,买受人可以主张由出卖人负担标的物毁损、灭失的风险。

(二) 违约方承担风险

(1) 因买受人的原因致使标的物未按照约定的期限交付的,买受人应当自违反约定时起承担标的物毁损、灭失的风险。

（2）出卖人按照约定或者依据《民法典》的相关规定将标的物置于交付地点，买受人违反约定没有收取的，标的物毁损、灭失的风险自违反约定时起由买受人承担。

标的物毁损、灭失的风险由买受人承担的，不影响因出卖人履行义务不符合约定，买受人要求其承担违约责任的权利。

四、标的物的检验

关于标的物的检验规则，主要是督促买受人及时检验标的物，尽快确定标的物的质量状况，明确责任，及时解决纠纷，有利于加速商品的流转。否则就会使合同当事人之间的法律关系长期处于不稳定的状态，不利于维护健康正常的交易秩序。

（1）当事人约定检验期限的，买受人应当在检验期限内将标的物的数量或者质量不符合约定的情形通知出卖人。买受人怠于通知的，视为标的物的数量或者质量符合约定。

当事人约定的检验期限过短，根据标的物的性质和交易习惯，买受人在检验期限内难以完成全面检验的，该期限仅视为买受人对标的物的外观瑕疵提出异议的期限。约定的检验期限或者质量保证期短于法律、行政法规规定期限的，应当以法律、行政法规规定的期限为准。

（2）当事人没有约定检验期限的，买受人应当在发现或者应当发现标的物的数量或者质量不符合约定的合理期限内通知出卖人。买受人在合理期限内未通知或者自收到标的物之日起2年内未通知出卖人的，视为标的物的数量或者质量符合约定；但是，对标的物有质量保证期的，适用质量保证期，不适用该2年的规定。出卖人知道或者应当知道提供的标的物不符合约定的，买受人不受前两款规定的通知时间的限制。

当事人对检验期限未作约定，买受人签收的送货单、确认单等载明标的物数量、型号、规格的，推定买受人已经对数量和外观瑕疵进行检验，但是有相关证据足以推翻的除外。

出卖人依照买受人的指示向第三人交付标的物，出卖人和买受人约定的检验标准与买受人和第三人约定的检验标准不一致的，以出卖人和买受人约定的检验标准为准。

五、标的物的回收与价款支付

依照法律、行政法规的规定或者按照当事人的约定，标的物在有效使用年限届满后应予回收的，出卖人负有自行或者委托第三人对标的物予以回收的义务。

支付价款是买受人的合同义务。买受人应当按照合同约定的时间、地点及数额支付价款。出卖人多交标的物的，买受人可以接收或者拒绝接收多交的部分。买受人接收多交部分的，按照合同的价格支付价款；买受人拒绝接收多交部分的，应当及时通知出卖人。

六、买卖合同的特别解除规则

（1）因标的物的主物不符合约定而解除合同的，解除合同的效力及于从物。因标的物的从物不符合约定被解除的，解除的效力不及于主物。

（2）标的物为数物，其中一物不符合约定的，买受人可以就该物解除。但是，该物与他物分离使标的物的价值显受损害的，买受人可以就数物解除合同。

（3）出卖人分批交付标的物的，出卖人对其中一批标的物不交付或者交付不符合约定，致使该批标的物不能实现合同目的的，买受人可以就该批标的物解除。出卖人不交付其中一批标的物或者交付不符合约定，致使之后其他各批标的物的交付不能实现合同目的的，买受人可以就该批及之后其他各批标的物解除。买受人如果就其中一批标的物解除，该批标的物与其他各批标的物相互依存的，可以就已经交付和未交付的各批标的物解除。

七、一物多卖合同

出卖人就同一财产订立多重买卖合同，原则上合同均有效，除非涉及合同无效的情形。如果出卖的是不动产，如房屋，已经办理过户登记手续的买受人获得所有权。如果出卖的是动产，买受人均要求实际履行合同，人民法院应当如何处理？要区分是普通动产还是机动交通工具。

（一）普通动产

出卖人就同一普通动产订立多重买卖合同，在买卖合同均有效的情况下，买受人均要求实际履行合同的，应当按照以下情形分别处理：

（1）先行受领交付的买受人请求确认所有权已经转移的，人民法院应予支持。

（2）均未受领交付，先行支付价款的买受人请求出卖人履行交付标的物等合同义务的，人民法院应予支持。

（3）均未受领交付，也未支付价款，依法成立在先合同的买受人请求出卖人履行交付标的物等合同义务的，人民法院应予支持。

（二）机动交通工具

出卖人就同一船舶、航空器、机动车等特殊动产订立多重买卖合同，在买卖合同均有效的情况下，买受人均要求实际履行合同的，应当按照以下情形分别处理：

（1）先行受领交付的买受人请求出卖人履行办理所有权转移登记手续等合同义务的，人民法院应予支持。

（2）均未受领交付，先行办理所有权转移登记手续的买受人请求出卖人履行交付标的物等合同义务的，人民法院应予支持。

（3）均未受领交付，也未办理所有权转移登记手续，依法成立在先合同的买受人请求出卖人履行交付标的物和办理所有权转移登记手续等合同义务的，人民法院应予支持。

（4）出卖人将标的物交付给买受人之一，又为其他买受人办理所有权转移登记，已受领交付的买受人请求将标的物所有权登记在自己名下的，人民法院应予支持。遵循"交付＞登记＞合同成立"的顺序，如果交付与登记不一致，以交付为准。

八、特种买卖合同

（一）分期付款买卖

分期付款的买受人未支付到期价款的数额达到全部价款的1/5，经催告后在合理期限内仍未支付到期价款的,出卖人有两种选择:第一,请求买受人一并支付到期与未到期的全部价款;第二,解除合同。出卖人解除合同的,应当退还已收取的价款,但可以向买受人请求支付该标的物的使用费。

(二) 凭样品买卖

凭样品买卖的当事人应当封存样品,并可以对样品质量予以说明。出卖人交付的标的物应当与样品及其说明的质量相同。凭样品买卖的买受人不知道样品有隐蔽瑕疵的,即使交付的标的物与样品相同,出卖人交付的标的物的质量仍然应当符合同种物的通常标准。

(三) 试用买卖

1. 试用买卖的特点

试用买卖的买受人在试用期内可以购买标的物,也可以拒绝购买。也就是说,试用期内并不存在买卖合同。买卖合同存在下列约定内容之一的,不属于试用买卖:

(1) 约定标的物经过试用或者检验符合一定要求时,买受人应当购买标的物。
(2) 约定第三人经试验对标的物认可时,买受人应当购买标的物。
(3) 约定买受人在一定期间内可以调换标的物。
(4) 约定买受人在一定期间内可以退还标的物。

2. 试用期间的确定

试用买卖的当事人可以约定标的物的试用期限。对试用期限没有约定或者约定不明确,依据《民法典》的相关规定仍不能确定的,由出卖人确定。

3. 视为购买的情形

(1) 试用期限届满,买受人对是否购买标的物未作表示的。
(2) 试用买卖的买受人在试用期内已经支付部分价款或者对标的物实施出卖、出租、设立担保物权等行为的。

4. 使用费及风险承担

试用买卖的当事人对标的物使用费没有约定或者约定不明确的,出卖人无权请求买受人支付。标的物在试用期内毁损、灭失的风险由出卖人承担。

(四) 商品房买卖

1. 商品房销售广告和宣传资料的性质

商品房的销售广告和宣传资料为要约邀请,但是出卖人就商品房开发规划范围内的房屋及相关设施所作的说明和允诺具体确定,并对商品房买卖合同的订立及房屋价格的确定有重大影响的,应当视为要约。该说明和允诺即使未载入商品房买卖合同,亦应当视为合同内容,当事人违反的,应当承担违约责任。

2. 被拆迁人的优先权

拆迁人与被拆迁人按照所有权调换形式订立拆迁补偿安置协议,明确约定拆迁人以位置、用途特定的房屋对被拆迁人予以补偿安置,如果拆迁人将该补偿安置房屋另行出卖给第三人,被拆迁人请求优先取得补偿安置房屋的,应予支持。

3. 法定解除的情形

买受人可以单方解除合同的情形:

（1）因房屋主体结构质量不合格不能交付使用，或者房屋交付使用后，房屋主体结构质量经核验确属不合格的。

（2）因房屋质量问题严重影响正常居住使用的。

（3）出卖人交付使用的房屋套内建筑面积或者建筑面积与商品房买卖合同约定面积误差比绝对值超过3%的。

（4）出卖人迟延交付房屋，经催告后在3个月的合理期限内仍未履行的（反之，如果买受人迟延支付购房款，经催告后在3个月的合理期限内仍未履行，出卖人可以单方解除合同）。

（5）约定或者法定的办理房屋所有权登记的期限届满后超过1年，由于出卖人的原因，导致买受人无法办理房屋所有权登记的。

4. 买受人可以要求惩罚性赔偿的情形

具有下列情形之一的，买受人可以请求解除合同、返还已付购房款及利息、赔偿损失，并可以请求出卖人承担不超过已付购房款一倍的赔偿责任：

（1）故意隐瞒没有取得商品房预售许可证明的事实或者提供虚假商品房预售许可证明。

（2）故意隐瞒所售房屋已经抵押的事实或者商品房买卖合同订立后，出卖人未告知买受人又将该房屋抵押给第三人。

（3）故意隐瞒所售房屋已经出卖给第三人或者商品房买卖合同订立后，出卖人又将该房屋出卖给第三人。

（4）故意隐瞒所售房屋为拆迁补偿安置房屋的事实。

（五）互易合同

互易合同是指当事人相互交换金钱以外的标的物所有权的合同。

互易合同参照买卖合同的规定，故互易合同属于双务合同、诺成合同。

互易合同当事人的主要义务是各自向对方交付标的物，并转移标的物的所有权。同时，合同当事人各自就标的物的权利状态向对方负担权利瑕疵担保责任。

第九节　准合同

准合同是指当事人之间未订立合同，亦未有侵权行为，但依公平原则和公共政策强加其债权债务关系的情况。在这种情况下，虽然当事人之间并未订立合同，但是产生了与订立合同一样的法律关系，故称准合同或准契约。一般来说，准合同主要指无因管理和不当得利。

一、无因管理

无因管理是指管理人没有法定的或者约定的义务，为避免他人利益受损失而管理他人事务的，可以请求受益人偿还因管理事务而支出的必要费用；管理人因管理事务受到损失的，可以请求受益人给予适当补偿。

管理事务不符合受益人真实意思的，管理人不享有上述规定的权利；但是，受益人的真实意思违反法律或者违背公序良俗的除外。

（一）管理人适当管理义务

管理人管理他人事务，应当采取有利于受益人的方法。中断管理对受益人不利的，无正当理由不得中断。

（二）管理人通知义务

管理人管理他人事务，能够通知受益人的，应当及时通知受益人。管理的事务不需要紧急处理的，应当等待受益人的指示。

（三）管理人报告和交付义务

管理结束后，管理人应当向受益人报告管理事务的情况。管理人管理事务取得的财产，应当及时转交给受益人。

（四）受益人追认的法律效果

管理人管理事务经受益人事后追认的，从管理事务开始时起，适用委托合同的有关规定，但是管理人另有意思表示的除外。

二、不当得利

得利人没有法律根据取得不当利益的，受损失的人可以请求得利人返还取得的利益，但是有下列情形之一的除外：① 为履行道德义务进行的给付；② 债务到期之前的清偿；③ 明知无给付义务而进行的债务清偿。

（一）善意得利人返还义务免除

得利人不知道且不应当知道取得的利益没有法律根据，取得的利益已经不存在的，不承担返还该利益的义务。

（二）恶意得利人返还义务

得利人知道或者应当知道取得的利益没有法律根据的，受损失的人可以请求得利人返还其取得的利益并依法赔偿损失。

（三）第三人返还义务

得利人已经将取得的利益无偿转让给第三人的，受损失的人可以请求第三人在相应范围内承担返还义务。

【思考题】

1. 简述《民法典》中的要约与承诺制度。
2. 简述双务合同履行中的抗辩权。
3. 简述合同履行中债的保全制度。

4. 简述违约责任的承担方式。
5. 简述缔约过失责任。
6. 简述预期违约的概念及法律后果。

【参考文献】

1. 王家福. 中国民法学·民法债权 [M]. 北京：法律出版社，1991.
2. 马俊驹，余延满. 民法原论 [M]. 4 版. 北京：法律出版社，2016.
3. 崔建远. 合同法 [M]. 6 版. 北京：法律出版社，2015.
4. 刘安琪，王妍荔. 经济法 [M]. 北京：中国商务出版社，2020.

第八章 市场竞争法律制度

第一节 反不正当竞争法

一、反不正当竞争法概述

(一) 不正当竞争行为的概念及特征

"不正当竞争"这个术语一般认为最早出自1883年的《保护工业产权巴黎公约》。该公约规定,凡在工商活动中违反诚实经营的竞争行为即构成不正当竞争行为。依据我国法律,不正当竞争行为是指经营者在生产经营活动中,违反《中华人民共和国反不正当竞争法》(以下简称《反不正当竞争法》)规定,扰乱市场竞争秩序,损害其他经营者或者消费者的合法权益的行为。不正当竞争行为有以下特征。

1. **不正当竞争行为的主体是经营者**

所谓经营者,是指从事商品生产、经营或者提供服务的自然人、法人和非法人组织。

2. **不正当竞争行为是一种违法行为**

不正当竞争行为的违法性,主要表现在违反了《反不正当竞争法》的规定,既包括违反了该法第二章的关于禁止各种不正当竞争行为的具体规定,也包括违反了该法第二条的原则规定,即经营者只要在生产经营活动中实施了违反自愿、平等、公平、诚信原则和违反公认的商业道德的行为,损害了其他经营者或者消费者的合法权益,扰乱了市场竞争秩序,也应认定为不正当竞争行为。

3. **不正当竞争行为是一种竞争行为**

在市场经济条件下,竞争者为了满足自己的经济需要而展开竞争,但是在竞争过程中,经营者可能会采取一些不正当的竞争手段。竞争手段是否正当是区分正当竞争和不正当竞争的重要标志。所谓不正当的竞争手段,包含以下两层含义:一是竞争手段违反法律的规定;二是竞争手段违反商业道德和商业习惯。

4. **不正当竞争行为侵犯的客体是其他经营者的合法权益和正常的市场竞争秩序**

一般来说,任何不正当竞争行为都会损害竞争对手的权益,破坏市场竞争秩序。

(二）反不正当竞争法的概念

反不正当竞争法是指调整维护市场公平竞争和制止不正当竞争行为过程中产生的经济关系的法律规范的总称。反不正当竞争关系包括三方面的内容：一是在确定不正当竞争行为过程中产生的经济关系；二是在确立反不正当竞争监督管理体制过程中产生的经济关系；三是在制裁不正当竞争行为过程中产生的经济关系。

（三）反不正当竞争法的立法宗旨

我国《反不正当竞争法》第一条规定："为了促进社会主义市场经济健康发展，鼓励和保护公平竞争，制止不正当竞争行为，保护经营者和消费者的合法权益，制定本法。"我国制定《反不正当竞争法》的宗旨有以下三个。

1. 促进社会主义市场经济健康发展

竞争机制是市场经济最基本、最重要的运行机制，是其他市场经济规律赖以发挥作用的基础。对竞争秩序的破坏会引起市场运行规律的扭曲，导致社会经济秩序的紊乱。作为调整竞争关系的法律，《反不正当竞争法》的首要任务是保护竞争机制，使整个社会经济能够有序运转。

2. 鼓励和保护公平竞争，制止不正当竞争行为

公平竞争是市场竞争的最基本原则。它要求每个竞争者都拥有平等的法律地位，经营者所获取的利益应当与其所提供的产品和服务的质量相一致。任何欺诈、混淆、掠夺、贿赂性的交易方式，限制竞争和垄断的行为都会使竞争对手处于不公平的地位，极大地破坏公平竞争这一原则，破坏市场经济秩序。《反不正当竞争法》对各种不正当竞争行为的制裁，都体现了鼓励和保护公平竞争的精神。

3. 保护经营者和消费者的合法权益

不正当竞争一方面会损害同行竞争者的利益，滋生投机取巧、不劳而获、坑蒙拐骗等严重有害市场经济秩序的思想和行为；另一方面也会侵害消费者的合法权益，如欺诈性商业交易、不正当有奖销售等行为，不仅损害了同行竞争者的利益，更直接地侵害了消费者的合法权益。

（四）反不正当竞争法的基本原则

《反不正当竞争法》第二条规定："经营者在生产经营活动中，应当遵循自愿、平等、公平、诚信的原则，遵守法律和商业道德。"从这一条的规定可以看出，我国制定《反不正当竞争法》的原则有以下三条。

1. 自愿、平等原则

自愿原则要求经营者尊重交易对象的意愿，按价值规律和市场规则进行交易。不得迫使对方违背自己的真实意愿接受其交易条件和其他要求。它既反对通过欺诈、胁迫手段迫使对方服从其要求的行为，也反对通过滥用经济优势、商业贿赂等手段损害交易对方利益的行为。平等原则要求经营者不得享有经济特权，每个经营者在交易过程中的权利义务都是一致的，必须等价交易。

2. 公平、诚信原则

公平原则要求每个经营者都应有均等的进入市场的机会。任何欺骗性的交易行为、诋毁他人商业信誉的行为、幕后交易的行为，都是对公平原则的亵渎和破坏。诚信原则要求经营者在进行竞争时，应基于诚信，在追求自身利益的同时，兼顾他人利益和社会利益，以正当的手段实现其经济目的，不侵犯同行竞争者和消费者的合法权益。

3. 遵守法律和商业道德原则

经营者必须依法取得营业主体资格才能参与市场竞争，竞争的手段、方法和内容必须符合法律的规定，不得从事法律禁止的竞争行为。商业道德与法律相比历史更为久远、作用更为稳定、调整领域更加广泛、调整手段更加细腻，通过对经营者内心信念的熏陶来约束经营者的行为，它与法律是并行不悖、相辅相成的。遵守商业道德对建立和维护良好的竞争秩序、促进社会主义市场经济健康发展都是极为重要的。

二、不正当竞争行为

（一）市场混淆行为

1. 市场混淆行为的概念

市场混淆行为是指经营者在生产经营活动中擅自使用他人有一定影响的标识，引人误认为是他人商品或者与他人存在特定联系或者其他足以引人误认为是他人商品或者与他人存在特定联系的不正当竞争行为。

经营者在市场竞争中应通过不断努力来提高自己商品或服务的质量，赢得消费者的信赖，从而提高市场竞争力。然而，在现实中，有的经营者却试图通过"搭便车""傍名牌"的方式来获得利益，即通过仿冒他人主体标识、他人商品标识等，引人将自己的商品误认为是他人商品或者与他人存在特定联系，以借用他人或者他人商品的影响力、美誉度来提高自己或者自己商品的市场竞争力。这种行为不仅损害了被混淆对象的合法权益，欺骗、误导了消费者，而且扰乱了正常的市场竞争秩序，从整体上不利于社会的进步。

2. 市场混淆行为的类型

我国《反不正当竞争法》第六条规定："经营者不得实施下列混淆行为，引人误认为是他人商品或者与他人存在特定联系：（一）擅自使用与他人有一定影响的商品名称、包装、装潢等相同或者近似的标识；（二）擅自使用他人有一定影响的企业名称（包括简称、字号等）、社会组织名称（包括简称等）、姓名（包括笔名、艺名、译名等）；（三）擅自使用他人有一定影响的域名主体部分、网站名称、网页等；（四）其他足以引人误认为是他人商品或者与他人存在特定联系的混淆行为。"

3. 擅自使用与他人有一定影响的商品名称、包装、装潢等相同或者近似的标识

"擅自使用"是未经标识权利人同意的使用，如果经权利人同意后使用则不构成混淆行为。"一定影响"目前没有出台相应的司法解释，但普遍认为与"知名"同义，可以将"一定影响"解释为"在中国境内有一定市场知名度，为相关公众所知悉"。经营者擅自使用他人标识不仅指与他人标识完全相同的标识，也包括与他人标识近似的标识。商品名称、包装、装潢等标识包括商品标识和服务标识。其中，商品名称指商品的特有名称且该名称没有被注册为商标；商品包装仅指那些作为商品标记能够为购买人所识别的外包装；商品装潢指为识别与美化商品而在商品上或者其包装上附加的文字、图案、色彩及其排列

组合。商品名称、包装、装潢是该商品的无形资产，不仅起到区别于其他同类商品制造者的作用，同时也在一定程度上反映了商品经营者的商业信誉和商品声誉，直接关系到商品的市场销售情况。

  4. 擅自使用他人有一定影响的企业名称（包括简称、字号等）、社会组织名称（包括简称等）、姓名（包括笔名、艺名、译名等）

这里的企业名称不仅包括在企业登记主管机关依法登记注册的企业全称，也包括普通消费者认同的简称、字号或商号。社会组织是指非营利性组织，依据《社会团体登记管理条例》在民政部门登记的社会组织全称及约定俗成的简称受到《反不正当竞争法》保护。自然人的姓名以户籍和身份证上的姓名为准，未经本人或监护人同意，经营者不可擅自用于商业领域。在商品经营中使用的自然人姓名，应当认定为"姓名"。具有一定的市场知名度、为相关公众所知悉的自然人的笔名、艺名、译名等，可以认定为"姓名"。

  5. 擅自使用他人有一定影响的域名主体部分、网站名称、网页等

从地域性的角度来看，域名的使用是全球范围的。从时间性的角度来看，域名一经获得即可永久使用。域名在网络上具有唯一性，一旦取得注册，其他任何人不得注册、使用相同的域名。随着互联网行业的快速发展，在新的经济环境下，域名所具有的商业意义变得非常重要，它成为企业在新的科学技术条件下参与国际市场竞争的重要手段。同时，域名也是一种智力成果，需要一定的创造性活动，使代表自己公司的域名简洁并具有吸引力，以便使公众熟知并对其访问，从而达到扩大企业知名度、促进经营发展、赢得市场份额的目的。因此，在网络上，域名是一种相对有限的资源，它的价值将随着注册企业的增多而逐渐为人们所重视。随着互联网行业的发展，网络企业的一些特殊标识，如域名主体部分、网站名称、网页界面特殊设计等也成为区别企业的重要标志。

（二）商业贿赂行为

1. 商业贿赂行为的概念

商业贿赂行为是指经营者采用财物或者其他手段贿赂有关单位或者个人，以谋取交易机会或者竞争优势的不正当竞争行为。

2. 商业贿赂行为的构成要件

（1）主体。商业贿赂行为的主体是经营者，是《反不正当竞争法》第二条第三款所规定的经营者，但需要注意的是：第一，这里规定的经营者实指商业贿赂行为中的行贿者。尽管商业贿赂行为中，行贿者与受贿者二者缺一不可，但《反不正当竞争法》第七条主要是针对经营者的行贿行为作出了规定。第二，行贿者既可能是商品买卖中的买方，也可能是卖方。但无论是买方还是卖方，实施贿赂行为都是为了谋取交易机会或者竞争优势。第三，经营者的贿赂行为往往由经营者的工作人员具体实施。法律规定原则上经营者通过其工作人员进行的商业贿赂行为，不管工作人员的级别高低，也不管经营者对此事是否知情，只要最后的目的或者结果为经营者谋取了交易机会或者竞争优势，一律认定为经营者的行为。但是，经营者有证据证明其工作人员的贿赂行为与为经营者谋取交易机会或者竞争优势无关的，则不应认定为经营者的行为，此时经营者不对其工作人员的贿赂行为承担法律责任，故目的追求在商业贿赂中的地位很重要。

(2)目的。商业贿赂的目的是谋取交易机会或者竞争优势。谋取交易机会或者竞争优势是经营者的主观意愿,是一种自愿的行为,是其故意积极追求的结果。对于何为谋取交易机会或者竞争优势的行为,有以下三种理解:第一,与其他竞争者相比,经营者自认为没有交易机会或者处于竞争劣势,如果按照正常的市场交易规律,交易对方根本不可能与其进行交易。第二,与其他竞争者一样,经营者有相同的交易机会或者竞争优势,但为了从竞争者中胜出而行贿。第三,与其他竞争者相比,经营者有比较明显的竞争优势,但为了使交易进行得更加顺利而行贿。只要具备上述三种情形之一,就可认定为满足目的条件。

(3)行为。商业贿赂行为的表现是采用财物或者其他手段贿赂有关单位或者个人。这包括两个方面,一是贿赂的手段,二是贿赂的对象。

贿赂的手段有很多,不仅包括财物,还包括其他手段,现实生活中,以财物居多。回扣是最常见的商业贿赂形式。随着信息技术的发展及人们生活水平的提高,贿赂的手段也在不断更新,只要对受贿方有价值,均可用于行贿。例如,提供免费旅游、提供免费房屋装修、赠送昂贵物品、解决子女入学、解决配偶就业等。

贿赂的对象包括三类:第一类是交易相对方的工作人员,包括高管、直接接触人员或者专门办理相关事务的人员。这类人均有助于经营者获取交易机会或者竞争优势。第二类是受交易相对方委托办理相关事务的单位或者个人。在接受交易相对方委托办理相关事务的权限范围内,受托方有决定是否交易的权限,所以这类人会成为经营者行贿的对象。第三类是利用职权或者影响力影响交易的单位或者个人。这类人并不直接进行交易的谈判,只是因其职权或者影响力能够影响交易相对方的经营决策或者影响其工作人员的行为,所以可以帮助行贿人谋取交易机会或者竞争优势。

(三)不正当商业宣传行为

1. 不正当商业宣传行为的概念

不正当商业宣传行为是指经营者对其商品的性能、功能、质量、销售状况、用户评价、曾获荣誉等作虚假或者引人误解的商业宣传,欺骗、误导消费者,或者经营者通过组织虚假交易等方式,帮助其他经营者进行虚假或者引人误解的商业宣传的不正当竞争行为。

2. 不正当商业宣传行为的构成要件

(1)主体。这里规定的经营者包括两类:一类是直接为自己的商品进行不当商业宣传的经营者,另一类是帮助其他经营者进行不当商业宣传的经营者。

(2)行为。不正当商业宣传行为认定时应注意以下几点:第一,宣传的性质属于商业性的,非商业性宣传不包括在内。所谓商业宣传,是指经营者围绕着其提供的商品或者服务向社会大众所作的有关信息告知。第二,对宣传的方式不作要求。《反不正当竞争法》没有规定具体的宣传方式。广告是经营者常用的宣传方式,由此,商业宣传可以分为商业广告和其他非广告商业宣传。第三,宣传的对象是与经营者提供的商品或者服务相关的所有信息。这些信息既包括商品或者服务本身的自然属性信息,也包括商品的生产者、销售者和服务的提供者的信息。第四,宣传的信息或者内容是虚假或者引人误解的。据此,把不正当商业宣传分为虚假的商业宣传和引人误解的商业宣传。虚假的商业宣传又称为欺骗性商业宣传,是指在商业宣传中虚构根本不存在的事实或者观点来欺骗消费者。引人误解的商业宣传是指经营者对与商品或者服务相关的信息作使购买者容易产生错误理解的宣传,诱使购买者对商品或者服务产生不切实际的错误理解,从而影响消费者的选择决定。

(3)结果。不正当商业宣传的结果要求是"欺骗、误导消费者"。此处的"欺骗、误导消费者"既包括消费者受虚假或者引人误解的商业宣传的影响,作出购买该商品的交易行为,造成了欺诈的实际后果的情形,还包括其他消费者虽然没有购买,但很可能掉入该经营者的商业宣传陷阱去购买的情形。

(四)侵犯商业秘密行为

1. 商业秘密的认定

我国《反不正当竞争法》第九条第四款规定:"本法所称的商业秘密,是指不为公众所知悉、具有商业价值并经权利人采取相应保密措施的技术信息、经营信息等商业信息。"据此,商业秘密需要具备以下三个构成要件:

(1)商业秘密是一种商业信息,具有可转让性。商业信息是可为信息主体带来竞争优势和竞争机会,并最终带来物质利益的信息。依据第九条的规定,商业秘密主要表现为两种信息,即技术信息和经营信息。在认定一项信息是否为商业秘密时,要注意两点:第一,不能将信息载体当作商业秘密;第二,信息可以独立存在且具有可转让性。

(2)商业秘密具有秘密性且权利人采取了保密措施。秘密性是商业秘密的核心特征,法律上将其表述为"不为公众所知悉"。当然,由于商业秘密的特殊性,其秘密的标准不可能非常严格,并不必须是绝对的秘密。权利人如果认为其某项信息是商业秘密,必定会采取一定的保密措施以避免被他人知悉或窃取,使他人无法通过非正当的途径和方式获得该秘密。因此,采取保密措施,既是维持商业秘密秘密性的手段,也是维持商业秘密独特价值的前提,还是法律对其予以确认和保护的必要条件之一。

(3)商业秘密具有价值性。商业秘密一旦形成,即能够给经营者带来直接、现实或者间接、潜在的经济利益或者竞争优势。这是商业秘密与其他秘密最大的区别。正是因为它具有价值性,权利人的商业秘密被不当地获取、披露或者使用,在给不当行为人带来经济利益的同时,也给权利人带来了经济损失。

2. 侵犯商业秘密行为的概念及表现形式

侵犯商业秘密行为是指行为人为了竞争目的,以不正当手段获取、披露、使用或者允许他人使用权利人的商业秘密,使权利人利益受到损害的行为。侵犯商业秘密行为的表现形式包括以下几种:

(1)以盗窃、贿赂、欺诈、胁迫、电子侵入或者其他不正当手段获取权利人的商业秘密。经营者获取权利人商业秘密的不正当手段包括盗窃、贿赂、欺诈、胁迫、电子入侵或者其他手段,行为人以不正当手段未经权利人同意获取商业秘密,才有后续的披露、使用行为,非法获取是侵犯商业秘密的关键一步。

(2)披露、使用或者允许他人使用以前项手段获取的权利人的商业秘密。此类行为是指经营者非法获取商业秘密后的非法行为,包括披露、使用或者允许他人使用权利人的商业秘密,从而使权利人的商业秘密被进一步非法扩散和公开,使权利人的损失进一步扩大。披露包括向特定人和不特定的社会公众披露，特定人又包括竞争对手和非竞争对手，不管得到商业秘密的人是否将非法获取的商业秘密用于生产，只要行为人实施了将非法获取的商业秘密告知他人的行为，即构成不正当竞争行为。经营者自己使用或者允许他人使用其非法获取的权利人的商业秘密，会直接分割权利人的固有或者潜在市场份额，损害权利人的经济利益。

（3）违反保密义务或者违反权利人有关保守商业秘密的要求，披露、使用或者允许他人使用其所掌握的商业秘密。此类行为是指经营者依合同或者其他合法途径获知权利人的商业秘密，但违反保密义务或者违反权利人有关保守商业秘密的要求，披露、使用或者允许他人使用权利人的商业秘密的行为。此类违法行为与上述两类违法行为的区别在于，经营者获取权利人的商业秘密本身是合法的。

（4）教唆、引诱、帮助他人违反保密义务或者违反权利人有关保守商业秘密的要求，获取、披露、使用或者允许他人使用权利人的商业秘密。在这种情形下，合法掌握商业秘密者起初并没有侵权的故意或者没有侵权的能力，只是在某经营者的教唆、引诱、帮助之下才决定非法获取、披露、使用或者允许他人使用权利人的商业秘密。虽然该经营者在其中只是起着辅助作用，但是从整个侵权过程来看又起着关键作用，所以这样的教唆、引诱、帮助行为法律将它们认定为侵权行为。

（5）经营者以外的其他自然人、法人和非法人组织实施上述所列违法行为的，视为侵犯商业秘密。在此类行为中，主体并非是经营者，而是合法知悉或者掌握权利人商业秘密的其他自然人、法人和非法人组织，这些主体一旦违法获取、披露、使用或者允许他人使用权利人的商业秘密，则认为这些主体的行为与上述违法行为性质相同，需要承担法律责任。

（6）第三人明知或者应知商业秘密权利人的员工、前员工或者其他单位、个人实施本条第（1）点所列违法行为，仍获取、披露、使用或者允许他人使用该商业秘密的，视为侵犯商业秘密。若接受信息的第三人明知商业秘密的权利人是谁，也知道该商业秘密的来源是违法的，依然获取、披露、使用或者允许他人使用该商业秘密的，则等同于侵犯商业秘密。与第（1）点不同的是，这里的第三人没有直接侵犯权利人的商业秘密，但由于某种程度上能够断定其带有明显的主观故意成分，因此法律也对这类主体的行为予以否定性的评价，将其视为违法行为。

（五）不正当有奖销售行为

不正当有奖销售行为是指经营者违反法律规定进行的有奖销售行为。我国《反不正当竞争法》第十条规定："经营者进行有奖销售不得存在下列情形：（一）所设奖的种类、兑奖条件、奖金金额或者奖品等有奖销售信息不明确，影响兑奖；（二）采用谎称有奖或者故意让内定人员中奖的欺骗方式进行有奖销售；（三）抽奖式的有奖销售，最高奖的金额超过五万元。"

1. 信息不明确式有奖销售

所谓信息不明确，是指经营者提供的所设奖的种类、兑奖条件、奖金金额或者奖品等有奖销售信息不明确。信息是否明确要从普通消费者的角度去认知，只要普通消费者与经营者的认知存在偏差,就可以认定经营者提供的信息不明确。如果信息不明确并不影响兑奖,那么这样的行为也不能认定为不当有奖销售行为。只有当信息不明确且影响兑奖时,才能认定为不当有奖销售行为。

2. 欺骗性有奖销售

欺骗性有奖销售是指在有奖销售中存在欺骗情节,虚构有奖销售事实或者隐瞒有关事实真相,使所设奖项不能为普通的购买者所得。根据欺骗的内容不同,欺骗性有奖销售又包括谎称有奖和故意让内定人员中奖两种情形。此类行为在抽奖式有奖销售中表现突出。

3. 抽奖式有奖销售

抽奖式有奖销售也称巨奖销售,是指经营者在销售商品或者提供服务时,违反法律规定,通过附带地向购买者提供价值额度过高的物品、金钱或者其他经济利益作为赠与或者奖励,以促进销售的行为。其突出特征是所附奖赠的价值额度超过了法律规定的上限。最高奖的金额超过5万元会构成不当有奖销售行为,也就是说,抽奖式有奖销售的最高奖金额的上限是5万元,而且5万元指的是某一次抽奖活动设定的每个中奖者可能获得的最高奖的金额。

(六)商业诋毁行为

1. 商业诋毁行为的概念

商业诋毁行为是指在市场竞争中,经营者通过编造、传播虚假或者误导性信息,损害竞争对手的商业信誉、商品声誉的行为。此类行为又被称为商业诽谤行为、商誉诋毁行为等。

2. 商业诋毁行为的构成要件

(1)实施主体是经营者。

经营者是指《反不正当竞争法》第二条第三款规定的"从事商品生产、经营或者提供服务的自然人、法人和非法人组织"。除此之外,经营者还必须与被诋毁者存在竞争关系。对于一些表面上看不是经营者或者与被诋毁者没有明显的直接竞争关系的行为实施者,应从是否因此诋毁行为而从市场竞争中获利来考虑,如果获利则可认定为经营者,否则就不宜认定为经营者。

(2)行为的客观表现是编造、传播虚假信息或者误导性信息。

商业诋毁行为的表现是编造、传播与竞争对手有关的虚假信息或者误导性信息,与竞争对手无关的信息对其不会造成实质性的影响。信息的性质应是虚假的或者误导性的,二者具备其一即可。虚假信息是内容不真实的信息,该信息与既有事实不符,或者根本未曾发生过。误导性信息一般是内容真实的信息,但是由于仅陈述了部分事实,这类信息容易引发错误联想。同时,对竞争对手不利的虚假信息或者误导性信息只有传播散布出去才能侵害到商誉。

(3)有损害后果。

经营者编造、传播虚假信息或者误导性信息必须损害了竞争对手的商业信誉、商品声誉,也即必须有损害后果。该损害后果不仅包括实际的损害后果,还包括发生损害的可能性。

(七) 网络不正当竞争行为

1. 网络不正当竞争行为的概念和分类

网络不正当竞争行为是指经营者利用互联网平台采用专业网络技术实施的违反诚信原则和商业道德的竞争行为。

2. 三种典型的网络特有的不正当竞争行为

（1）未经其他经营者同意，在其合法提供的网络产品或者服务中，插入链接、强制进行目标跳转。这是一种典型的网络"搭便车"的行为，是利用他人产品达到推销自己产品的目的。

（2）误导、欺骗、强迫用户修改、关闭、卸载其他经营者合法提供的网络产品或者服务。除少数用户具备专业网络技术知识外，一般用户并不了解专业网络技术知识，只是网络产品或者服务的消费者，在这种情况下，很容易被误导、欺骗，自觉、自动地或者被迫不得不修改、关闭、卸载自己正在使用的其他经营者合法提供的网络产品或者服务。这种行为违背了诚信原则和商业道德，侵犯了消费者的知情权和选择权。同时，通过间接破坏其他经营者合法提供的网络产品或者服务又不当侵占了其他经营者的市场，损害了其合法权益。

（3）恶意对其他经营者合法提供的网络产品或者服务实施不兼容。互联网以互联互通为基础，强调共享、共治、开放、包容。经营者恶意对其他经营者合法提供的网络产品或者服务实施不兼容，不仅违反互联网开放、包容的精神，也构成对其他经营者网络产品或者服务的妨碍、破坏，使其不能正常运行，不利于健康互联网竞争环境的形成。

三、不正当竞争行为的法律责任

《反不正当竞争法》第四章对违反该法的行为规定了法律责任，包括民事责任、行政责任和刑事责任，其中，关于行政责任的条文最多，可见其处于核心地位。三种责任属于不同性质，独立存在，并行不悖。

（一）民事责任

1. 承担民事责任的性质及构成要件

《反不正当竞争法》第十七条第一款规定："经营者违反本法规定，给他人造成损害的，应当依法承担民事责任。"也就是说，经营者违反的是法律的规定，所以其承担的应当是一种侵权责任。依据此条款，承担民事责任的构成要件包括以下几点：

（1）民事责任承担的主体为经营者，非经营者不能成为合格的主体。

（2）客观方面为经营者违反《反不正当竞争法》规定，实施不正当竞争行为。

（3）结果要件为给他人造成损害，这里的"他人"包括除实施不正当竞争行为外的任何自然人和单位。

2. 诉讼主体和救济途径

《反不正当竞争法》第十七条第二款规定："经营者的合法权益受到不正当竞争行为损害的，可以向人民法院提起诉讼。"不正当竞争案件的诉讼主体为经营者。也就是说，向人民法院提起诉讼是经营者的一项权利，经营者可以行使也可以不行使，既可以寻求公力救济，也可以寻求合法的私力救济。

3. 赔偿数额的确定

《反不正当竞争法》第十七条第三款规定："因不正当竞争行为受到损害的经营者的赔偿数额，按照其因被侵权所受到的实际损失确定；实际损失难以计算的，按照侵权人因侵权所获得的利益确定。经营者恶意实施侵犯商业秘密行为，情节严重的，可以在按照上述方法确定数额的一倍以上五倍以下确定赔偿数额。赔偿数额还应当包括经营者为制止侵权行为所支付的合理开支。"该条款规定了赔偿数额的内容和顺序。据此，在确定赔偿数额时，首先应该计算因被侵权所受到的实际损失，实际损失难以计算的，考虑侵权人因侵权所获得的利益，这样规定实际上是用侵权人因侵权所获得的利益代替被侵权人因被侵权所受到的实际损失。同时，该条款还对商业秘密侵权案件的惩罚性赔偿责任作出规定，如要对经营者实施惩罚性赔偿，被侵权人需要证明经营者为故意，且达到情节严重的标准。基础赔偿数额按照被侵权人所受到的实际损失确定，实际损失难以计算的，按照侵权人因侵权所获得的利益确定，实际获得赔偿的数额是基础赔偿数额的一倍以上五倍以下。赔偿数额还应当包括经营者为制止侵权行为而支付的合理费用，如交通费、律师费、复印费等。

（二）行政责任

《反不正当竞争法》主要规定了不正当竞争的行政责任，包括责令停止违法行为、罚款、没收违法所得、吊销营业执照等具体形式。根据《反不正当竞争法》的规定，各种不正当竞争行为所承担的具体行政责任如下：

（1）《反不正当竞争法》第十八条规定了经营者实施市场混淆行为的行政责任："经营者违反本法第六条规定实施混淆行为的，由监督检查部门责令停止违法行为，没收违法商品。违法经营额五万元以上的，可以并处违法经营额五倍以下的罚款；没有违法经营额或者违法经营额不足五万元的，可以并处二十五万元以下的罚款。情节严重的，吊销营业执照。经营者登记的企业名称违反本法第六条规定的，应当及时办理名称变更登记；名称变更前，由原企业登记机关以统一社会信用代码代替其名称。"

（2）《反不正当竞争法》第十九条规定了经营者实施商业贿赂行为的行政责任："经营者违反本法第七条规定贿赂他人的，由监督检查部门没收违法所得，处十万元以上三百万元以下的罚款。情节严重的，吊销营业执照。"

（3）《反不正当竞争法》第二十条规定了经营者实施不正当商业宣传行为的行政责任："经营者违反本法第八条规定对其商品作虚假或者引人误解的商业宣传，或者通过组织虚假交易等方式帮助其他经营者进行虚假或者引人误解的商业宣传的，由监督检查部门责令停止违法行为，处二十万元以上一百万元以下的罚款；情节严重的，处一百万元以上二百万元以下的罚款，可以吊销营业执照。经营者违反本法第八条规定，属于发布虚假广告的，依照《中华人民共和国广告法》的规定处罚。"

（4）《反不正当竞争法》第二十一条规定了经营者实施侵犯商业秘密行为的行政责任："经营者以及其他自然人、法人和非法人组织违反本法第九条规定侵犯商业秘密的，由监督检查部门责令停止违法行为，没收违法所得，处十万元以上一百万元以下的罚款；情节严重的，处五十万元以上五百万元以下的罚款。"

（5）《反不正当竞争法》第二十二条规定了经营者实施不正当有奖销售行为的行政责任："经营者违反本法第十条规定进行有奖销售的，由监督检查部门责令停止违法行为，处五万元以上五十万元以下的罚款。"

（6）《反不正当竞争法》第二十三条规定了经营者实施商业诋毁行为的行政责任："经营者违反本法第十一条规定损害竞争对手商业信誉、商品声誉的，由监督检查部门责令停止违法行为、消除影响，处十万元以上五十万元以下的罚款；情节严重的，处五十万元以上三百万元以下的罚款。"

（7）《反不正当竞争法》第二十四条规定了经营者实施网络不正当竞争行为的行政责任："经营者违反本法第十二条规定妨碍、破坏其他经营者合法提供的网络产品或者服务正常运行的，由监督检查部门责令停止违法行为，处十万元以上五十万元以下的罚款；情节严重的，处五十万元以上三百万元以下的罚款。"

（三）刑事责任

《反不正当竞争法》第三十一条规定："违反本法规定，构成犯罪的，依法追究刑事责任。"由此可见，追究刑事责任应当满足以下三个条件：

第一，违反本法规定。所谓"本法"，是指修订后的《反不正当竞争法》；而且"违反本法规定"是指违反《反不正当竞争法》的部分条文。

第二，构成犯罪。主体不仅违反《反不正当竞争法》的规定，而且违反《中华人民共和国刑法》（以下简称《刑法》）相关规定。换句话说，只有《刑法》把违反《反不正当竞争法》的某些违法行为规定为犯罪行为时才能追究刑事责任，这是罪刑法定原则的要求。

第三，依据法律。此处的法律自然首先指《刑法》，其次指与《刑法》相关的法律法规、司法解释等，如刑法修正案、两高的司法解释，不仅包括目前已有的法律文件，还包括以后可能新制定的法律文件。

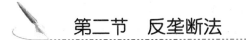

第二节　反垄断法

一、反垄断法概述

（一）反垄断法的概念和性质

反垄断法是调整国家反对垄断和限制竞争行为过程中发生的社会关系的法律规范的总称。反垄断法的公法性质非常明显，因为它是国家干预市场竞争的产物，它所规范的是经营者的限制竞争行为和国家主管机关的反垄断行为。

（二）我国的反垄断立法

自1987年我国开始讨论制定反垄断法，到2007年8月30日第十届全国人民代表大会常务委员会第二十九次会议通过《中华人民共和国反垄断法》（以下简称《反垄断法》），历经20年，《反垄断法》的出台是我国法制建设的里程碑，对预防和制止垄断行为，保护市场公平竞争，促进社会主义市场经济健康发展具有重要保障作用。

《反垄断法》的内容体系较为完善，既立足于中国实际，又充分吸收借鉴了成熟市场经济国家的反垄断法的立法经验。我国《反垄断法》第三条规定："本法规定的垄断行为包括：（一）经营者达成垄断协议；（二）经营者滥用市场支配地位；（三）具有或者可能具有排除、限制竞争效果的经营者集中。"该条规制的垄断实际上就是经济垄断，经济垄断是经营者凭借经济力量所形成的垄断。同时，《反垄断法》第八条规定："行政机关和法律、法规授权的具有管理公共事务职能的组织不得滥用行政权力，排除、限制竞争。"即学理上所称的行政垄断或者行政性限制竞争行为。该法还明确规定了违反《反垄断法》的法律责任。

二、反垄断法的规制对象

（一）垄断协议行为

《反垄断法》第十三条第二款对垄断协议作了原则性规定："本法所称垄断协议，是指排除、限制竞争的协议、决定或者其他协同行为。"《反垄断法》第十三条第一款和第十四条分别列举了主要的横向垄断协议和纵向垄断协议。

1. 横向垄断协议行为

横向垄断协议行为被公认为是对竞争损害最严重、性质最恶劣的反竞争行为，是各国反垄断法规制的最重要的内容之一。在我国立法中，横向垄断协议行为指的是具有竞争关系的经营者之间达成的联合限制竞争行为。

（1）横向垄断协议行为的类型。

我国《反垄断法》第十三条第一款规定："禁止具有竞争关系的经营者达成下列垄断协议：（一）固定或者变更商品价格；（二）限制商品的生产数量或者销售数量；（三）分割销售市场或者原材料采购市场；（四）限制购买新技术、新设备或者限制开发新技术、新产品；（五）联合抵制交易；（六）国务院反垄断执法机构认定的其他垄断协议。"

（2）横向垄断协议行为的构成要件。

国家市场监督管理总局在2019年6月26日公布的《禁止垄断协议暂行规定》第六条规定："认定其他协同行为，应当考虑下列因素：（一）经营者的市场行为是否具有一致性；（二）经营者之间是否进行过意思联络或者信息交流；（三）经营者能否对行为的一致性作出合理解释；（四）相关市场的市场结构、竞争状况、市场变化等情况。"

归纳而言，构成横向垄断协议行为的要件主要有三个：第一，主体上是具有竞争关系的两个以上的经营者，并且他们在经济上和法律上都是相互独立的。第二，行为的一致性。一致行为是指经营者在同一时间段内作出的相同或者趋同的经营性活动。第三，各方有意思联络。意思联络是构成垄断协议行为的必要条件，判断是否有意思联络要看一致行为是经营者之间相互协调的结果，还是各自独立作出的行为。

2. 纵向垄断协议行为

（1）纵向垄断协议行为的概念。

纵向垄断协议行为是指生产或者销售过程中处于不同阶段的经营者所为的联合限制竞争行为。纵向垄断协议行为的经营者之间多数没有竞争关系。

（2）纵向垄断协议行为的类型。

我国《反垄断法》第十四条规定："禁止经营者与交易相对人达成下列垄断协议：（一）固定向第三人转售商品的价格；（二）限定向第三人转售商品的最低价格；（三）国务院反垄断执法机构认定的其他垄断协议。"

固定向第三人转售商品的价格。价格竞争是经营者之间最重要、最基本的竞争方式。固定转售商品价格协议，与横向垄断协议中的固定商品价格协议一样，是最严重的反竞争行为。许多国家对其采取本身违法原则。

限定向第三人转售商品的最低价格。限定最低转售价格，不利于保护消费者利益，因此，许多国家对其采取本身违法原则，将其作为反垄断法规制的对象。近年来，采取合理分析原则的协议范围越来越宽，在美国已有对"限定最低转售价格"采取合理分析原则的案例。

国务院反垄断执法机构认定的其他垄断协议。此条规定为兜底条款。即授权国务院反垄断执法机构可以对本条列举之外的纵向协议是否属于《反垄断法》规定的垄断协议作出认定。《反垄断法》对垄断协议的界定，是以其是否排除、限制竞争为标准。因此，对于本条列举的协议，如果其符合《反垄断法》关于垄断协议定义的规定，即属于垄断协议；反之，则不属于。

（二）滥用市场支配地位行为

1. 滥用市场支配地位行为的概念和特征

滥用市场支配地位是指具有市场支配地位的经营者利用其市场支配地位所实施的限制竞争行为。滥用市场支配地位行为的特征包括：① 行为主体是具有市场支配地位的经营者；② 行为目的是维持或者提高市场地位，获得超额垄断利益；③ 行为后果是损害市场竞争或者有损害市场竞争的可能性。

2. 滥用市场支配地位的表现

（1）垄断高价或者垄断低价。

我国《反垄断法》第十七条第一款第一项规定禁止具有市场支配地位的经营者"以不公平的高价销售商品或者以不公平的低价购买商品"。具有市场支配地位的经营者因为缺乏外在竞争制衡，可以在一定程度上不受竞争机制的约束，因此其定价行为也可以在一定程度上不考虑交易相对人的反应。如果具有市场支配地位的经营者利用其市场支配地位，以远高于平均利润率的利润率确定其销售价格销售商品和提供服务，或者以远高于平均利润率的利润率确定其购买价格购买商品和服务，此时交易相对人如果没有其他选择可能，被迫以此价格进行交易，则等同于被剥削。

（2）低价倾销。

我国《反垄断法》第十七条第一款第二项规定禁止具有市场支配地位的经营者"没有正当理由，以低于成本的价格销售商品"。低价倾销又称为掠夺性定价。经营者如果是基于经济上的正当理由，如处理积压商品、季节性降价、转产、歇业等，通过低价或者降价的方式吸引顾客、打开市场，则无可非议。但是，如果具有市场支配地位的经营者出于排挤竞争对手的目的，以低于成本的价格销售商品和提供服务，那么其他相关市场内的经营者将被挤出市场，最终导致排除、限制竞争的后果。消费者则必须承受其高额独占利润所带来的剥削。

(3) 拒绝交易。

我国《反垄断法》第十七条第一款第三项规定禁止具有市场支配地位的经营者"没有正当理由，拒绝与交易相对人进行交易"。根据传统民法主体平等、意思自治的理念，经营者有决定是否交易、与谁交易和怎样交易的权利。但是，当拒绝交易的权利被具有市场支配地位的经营者行使，以排除、限制竞争或者牟取超额利润为目的，没有正当理由而拒绝承诺交易相对人的要约，或者对交易相对人的资格给予不合理限制时，则构成市场支配地位的滥用。

(4) 限定交易。

我国《反垄断法》第十七条第一款第四项规定禁止具有市场支配地位的经营者"没有正当理由，限定交易相对人只能与其进行交易或者只能与其指定的经营者进行交易"。具有市场支配地位的经营者强制交易相对人与其进行交易，或者没有正当理由而限定交易相对人只能与其进行交易或者只能与其指定的经营者进行交易，限定交易会以强制的形式或者特别折扣和特别奖励的形式出现。

(5) 搭售。

我国《反垄断法》第十七条第一款第五项规定禁止具有市场支配地位的经营者"没有正当理由搭售商品，或者在交易时附加其他不合理的交易条件"。搭售是指具有市场支配地位的经营者，在销售其市场份额高的商品和服务时，搭配销售其市场份额低的商品和服务的行为。具有市场支配地位的经营者的搭售行为之所以可能被《反垄断法》禁止，是因为其将原商品市场的支配地位延伸至搭售商品市场，对搭售商品市场可能具有排除、限制竞争的效果，而且可能进一步维持甚至增强其在原商品市场的支配地位，对市场进入构成更大的障碍。同时，搭售限制了消费者自由选择商品和服务的权利。

(6) 差别待遇。

我国《反垄断法》第十七条第一款第六项规定禁止具有市场支配地位的经营者"没有正当理由，对条件相同的交易相对人在交易价格等交易条件上实行差别待遇"。差别待遇又称歧视性待遇，是指在成本类似的情况下，对不同的客户收取不同的价格。当具有市场支配地位的经营者出于排除、限制竞争等不正当目的，对相同条件的交易相对人实行差别待遇，造成排除、限制竞争的后果或者有相应可能性时，则将受到《反垄断法》的规制。

(三) 经营者集中

1. 经营者集中的概念和特点

所谓经营者集中，是指经营者之间经济力量的结合，结合的结果是原先各自独立的经营者被同一个经营者控制。只要经营者之间通过合并、收购、联营等集中的方式形成了彼此之间控制与被控制的关系，就构成《反垄断法》意义上的经营者集中，就有可能受到

《反垄断法》的规制。经营者集中的特点为：① 经营者集中行为的主体是经营者；② 经营者集中的目的是迅速集合经济力量，提高市场份额，提升市场地位；③ 经营者集中行为属于市场行为中的组织调整行为。

2. 经营者集中的具体表现

我国《反垄断法》第二十条以列举的形式对经营者集中的情形进行了阐述。经营者集中是指下列情形：① 经营者合并；② 经营者通过取得股权或者资产的方式取得对其他经营者的控制权；③ 经营者通过合同等方式取得对其他经营者的控制权或者能够对其他经营者施加决定性影响。

3. 经营者集中的申报制度

基于经营者集中行为所存在的合理性，各国反垄断立法都规定了相应的申报许可制度，根据《反垄断法》的规定，我国经营者集中申报许可制度主要包括下列内容：

（1）申报的实体条件。

第一，主体。参与集中的是两个或者两个以上相互独立的经营者，并由参与集中的经营者统一申报。

第二，行为。经营者意图实施经营者集中行为。

第三，标准。我国《反垄断法》第二十一条规定："经营者集中达到国务院规定的申报标准的，经营者应当事先向国务院反垄断执法机构申报，未申报的不得实施集中。"根据 2018 年 9 月 18 日修订的《国务院关于经营者集中申报标准的规定》第三条规定，经营者集中达到下列标准之一的，经营者应当事先向国务院反垄断执法机构申报，未申报的不得实施集中：① 参与集中的所有经营者上一会计年度在全球范围内的营业额合计超过 100 亿元人民币，并且其中至少两个经营者上一会计年度在中国境内的营业额均超过 4 亿元人民币；② 参与集中的所有经营者上一会计年度在中国境内的营业额合计超过 20 亿元人民币，并且其中至少两个经营者上一会计年度在中国境内的营业额均超过 4 亿元人民币。营业额的计算，应当考虑银行、保险、证券、期货等特殊行业、领域的实际情况，具体办法由国务院反垄断执法机构会同国务院有关部门制定。

（2）申报的程序条件。

第一，主管机关。国务院主管经营者集中的反垄断执法机构。

第二，须提交的文件、资料。我国《反垄断法》第二十三条规定："经营者向国务院反垄断执法机构申报集中，应当提交下列文件、资料：（一）申报书；（二）集中对相关市场竞争状况影响的说明；（三）集中协议；（四）参与集中的经营者经会计师事务所审计的上一会计年度财务会计报告；（五）国务院反垄断执法机构规定的其他文件、资料。申报书应当载明参与集中的经营者的名称、住所、经营范围、预定实施集中的日期和国务院反垄断执法机构规定的其他事项。"

（3）申报的审查。

第一，初审。我国《反垄断法》第二十五条规定："国务院反垄断执法机构应当自收到经营者提交的符合本法第二十三条规定的文件、资料之日起三十日内，对申报的经营者集中进行初步审查，作出是否实施进一步审查的决定，并书面通知经营者。国务院反垄断执法机构作出决定前，经营者不得实施集中。国务院反垄断执法机构作出不实施进一步审查的决定或者逾期未作出决定的,经营者可以实施集中。"

第二,进一步审查。我国《反垄断法》第二十六条规定:"国务院反垄断执法机构决定实施进一步审查的,应当自决定之日起九十日内审查完毕,作出是否禁止经营者集中的决定,并书面通知经营者。作出禁止经营者集中的决定,应当说明理由。审查期间,经营者不得实施集中。有下列情形之一的,国务院反垄断执法机构经书面通知经营者,可以延长前款规定的审查期限,但最长不得超过六十日:(一)经营者同意延长审查期限的;(二)经营者提交的文件、资料不准确,需要进一步核实的;(三)经营者申报后有关情况发生重大变化的。国务院反垄断执法机构逾期未作出决定的,经营者可以实施集中。"

(4) 申报的结果。

第一,审查的内容。我国《反垄断法》第二十七条规定:"审查经营者集中,应当考虑下列因素:(一)参与集中的经营者在相关市场的市场份额及其对市场的控制力;(二)相关市场的市场集中度;(三)经营者集中对市场进入、技术进步的影响;(四)经营者集中对消费者和其他有关经营者的影响;(五)经营者集中对国民经济发展的影响;(六)国务院反垄断执法机构认为应当考虑的影响市场竞争的其他因素。"

第二,审查的结果。提出经营者集中申报后,有三种法律结果:一是批准集中;二是禁止集中;三是附条件集中。我国《反垄断法》第二十八条规定:"经营者集中具有或者可能具有排除、限制竞争效果的,国务院反垄断执法机构应当作出禁止经营者集中的决定。但是,经营者能够证明该集中对竞争产生的有利影响明显大于不利影响,或者符合社会公共利益的,国务院反垄断执法机构可以作出对经营者集中不予禁止的决定。"第二十九条规定:"对不予禁止的经营者集中,国务院反垄断执法机构可以决定附加减少集中对竞争产生不利影响的限制性条件。"

(四) 行政垄断

1. **行政垄断的概念**

行政垄断也称行政性限制竞争,是指行政机关和依法具有管理公共事务职能的组织滥用行政权力限制市场竞争的行为。对此,我国《反垄断法》第八条规定:"行政机关和法律、法规授权的具有管理公共事务职能的组织不得滥用行政权力,排除、限制竞争。"

2. **行政垄断的表现形式**

(1) 行政性强制交易行为。

行政性强制交易行为是指地方政府和各级政府部门滥用行政权力,限制他人购买其指定经营者的商品。这使得政府指定的经营者具有垄断经营的市场地位。对此,我国《反垄断法》第三十二条作出禁止规定:"行政机关和法律、法规授权的具有管理公共事务职能的组织不得滥用行政权力,限定或者变相限定单位或者个人经营、购买、使用其指定的经营者提供的商品。"

(2) 行政性强制经营者限制竞争行为。

行政性强制经营者限制竞争行为是指地方政府和各级政府部门滥用行政权力,强制经营者从事法律所禁止的排除、限制市场竞争的行为。对此,我国《反垄断法》第三十六条作出禁止规定:"行政机关和法律、法规授权的具有管理公共事务职能的组织不得滥用行政权力，强制经营者从事本法规定的垄断行为。"

（3）行政性限制市场准入行为。

行政性限制市场准入行为是指行政机关滥用行政权力，违反法律规定，妨碍商品和服务在地区之间的自由流通，排除、限制市场竞争的行为。我国《反垄断法》第三十三条作出具体规定："行政机关和法律、法规授权的具有管理公共事务职能的组织不得滥用行政权力，实施下列行为，妨碍商品在地区之间的自由流通：（一）对外地商品设定歧视性收费项目、实行歧视性收费标准，或者规定歧视性价格；（二）对外地商品规定与本地同类商品不同的技术要求、检验标准，或者对外地商品采取重复检验、重复认证等歧视性技术措施，限制外地商品进入本地市场；（三）采取专门针对外地商品的行政许可，限制外地商品进入本地市场；（四）设置关卡或者采取其他手段，阻碍外地商品进入或者本地商品运出；（五）妨碍商品在地区之间自由流通的其他行为。"

（4）抽象行政垄断行为。

抽象行政垄断行为是指地方政府和各级政府部门违反法律规定，滥用行政权力，制定含有排除、限制竞争内容的规定，妨碍形成全国统一、规范有序的市场体系，损害公平竞争环境的行为。对此，我国《反垄断法》第三十七条作出禁止规定："行政机关不得滥用行政权力，制定含有排除、限制竞争内容的规定。"

三、法律责任

（一）民事责任

我国《反垄断法》第五十条规定："经营者实施垄断行为，给他人造成损失的，依法承担民事责任。"

（二）行政责任

行政责任主要表现为责令停止违法行为、没收违法所得、罚款等。其中，反垄断执法机构在确定具体罚款数额时，应当考虑违法行为的性质、程度、持续时间等因素。

1. 协议垄断的行政责任

我国《反垄断法》第四十六条规定："经营者违反本法规定，达成并实施垄断协议的，由反垄断执法机构责令停止违法行为，没收违法所得，并处上一年度销售额百分之一以上百分之十以下的罚款；尚未实施所达成的垄断协议的，可以处五十万元以下的罚款。经营者主动向反垄断执法机构报告达成垄断协议的有关情况并提供重要证据的，反垄断执法机构可以酌情减轻或者免除对该经营者的处罚。行业协会违反本法规定，组织本行业的经营者达成垄断协议的，反垄断执法机构可以处五十万元以下的罚款；情节严重的，社会团体登记管理机关可以依法撤销登记。"

2. 滥用市场支配地位的行政责任

我国《反垄断法》第四十七条规定："经营者违反本法规定，滥用市场支配地位的，由反垄断执法机构责令停止违法行为，没收违法所得，并处上一年度销售额百分之一以上百分之十以下的罚款。"

3. **经营者集中的行政责任**

我国《反垄断法》第四十八条规定："经营者违反本法规定实施集中的，由国务院反垄断执法机构责令停止实施集中、限期处分股份或者资产、限期转让营业以及采取其他必要措施恢复到集中前的状态，可以处五十万元以下的罚款。"

4. **行政垄断的行政责任**

我国《反垄断法》第五十一条规定："行政机关和法律、法规授权的具有管理公共事务职能的组织滥用行政权力，实施排除、限制竞争行为的，由上级机关责令改正；对直接负责的主管人员和其他直接责任人员依法给予处分。反垄断执法机构可以向有关上级机关提出依法处理的建议。法律、行政法规对行政机关和法律、法规授权的具有管理公共事务职能的组织滥用行政权力实施排除、限制竞争行为的处理另有规定的，依照其规定。"

5. **拒绝、阻碍调查行为的行政责任**

我国《反垄断法》第五十二条规定："对反垄断执法机构依法实施的审查和调查，拒绝提供有关材料、信息，或者提供虚假材料、信息，或者隐匿、销毁、转移证据，或者有其他拒绝、阻碍调查行为的，由反垄断执法机构责令改正，对个人可以处二万元以下的罚款，对单位可以处二十万元以下的罚款；情节严重的，对个人处二万元以上十万元以下的罚款，对单位处二十万元以上一百万元以下的罚款；构成犯罪的，依法追究刑事责任。"

【思考题】

1. 如何理解反不正当竞争法的定义？
2. 简述侵犯商业秘密行为的法律特征和主要表现。
3. 简述市场混淆行为的类型。
4. 简述网络不正当竞争行为的表现形式。
5. 举例说明横向垄断协议行为和纵向垄断协议行为的表现。
6. 简述滥用市场支配地位的含义、特征和具体表现。
7. 简述经营者集中的含义和类型。
8. 简述行政垄断的表现形式。

【参考文献】

1. 辛杨.《中华人民共和国反不正当竞争法》修订解析及适用［M］.北京：知识产权出版社，2019.
2. 李志强. 中国反垄断立法与执法评述［M］.北京：社会科学文献出版社，2019.
3. 李伟. 经济法学［M］.北京：中国检察出版社，2002.
4. 黎江虹. 经济法通论［M］.4版.北京：北京大学出版社，2015.
5. 李晓安. 经济法［M］.杭州：浙江大学出版社，2008.
6. 全国人大常委会法制工作委员会经济法室.《中华人民共和国反垄断法》条文说明、立法理由及相关规定［M］.北京：北京大学出版社，2007.

第九章 产品质量与消费者权益保护法律制度

第一节 产品质量法

一、产品质量法概述

（一）产品的概念

广义上的产品，是指经过人类有目的的生产劳动所获得的，具有一定使用价值的物质资料，既包括直接从自然界获取的各种农产品、矿产品，也包括手工业、加工业制造的各种产品。产品的概念最早出现在经济学领域，如今也在法学领域使用。各国立法对产品的界定有所不同，《中华人民共和国产品质量法》（以下简称《产品质量法》）规定："本法所称产品是指经过加工、制作，用于销售的产品。"同时，《产品质量法》还规定："建设工程不适用本法规定。"这里所称的"产品"，应该从以下几个方面加以理解。

1. **经过加工、制作的制成品**

加工是指经过一定工序和方式，改变原材料、半成品的大小、形状、性质、精度等，制作成为成品。经营者承担产品质量责任的前提是经营者能够控制这些产品的质量。因此，未经加工的天然形成的矿产，如原煤、石油、天然气等，以及初级农产品，如农林牧渔业的初级产品，都不属于《产品质量法》所规定的"产品"。

2. **用于销售的产品**

《产品质量法》调整的产品是用于销售的产品，不包括未投入流通的自用产品、实验产品及军工产品。此处的"销售"应作广义理解，不仅包括经营者以营利为目的的出售行为，还包括赠与、试用等行为。即无论经营者是否以营利为目的、是否盈利、是否有偿，只要向他人提供产品，都视为销售。

3. **必须是动产**

《产品质量法》调整的产品必须是动产，不包括不动产。建设工程，即建设房屋、桥梁、公路等不动产工程，不适用该法。但是，建设工程使用的建筑材料、建筑构配件和设备，如钢筋、砖瓦、门窗等，属于《产品质量法》规定的产品范围。

（二）产品质量的概念

产品质量是指产品本身所具备的，满足人们需要的特征和特性的总和。国际标准化组织将"质量"定义为：产品或者服务满足规定或者潜在需要的特征和特性的总和。一般而言，评判产品质量的因素主要包括产品的使用性、安全性、可靠性、经济性和可维修性。产品的使用性是指产品在一定条件下，实现预定目的或者规定用途的能力。产品的安全性是指产品在使用、储存、运输、销售等过程中，保障人身和财产安全的能力。产品的可靠性是指产品在规定条件和时间内，实现规定功能的能力，一般可通过产品的平均寿命、平均无故障工作时间等参数进行判断。产品的经济性是指产品在制造和使用过程中消耗成本的程度及获得经济效益的程度，即投入与产出的效益能力。产品的可维修性是指产品发生故障后，能够通过维修迅速恢复其性能的能力，通常可用平均修复时间来表示。

（三）产品质量法的概念

产品质量法是调整因产品质量而产生的社会关系的法律规范的总称，主要调整的社会关系包括：因产品缺陷而产生的，生产者、销售者与消费者之间的产品质量责任关系；因国家的监督管理而产生的，国家相关部门与市场经营主体之间的产品质量监督管理关系；因中介服务而产生的，中介机构与市场经营主体、消费者之间的产品质量检验、认证关系。

产品质量法有狭义和广义之分。我国狭义上的产品质量法是指1993年9月1日起施行的《产品质量法》（经过2000年7月8日、2009年8月27日和2018年12月29日三次修订）。我国广义上的产品质量法除《产品质量法》外，还包括《中华人民共和国食品卫生法》《中华人民共和国药品管理法》《中华人民共和国计量法》《中华人民共和国标准化法》《工业产品质量责任条例》《产品质量监督试行办法》，以及《民法典》《中华人民共和国消费者权益保护法》等其他法律法规中的相关规定。

二、产品质量监督

（一）产品质量监督的概念

广义上的产品质量监督主要是指国家、社会、消费者、企业等，对产品质量所作的评价、检验、检查等监督管理行为。狭义上的产品质量监督是指国家市场监督管理部门依照法定职权对产品质量进行监督管理的行为。

根据《产品质量法》的规定，国务院市场监督管理部门主管全国产品质量监督工作。国务院有关部门在各自的职责范围内负责产品质量监督工作。县级以上地方市场监督管理部门主管本行政区域内的产品质量监督工作。县级以上地方人民政府有关部门在各自的职责范围内负责产品质量监督工作。

（二）产品质量监督管理制度

1. 企业质量体系认证制度

企业质量体系认证制度是指国家认可的认证机构根据国际通用的质量管理和质量保证

系列标准，对企业质量体系进行审核，通过颁发认证证书，证明企业质量体系及质量保证能力符合相应标准的制度。国家认可的机构主要包括国务院市场监督管理部门认可的及其授权的部门认可的认证机构。国务院市场监督管理部门统一管理全国的企业质量体系认证工作，负责制定企业质量体系认证的方针、政策、规划，并起草法规，认可并管理企业质量体系认证机构，注册管理检查人员和咨询人员，处理有关企业质量体系认证争议，管理企业质量体系认证的国际活动和国际合作。

企业质量体系认证，实行自愿原则。企业可以自行决定是否要向国务院市场监督管理部门认可的或者其授权的部门认可的认证机构申请企业质量体系认证。在认证标准方面，采用国际通行的 ISO 9000、ISO 10000 等系列标准。企业质量体系认证不同于产品质量认证，产品质量认证的对象是某一具体产品，企业质量体系认证的对象是企业生产经营的组织系统。获得企业质量体系认证有利于提高企业的信誉和市场竞争力，但不意味着该企业的产品也获得了质量认证。企业质量体系认证标志只能在企业使用，不能在产品或者产品包装上使用。

2. 产品质量认证制度

产品质量认证制度是指国家认可的认证机构参照国际先进的产品标准和技术要求，通过颁发认证证书和产品质量认证标志的形式，证明某产品符合相应标准和技术要求的制度。产品质量认证包括自愿认证和强制认证两种形式。

产品质量认证一般适用自愿原则，企业可以自行决定是否要向国务院市场监督管理部门认可的或者其授权的部门认可的认证机构申请产品质量认证。经认证合格的，由认证机构颁发产品质量认证证书，再由认证机构对产品进行定期或者不定期的监督检查。企业可以在受认证产品或者受认证产品的包装上使用产品质量认证标志。

2009 年 7 月 3 日，国家质量监督检验检疫总局发布《强制性产品认证管理规定》，将涉及国家安全、人体健康或者安全、动植物生命或者健康及环境的产品纳入强制性认证范围。有强制性标准的产品必须进行安全认证，若未获得强制性产品认证证书或者未标明"CCC"强制性认证标志，则一律不得生产、销售及进口。目前，我国规定须进行强制性认证的产品主要有：电线电缆、电路开关、低压电器、电动工具、安全玻璃、家用电器、机动车辆及安全附件、装修装饰材料、玩具等。

3. 产品质量检查制度

我国对产品质量实行以抽查为主要方式的监督检查制度。各级市场监督管理部门主要对以下三类产品进行抽查：第一，可能危及人体健康和人身、财产安全的产品，如食品、药品等；第二，影响国计民生的重要工业产品，如石油、化肥、农药等；第三，消费者、有关组织反映有质量问题的产品。

抽查的样品应当在市场上或者企业成品仓库内的待销产品中随机抽取。国家监督抽查的产品，地方不得另行重复抽查；上级监督抽查的产品，下级不得另行重复抽查。同时，根据监督抽查的需要，可以对产品进行检验。检验抽取样品的数量不得超过检验的合理需要，并不得向被检查人收取检验费用。监督抽查所需检验费用按照国务院规定列支。

对依法进行的产品质量监督检查，生产者、销售者不得拒绝。生产者、销售者对抽查检验的结果有异议的，可以自收到检验结果之日起 15 日内向实施监督抽查的市场监督管理部门或者其上级市场监督管理部门申请复检,由受理复检的市场监督管理部门作出复检结论。

4. 产品召回制度

产品召回制度是指产品出售后,发现其存在危及人身安全或者财产安全的缺陷时,生产者应当及时从市场上、消费者手中召回缺陷产品,并予以免费修理或者更换的制度。召回义务由生产者承担,销售者、修理者等相关经营者只需承担协助配合的义务。

产品召回分为主动召回和责令召回。生产企业应当召回产品而未主动召回的,市场监督管理部门应当责令生产企业召回产品,被责令召回的产品应当立即停止生产、销售或者进口。

三、生产者、销售者的产品质量责任和义务

(一) 生产者的产品质量责任和义务

1. 保证产品质量

生产者应当对其生产的产品质量负责。产品质量应当符合下列要求:

(1) 不存在危及人身、财产安全的不合理的危险,有保障人体健康和人身、财产安全的国家标准、行业标准的,应当符合该标准。

(2) 具备产品应当具备的使用性能,但是对产品存在使用性能的瑕疵作出说明的除外。

(3) 符合在产品或者其包装上注明采用的产品标准,符合以产品说明、实物样品等方式表明的质量状况。

2. 标识符合法定要求

产品标识是指用于识别产品或其特征、特性所作的各种标志的总称。一般包括产品质量检验合格证明、产品名称、生产日期、警示标志等。产品标识可用文字、图案、符号、数字等表示,可根据产品的特性标注在产品或者其包装上。

产品或者其包装上的标识必须真实,并符合下列要求:

(1) 有产品质量检验合格证明。

(2) 有中文标明的产品名称、生产厂厂名和厂址。

(3) 根据产品的特点和使用要求,需要标明产品规格、等级、所含主要成分的名称和含量的,用中文相应予以标明;需要事先让消费者知晓的,应当在外包装上标明,或者预先向消费者提供有关资料。

(4) 限期使用的产品,应当在显著位置清晰地标明生产日期和安全使用期或者失效日期。

(5) 使用不当,容易造成产品本身损坏或者可能危及人身、财产安全的产品,应当有警示标志或者中文警示说明。

(6) 裸装的食品和其他根据产品的特点难以附加标识的裸装产品,可以不附加产品标识。

3. 特殊产品包装符合法定要求

易碎、易燃、易爆、有毒、有腐蚀性、有放射性等危险物品及储运中不能倒置和其他

有特殊要求的产品,其包装质量必须符合相应要求,依照国家有关规定作出警示标志或者中文警示说明,标明储运注意事项。

4. 遵守禁止性规定

(1) 生产者不得生产国家明令淘汰的产品。国家明令淘汰的产品通常由国务院有关行政部门,通过发布行政文件的形式向社会公布。

(2) 生产者不得伪造产地,不得伪造或者冒用他人的厂名、厂址。

(3) 生产者不得伪造或者冒用认证标志等质量标志。

(4) 生产者生产产品,不得掺杂、掺假,不得以假充真、以次充好,不得以不合格产品冒充合格产品。

(二) 销售者的产品质量责任和义务

1. 进货检查验收

销售者应当建立并执行进货检查验收制度,验明产品合格证明和其他标识。

销售者主要检查验收产品的质量、品种、规格、产品标识等是否符合规定,如果销售者不履行检查验收义务,或者发现不符后未向供货方提出书面异议的,责任自负。因此,进货检查验收制度不仅有利于防止伪劣产品流入市场,也有利于在发生纠纷时进行责任认定。

2. 保持产品质量

销售者应当采取措施,保持销售产品的质量。销售者应当采取分类、通风、防潮、防晒,以及对特殊产品的温度、湿度控制等保管措施,保证产品从入货时起至售出时止,不失效或变质。失效是指产品丧失了原有的效力或者功能。变质是指产品发生了根本性的物理或者化学变化,丧失了原有的使用价值。

3. 标识符合法定要求

销售者销售的产品的标识应当符合《产品质量法》的相关规定。

4. 遵守禁止性规定

(1) 销售者不得销售国家明令淘汰并停止销售的产品和失效、变质的产品。

(2) 销售者不得伪造产地,不得伪造或者冒用他人的厂名、厂址。

(3) 销售者不得伪造或者冒用认证标志等质量标志。

(4) 销售者销售产品,不得掺杂、掺假,不得以假充真、以次充好,不得以不合格产品冒充合格产品。

四、产品质量责任

(一) 产品质量责任概述

产品质量责任是指生产者、销售者及对产品质量负有直接责任的人员,因违反产品质量义务所应承担的法律责任。根据《产品质量法》的规定,产品质量责任主要包括民事责任、行政责任和刑事责任。

产品质量责任主要在以下三种情况下发生:第一,违反法定义务,也称违反默示担保义务。默示担保义务是指法律法规对产品质量的强制性要求,不能通过当事人之间的约定限制或者免除。生产者、销售者违反默示担保义务，无论是否造成消费者的实际损失，都应承担产品质量责任。第二，违反约定义务，也称违反明示担保义务。明示担保义务是指生产者、销售者以各种公开的方式，针对产品质量问题向消费者所作的说明和承诺。明示方式包括订立合同、展示样品、广告宣传、在说明书中陈述等。如果生产者、销售者实际交付的产品未达到上述方式中承诺的质量标准，则须承担相应的法律责任。第三，产品存在缺陷。产品缺陷是指产品存在危及人身、缺陷产品以外的其他财产（以下简称"他人财产"）安全的不合理的危险；产品有保障人体健康和人身、财产安全的国家标准、行业标准的，产品缺陷是指不符合该标准。承担产品缺陷责任的前提是同时具备产品存在缺陷、发生损害事实、产品存在缺陷与发生损害事实之间有因果关系三个条件。

1. **产品瑕疵责任**

产品瑕疵责任又称产品质量合同责任，是指产品的生产者、销售者提供的产品存在瑕疵时，即产品质量不符合法定或者约定的质量标准时，生产者和销售者所应承担的违约责任。

（1）产品瑕疵的表现形式。

根据《产品质量法》的规定，售出的产品有下列情形之一的，销售者应当负责修理、更换、退货；给购买产品的消费者造成损失的，销售者应当赔偿损失：① 不具备产品应当具备的使用性能而事先未作说明的；② 不符合在产品或者其包装上注明采用的产品标准的；③ 不符合以产品说明、实物样品等方式表明的质量状况的。

（2）产品瑕疵责任的承担方式。

瑕疵产品与缺陷产品不同，不存在危险性。因此，产品瑕疵责任的承担方式主要是修理、更换、退货及赔偿损失。这里的损失主要包括修理、更换、退货过程中产生的运输费、误工费、交通费等经济损失。

产品瑕疵责任适用无过错责任原则，即无论销售者是否具有过错，只要其提供的产品的质量不符合法律规定的或者约定的质量标准，均应承担法律责任。同时，《产品质量法》规定，销售者依照规定负责修理、更换、退货、赔偿损失后，属于生产者的责任或者属于向销售者提供产品的其他销售者（以下简称"供货者"）的责任的，销售者有权向生产者、供货者追偿。

2. **产品缺陷责任**

产品缺陷责任又称产品侵权责任，是指产品存在缺陷，造成人身、他人财产损害时，生产者、销售者应承担的侵权赔偿责任。产品缺陷包括设计缺陷、制造缺陷和告知缺陷。其中，告知缺陷是指生产者、销售者未用警示标志或者警示说明，提示消费者产品存在的危险性，导致产品存在损害人身或者财产安全的风险。例如，生产者未在香烟包装盒上标明"吸烟有害健康"字样，须承担产品缺陷责任。

（1）产品缺陷责任的承担方式。

① 生产者责任。因产品存在缺陷造成人身、他人财产损害的，生产者应当承担赔偿责任。法律规定生产者承担无过错责任，即无论生产者主观上是否有过错，只要因产品存在缺陷造成人身、他人财产损害的，生产者均应承担赔偿责任。但生产者能够证明有下列情形之一的，不承担赔偿责任：未将产品投入流通的；产品投入流通时，引起损害的缺陷

尚不存在的；将产品投入流通时的科学技术水平尚不能发现缺陷的存在的。

② 销售者责任。由于销售者的过错使产品存在缺陷，造成人身、他人财产损害的，销售者应当承担赔偿责任。法律规定销售者承担过错责任，即如果销售者对损害结果没有故意或者过失，妥善履行了检查验收、保管等义务，则不需承担赔偿责任。销售者不能指明缺陷产品的生产者也不能指明缺陷产品的供货者的，销售者应当承担赔偿责任。此处的过错是推定过错，须由销售者承担举证责任，若不能举证，则销售者应当承担赔偿责任。

（2）产品缺陷责任的追究程序。

因产品存在缺陷造成人身、他人财产损害的，受害人可以向产品的生产者要求赔偿，也可以向产品的销售者要求赔偿。属于产品的生产者的责任，产品的销售者赔偿的，产品的销售者有权向产品的生产者追偿。属于产品的销售者的责任，产品的生产者赔偿的，产品的生产者有权向产品的销售者追偿。

（3）产品缺陷责任的赔偿范围。

《产品质量法》规定了产品缺陷责任的赔偿范围：① 人身伤害赔偿。包括：医疗费、治疗期间的护理费、因误工减少的收入等费用；造成残疾的，还应当支付残疾者生活自助具费、生活补助费、残疾赔偿金及由其扶养的人所必需的生活费等费用；造成受害人死亡的，并应当支付丧葬费、死亡赔偿金及由死者生前扶养的人所必需的生活费等费用。② 财产损失赔偿。包括：恢复原状或者折价赔偿；受害人因此遭受其他重大损失的，侵害人应当赔偿损失。

（4）产品缺陷责任的时效。

① 诉讼时效。《产品质量法》规定，因产品存在缺陷造成损害要求赔偿的诉讼时效期间为2年，自当事人知道或者应当知道其权益受到损害时起计算。

② 赔偿请求权时效。《产品质量法》规定，因产品存在缺陷造成损害要求赔偿的请求权，在造成损害的缺陷产品交付最初消费者满10年丧失；但是，尚未超过明示的安全使用期的除外。

（5）争议的解决方式。

根据《产品质量法》的规定，因产品质量发生民事纠纷时，当事人可以通过协商或者调解解决。当事人不愿通过协商、调解解决或者协商、调解不成的，可以根据当事人各方的协议向仲裁机构申请仲裁；当事人各方没有达成仲裁协议或者仲裁协议无效的，可以直接向人民法院起诉。

（二）行政责任

产品质量行政责任是指有关单位或者个人因违反《产品质量法》的强制性规定而应当承担的行政法律后果。国家市场监督管理部门可以作出责令停止生产、销售，没收违法所得，罚款，吊销营业执照，撤销检验资格等措施。有关单位或者个人的财产不足以同时承担民事赔偿责任与行政责任时，优先承担民事赔偿责任。根据《产品质量法》的规定，产品质量行政违法行为包括以下几类。

1. 经营者的行政违法行为

① 生产、销售不符合保障人体健康和人身、财产安全的国家标准、行业标准的产品

的；② 在产品中掺杂、掺假，以假充真，以次充好，或者以不合格产品冒充合格产品的；③ 生产国家明令淘汰的产品的，销售国家明令淘汰并停止销售的产品的；④ 销售失效、变质的产品的；⑤ 伪造产品产地的，伪造或者冒用他人厂名、厂址的，伪造或者冒用认证标志等质量标志的；⑥ 产品标识不符合《产品质量法》相关规定的；⑦ 拒绝接受依法进行的产品质量监督检查的；⑧ 服务业的经营者将《产品质量法》禁止销售的产品用于经营性服务的。

2. **产品质量检验机构、认证机构的行政违法行为**

① 产品质量检验机构、认证机构伪造检验结果或者出具虚假证明的；② 产品质量检验机构、认证机构出具的检验结果或者证明不实，造成损失的；③ 产品质量认证机构违反《产品质量法》相关规定，对不符合认证标准而使用认证标志的产品，未依法要求其改正或者取消其使用认证标志资格的。

3. **社会团体、社会中介机构的行政违法行为**

社会团体、社会中介机构对产品质量作出承诺、保证，而该产品又不符合其承诺、保证的质量要求，给消费者造成损失的。此种情况下，社会团体、社会中介机构须与产品的生产者、销售者承担连带责任。

4. **国家工作人员的行政违法行为**

① 包庇、放纵产品生产、销售中违反《产品质量法》规定行为的；② 向从事违反《产品质量法》规定的生产、销售活动的当事人通风报信，帮助其逃避查处的；③ 阻挠、干预市场监督管理部门依法对产品生产、销售中违反《产品质量法》规定的行为进行查处，造成严重后果的。各级人民政府工作人员和其他国家机关工作人员有以上情形之一的，将依法给予行政处分。

5. **市场监督管理部门的行政违法行为**

① 市场监督管理部门在产品质量监督抽查中超过规定的数量索取样品或者向被检查人收取检验费用的；② 市场监督管理部门或者其他国家机关违反《产品质量法》的相关规定，向社会推荐生产者的产品或者以监制、监销等方式参与产品经营活动的；③ 市场监督管理部门的工作人员滥用职权、玩忽职守、徇私舞弊，尚不构成犯罪的。

6. **其他人员的行政违法行为**

① 知道或者应当知道属于《产品质量法》规定禁止生产、销售的产品而为其提供运输、保管、仓储等便利条件的，或者为以假充真的产品提供制假生产技术的；② 隐匿、转移、变卖、损毁被市场监督管理部门查封、扣押的物品的。

（三）刑事责任

产品质量刑事责任是指有关单位或者个人因违反《产品质量法》的强制性规定且构成犯罪时所应承担的刑事法律后果。根据《产品质量法》的规定，产品质量刑事违法行为主要包括：

（1）生产、销售不符合保障人体健康和人身、财产安全的国家标准、行业标准的产品，构成犯罪的。

（2）在产品中掺杂、掺假，以假充真，以次充好，或者以不合格产品冒充合格产品，构成犯罪的。

（3）销售失效、变质的产品，构成犯罪的。

（4）产品质量检验机构、认证机构伪造检验结果或者出具虚假证明，构成犯罪的。

（5）知道或者应当知道属于《产品质量法》规定禁止生产、销售的产品而为其提供运输、保管、仓储等便利条件的，或者为以假充真的产品提供制假生产技术，构成犯罪的。

（6）各级人民政府工作人员和其他国家机关工作人员，包庇、放纵产品生产、销售中违反《产品质量法》规定行为；向从事违反《产品质量法》规定的生产、销售活动的当事人通风报信，帮助其逃避查处；阻挠、干预市场监督管理部门依法对产品生产、销售中违反《产品质量法》规定的行为进行查处，造成严重后果，构成犯罪的。

（7）市场监督管理部门的工作人员滥用职权、玩忽职守、徇私舞弊，构成犯罪的。

（8）以暴力、威胁方法阻碍市场监督管理部门的工作人员依法执行职务的。

第二节　消费者权益保护法

一、消费者权益保护法概述

（一）消费者的概念和特征

1. 消费者的概念

消费是满足需求的重要途径，也是实现社会再生产的重要环节。根据消费目的，可将消费分为生产消费和生活消费两大类。生产消费是人们在进行物资资料和劳务生产的过程中，使用和消耗各种生产要素的行为。生活消费是人们将物质资料和精神产品用于满足个人生活需要的行为和过程。狭义上的消费者仅限于生活性消费者，广义上的消费者包括生产性消费者和生活性消费者。

2. 消费者的特征

消费者的法律特征主要有以下几个方面：

（1）消费者的消费性质为生活消费。生活消费是一个开放的概念，不仅包括生存性消费，如衣、食、住、行等方面的消费，还包括精神消费，如旅游、文化教育等方面的消费。同时，消费者购买商品或者接受服务是出于个人或者家庭的需要，而不是为了经营或者销售。

需要特别说明的是，《中华人民共和国消费者权益保护法》（以下简称《消费者权益保护法》）规定，农民购买、使用直接用于农业生产的生产资料，参照《消费者权益保护法》执行。我国农业经营者多为以家庭成员为单位的农户，与其他消费者一样处于弱势地位。出于对弱势群体利益的保护及我国农业发展的需要，理应赋予农民与消费者同等的各项权利。

(2) 消费者的消费客体包括商品和服务。商品指的是与生活消费有关的通过流通过程推出的那部分商品,不管其是否经过加工、制作,也不管其是动产还是不动产。服务指的是与生活消费有关的有偿提供的可供消费者利用的任何种类的服务。

(3) 消费者的消费方式包括购买、使用商品和接受服务。消费者的范围十分广泛,不仅包括购买商品、服务的交易当事人,也包括使用他人购买的商品或者接受他人支付费用的服务的人。例如,某人在超市购买食品后,全家一起食用。购买者是消费者,与其一起食用的家人也属于消费者。前者享有交易过程中属于消费者的各种权利,后者享有使用过程中属于消费者的各种权利。如果因为食品不卫生而遭受损害,他们都有权依法要求经营者赔偿。

(4) 消费者购买、使用的商品和接受的服务是由经营者提供的。消费者所使用的商品,是由他人生产或者制造的,再由自己或者其他人通过一定的方式获得。这里的"一定的方式"既包括传统的支付货币,也包括支付任何形式的代价(如等价劳务等),甚至包括经营者的无偿赠予。

(二) 经营者的概念和特征

1. 经营者的概念

经营者是指以营利为目的从事生产经营活动,向消费者提供其生产、销售的商品或者服务的自然人、法人或者其他社会组织。经营者主要包括生产者、销售者和服务者。

2. 经营者的特征

通常情况下,经营者具有以下特征:

(1) 经营者范围广泛,既包括商品的生产者、销售者,也包括服务的提供者。

(2) 经营者的经营方式为生产、销售商品或者提供服务。

(3) 经营者以营利为目的从事生产经营活动。

(4) 经营者是与消费者相对的另一方法律主体,消费者的权利与经营者的义务相对应。

(三) 消费者权益保护法的概念和基本原则

1. 消费者权益保护法的概念

消费者权益包括消费者依法享有的权利及行使该权利或者救济该权利时所获得的应有利益。消费者权益保护法的首要立法目的就是保护消费者的合法权益。消费者权益保护法是调整在保护消费者权益过程中发生的社会关系的法律规范的总称,主要调整消费者与经营者、服务者之间的经济关系。消费者权益保护法有广义和狭义之分,广义的消费者权益保护法是指所有关于保护消费者权益的法律规范的总称;狭义的消费者权益保护法是指关于保护消费者权益的专门性法律或法典。

我国狭义上的消费者权益保护法是指消费者权益保护基本法,即《消费者权益保护法》,而广义上的消费者权益保护法除《消费者权益保护法》外,还包括《民法典》《反不正当竞争法》《产品质量法》《食品安全法》《药品管理法》《商标法》《广告法》《计量法》等法律法规中关于保护消费者权益的内容。

2. 消费者权益保护法的基本原则

消费者权益保护法的基本原则是贯穿在消费者权益保护立法、执法和司法实践全过程的指导思想，也是消费者权益保护立法宗旨的集中体现。消费者权益保护立法的基本原则主要有以下几个方面。

（1）特别保护原则。

特别保护原则是指国家给予消费者特别保护的原则。虽然消费者和经营者具有平等的法律地位，在民法中属于平等的交易主体，但这只是形式上的平等，在实际交易过程中，消费者往往处于弱势地位。首先，消费者多为分散孤立的个体，在人力和物力上难以与经营者抗衡。其次，消费者无法参与经营者的生产经营过程，只能通过经营者的质量表示及自身的判断力了解产品。倘若消费者在购买商品或者接受服务时缺乏专业的知识和技术手段，则很难辨识出商品的缺陷或者服务中存在的问题。因此，国家需要对消费者的合法权益予以特别的保护，从而使消费者与经营者达到实质性的平等。

（2）自愿、平等、公平、诚实信用原则。

自愿，即消费者与经营者在交易过程中的意思表示应当是完全出于自己的真实意愿，不受任何干涉或者胁迫。平等，即消费者与经营者具有平等的法律地位，平等地受到法律的保护和约束。公平，即消费者与经营者进行交易时，双方的权利均受到尊重。诚实信用，即消费者与经营者在交易过程中信守承诺，禁止欺骗或者隐瞒事实，禁止经营者向消费者推销假冒伪劣产品等。

（3）国家保护原则。

国家保护消费者的合法权益不受侵害。国家采取措施，保障消费者依法行使权利，维护消费者的合法权益。国家倡导文明、健康、节约资源和保护环境的消费方式，反对浪费。国家从法律、行政、经济等多方面支持和帮助消费者获得安全、可靠的商品和服务，当商品或者服务使消费者的人身、财产安全受到损害时，为消费者提供有效的救济途径。

（4）社会监督原则。

消费者权益的保护涉及社会生活的方方面面，单纯依靠国家的力量是远远不够的，还需要社会各界的共同努力。首先，当消费者的合法权益受到损害时，消费者自身要勇于揭发、控告经营者的不法行为。其次，其他社会组织和个人也有责任与义务对损害消费者合法权益的行为进行揭发、批判。最后，大众传播媒介也应运用各种形式做好维护消费者合法权益的舆论宣传和舆论监督工作。

二、消费者的权利和经营者的义务

（一）消费者的权利

消费者的权利是指消费者在消费过程中，依法能够为或者不为一定行为，并且能够要求经营者和其他有关主体为或者不为一定行为。我国《消费者权益保护法》第二章明确规定了消费者的权利，具体包括以下九项权利。

1. 安全保障权

人身安全权和财产安全权是消费者最基本的权利。经营者提供的商品或者服务必须具有合理的安全性，经营者不得提供可能危及消费者人身、财产安全的不安全、不卫生的商品或者服务。也就是说，当有国家标准或者行业标准时，消费者有权要求经营者提供符合该国家标准、行业标准的商品或者服务；当没有国家标准或者行业标准时，消费者有权要求经营者提供符合社会公认的安全、卫生要求的商品或者服务。

2. 知情权

消费者有知悉商品或者服务真实情况的权利。这意味着经营者提供的商品或者服务的信息应为客观真实的信息，不得存在隐瞒或者欺骗。

消费者有知悉相关情况的权利。即消费者有权了解交易过程中与消费者利益直接相关的信息，与消费者利益没有直接联系的信息、受国家法律保护的商业秘密等不属于知情权的范围。消费者知情权的范围主要分为三个方面：第一，基本情况，包括商品的产地、生产者、生产日期、服务的内容等；第二，技术状况，包括商品的用途、性能、规格、检验合格证明、服务的规格等；第三，销售情况，包括商品的价格、售后服务、服务的费用等。

3. 自主选择权

消费者可以根据自己的愿望、喜好、需要等自主选择商品或者服务，经营者不得无故拒绝交易，也不得强买强卖。消费者的自主选择权主要包含四个层面的权利：① 消费者有权自主选择经营者；② 消费者有权自主选择商品品种或者服务方式；③ 消费者有权自主决定是否购买商品或者接受服务；④ 消费者有权对商品或者服务进行比较、鉴别和挑选。

需要注意的是，经营者面向社会进行经营活动时，其无权选择消费者。另外，随着互联网的发展，网购现象越来越普遍。为了进一步保障消费者的自主选择权，我国法律赋予了网购消费者七天无理由退货的权利。

4. 公平交易权

消费者在购买商品或者接受服务时，有权获得公平交易条件。公平交易条件体现在两个方面：一方面，消费者有权获得质量保障、价格合理、计量正确等交易条件；另一方面，消费者有权获得与其他消费者同等的交易条件，经营者厚此薄彼的行为也是对消费者公平交易权的侵犯。同时，交易必须建立在自愿的基础上，经营者的强制交易行为，如强迫消费者购买商品或者接受服务、强迫搭售等，侵害了消费者的合法权益，消费者有权拒绝。

5. 依法求偿权

消费者因购买、使用商品或者接受服务受到人身、财产损害的，享有依法获得赔偿的权利。人身损害包括生命权、健康权、荣誉权等受到的损害。财产损害包括财产的直接损失和间接损失。直接损失是指现有财产的减少，如财物的损毁、金钱的损耗等。间接损失是指未能得到本可以得到的利益，如因受侵害住院后劳动收入减少等。

享有求偿权的主体包括：① 商品的购买者；② 商品的使用者，即未直接购买商品仅使用商品的消费者；③ 服务的接受者；④ 第三人，即在他人购买、使用商品或者接受服务的过程中受到人身、财产损害的其他消费者。消费者在权利受到侵害时，可通过要求经营者支付违约金、赔偿金及退货、换货等方式维护自身权益。

6. 结社权

虽然我国许多政府机构都承担着保护消费者权益的职责，但消费者依法成立维护自身合法权益的社会组织依旧有着无法替代的作用。这些社会组织可以使分散、弱小的消费者变得集中和强大，以便与实力雄厚的经营者抗衡；可以成为政府与消费者沟通的桥梁，提高政府对消费市场的监管水平；可以更有效地解决消费者与经营者之间的纠纷，更充分地保障消费者的权益。

目前，我国的消费者社会组织主要包括中国消费者协会及地方各级消费者协会。消费者协会应当遵纪守法，不得损害国家、社会、集体及其他公民的合法权益。

7. 获得相关知识权

获得相关知识权又称消费者的受教育权，是从消费者的知情权中引申出来的一项权利。获得相关知识权包括两方面的内容：第一，消费者有权获得有关消费的知识，如鉴别商品质量的方法、辨别真假货币的方式、选购和使用商品的方法等；第二，消费者有权获得有关消费者权益保护方面的知识，如消费者的权利、经营者的义务、争议解决的方式等。

消费者只有充分掌握消费知识，才能正确选择商品和服务，防止损害发生。同时，消费者只有充分了解自身享有的权利、拥有的救济途径等，才能更好地维护自身的合法权益。

8. 受尊重和保护权

消费者在购买、使用商品和接受服务时，享有人格尊严受到尊重的权利。在消费活动中，经营者不得对消费者实施殴打、侮辱、诽谤、搜身、拘禁等侵犯人格尊严的行为。同时，消费者在购买、使用商品和接受服务时，享有民族风俗习惯得到尊重的权利。我国是多民族国家，尊重各个民族的风俗习惯，关系到全国各族人民的平等团结及国家的长治久安。因此，经营者在商品包装、广告、商标中，不得有损害少数民族形象的文字、图画等，更不得强迫少数民族消费者购买或者食用本民族禁忌的食品。

消费者在购买、使用商品和接受服务时，享有个人信息依法得到保护的权利。这里的"个人信息"，是指能够用于识别特定消费者个体的信息及消费者的隐私，如消费者的姓名、年龄、户籍、身份证号码、职业、手机号码、健康状况、财务状况等。经营者不得非法泄露、倒卖消费者的个人信息，否则，将承担民事责任、行政责任甚至刑事责任。

9. 监督权

监督权是上述各项权利的必要延伸，对实现消费者的各项权利起着至关重要的作用。监督权主要包括两方面的内容：第一，对商品和服务进行监督。消费者在消费活动中，发现经营者有出售假冒伪劣产品、虚假宣传、哄抬物价、缺斤少两等违法行为时，有权向有关部门检举或者控告。第二，对保护消费者权益工作进行监督。一方面，消费者有权监督国家机关及其工作人员在保护消费者权益工作中是否有违法失职行为，如果发现违法失职行为，消费者有权予以检举、控告。另一方面，消费者也有权监督各种消费者社会组织的工作，对消费者社会组织工作中存在的问题有批评、建议的权利。

（二）经营者的义务

经营者的义务是指经营者在交易活动中对消费者应该为或者不得为一定行为的约束。消费者权利的实现在很大程度上依赖于经营者义务的履行。经营者的义务主要分为法定义务和约定义务。约定义务是指在不违背法律、法规的前提下，经营者和消费者可以通过订立合同或者经营者单方承诺等方式，约定经营者应当承担的义务。法定义务是指法律明文规定的义务。根据《消费者权益保护法》第三章的规定，经营者负有以下具体义务。

1. **接受监督义务**

经营者履行接受监督义务须满足以下要求：第一，经营者应当允许消费者对商品和服务提出意见。对于消费者提出的有关商品质量、服务态度、售后方式等方面的意见，经营者应该虚心听取。第二，经营者应当提供渠道，方便消费者反映自己的意见及进行全方位的监督，确保意见和监督能够切实到达经营者的决策层，这是消费者的意见和监督发挥实际影响的前提。第三，经营者应当积极回应消费者的意见和监督。经营者应该具体问题具体分析，有针对性地作出改正和处理。第四，经营者除要接受消费者的监督外，还应当认真对待和接受消费者组织及国家有关部门的监督，如市场监管部门、物价监督部门等。

2. **安全保障义务**

经营者的安全保障义务包括以下几方面的内容：第一，经营者提供的商品或者服务要符合一定标准。这里的标准主要包括国家标准、行业标准、地方标准和企业标准，严格程度依次递增。第二，经营者要进行说明或者警示。对可能危及人身、财产安全的商品和服务，应当向消费者如实说明，并告知消费者正确使用商品或者接受服务的方法及防止危害发生的方法。经营者既可以进行口头说明，也可以在商品上添加警示性标志。第三，经营者要保障经营场所的安全。宾馆、商场、餐馆、银行、机场、车站、港口、影剧院等经营场所的经营者，应当对消费者尽到安全保障义务。上述场所均为人流量大、人口密集的公共场所，极易成为危险源，而经营者从危险源获取经济利益，因此应当被视为制止危险发生的义务主体。

3. **产品召回义务**

产品召回是指产品的经营者在得知其生产、销售或者进口的产品存在危及人身、他人财产安全的不合理危险时，依法向职能部门报告，及时通知消费者，设法从市场上、消费者手中收回缺陷产品，并采取措施有效预防、控制、消除缺陷产品可能导致的损害的活动。具体召回活动由生产者组织完成并承担相应费用，销售者无权进行召回。

从广义上讲，产品召回也是经营者履行安全保障义务的一种方式。经营者对消费者的安全保障义务并不局限于交易行为发生的那一刻，在消费者购买商品或者接受服务后，经营者也必须保障自己提供的商品或者服务在正常情况下不会损害消费者的人身、财产安全。否则，无论是否已经造成损害，经营者都应当立即采取相关产品召回措施，并承担消费者因产品被召回而支出的必要费用。需要注意的是，经营者仅承担消费者支出的必要费用，如果费用超出了一定的范围，经营者有权拒绝支付。

4. **提供真实信息义务**

经营者提供真实信息义务包括以下几方面的内容：第一，经营者应当提供真实、全面的信息。这意味着一方面，经营者提供的信息应当是真实的。经营者不得进行虚假宣传，欺骗消费者。另一方面，经营者提供的信息应当是全面的。所谓全面的信息，并不是指全部信息，而是指与消费者的安全权、选择权等密切相关的所有信息。经营者不得隐瞒重要信息，误导消费者。第二，经营者应当真实、明确地答复消费者提出的关于商品或者服务的质量、使用方法等问题，帮助消费者全面准确地获取商品或者服务的信息，正确地行使选择权。第三，经营者提供商品或者服务应当明码标价。价格信息往往是影响消费者作出消费决定的重要因素。商品或者服务价格的真实性和合理性直接关系到消费者合法权益的保护。

5. **真实标识义务**

经营者的名称和标记可用于区分商品或者服务的来源，同时也能体现经营者的信誉、商品或者服务的质量等重要信息。如果经营者的名称或者标记不真实，将会影响消费者正确行使选择权。因此，经营者不得使用未经核准登记的企业名称；不得假冒他人企业名称和特有的企业标记；不得仿冒、使用与他人企业名称或者营业标记相近似的和容易造成消费者误会的企业名称或者营业标记；在租赁柜台或者场地进行交易活动时，经营者不得以柜台或者场地出租者的名称和标记从事经营活动。

6. **出具凭证或者单据义务**

购货凭证或者服务单据主要有两方面的作用：第一，证明作用。即证明经营者与消费者之间成立了合同，双方都需要受到合同的约束。第二，主张权利的依据。当消费者购买的商品出现质量问题时，须向经营者出示由其出具的购货凭证等单据，才能要求该经营者修理、更换或者退货。

发票、信誉卡、价格单、保修单等都是购货凭证和服务单据的具体表现形式，其中最基本的表现形式为发票。发票既是购货凭证，也是纳税凭证。如果经营者不出具发票，不仅会使消费者的利益得不到保障，还会使国家税源减少。需要注意的是，我国对一般商品不征收消费税，消费者只需依标价付款，经营者就有出具发票的义务，不得再向消费者收取手续费或者税款等。消费者索要发票时，经营者也不得以收据、购货卡、保修证等代替发票。否则，消费者有权向税务机关举报。

7. **质量保证义务**

经营者的质量保证义务包括以下几方面的内容：第一，经营者应当保证其提供的商品或者服务具有应有的品质。第二，特定瑕疵除外。消费者在购买商品或者接受服务前已经知道其存在瑕疵，仍愿意购买或者接受的，风险由该消费者承担。需要注意的是，瑕疵不等同于缺陷，瑕疵只意味着商品或者服务存在一定细微的问题，但不存在不合理的危险，也不会使商品丧失使用价值。同时，瑕疵不得违反法律的强制性规定，否则，经营者仍应承担责任。第三，特殊商品或者服务瑕疵举证责任倒置。机动车、计算机、电视机、电冰箱、空调器、洗衣机等耐用商品或者装饰装修等服务比较特殊，其瑕疵在短时间内可能难以发现，因此，需要延长经营者对这些商品或者服务的质量保证义务期限。同时，这些商品或者服务本身可能比较复杂，由对这些商品或者服务熟悉的经营者承担举证责任更为公平。

8. **"三包"义务**

"三包"义务是指产品的修理、更换、退货义务，是产品质量担保的一种方式。2013年新《消费者权益保护法》出台前，我国的"三包"制度覆盖的范围过窄，仅包括电视机、洗衣机、空调器、固定电话机等20余种商品。新《消费者权益保护法》将"三包"的覆盖范围扩大到了所有不符合质量要求的商品或者服务。同时，针对远程购物，新《消费者权益保护法》规定了7日无理由退货制度，该制度是特殊的"三包"义务，仅存在退货这一种补救措施。

经营者采用网络、电视、电话、邮购等方式销售商品，消费者有权自收到商品之日起7日内退货，且无须说明理由，但下列商品除外：① 消费者定作的；② 鲜活易腐的；③ 在线下载或者消费者拆封的音像制品、计算机软件等数字化商品；④ 交付的报纸、期刊。除上述商品外，其他根据商品性质并经消费者在购买时确认不宜退货的商品，不适用无理由退货。消费者退货的商品应当完好。经营者应当自收到退回商品之日起7日内返还消费者支付的商品价款。退回商品的运费由消费者承担；经营者和消费者另有约定的，按照约定。此处的"7日"为"自然日"。如果期间的最后一日是法定休假日，则以法定休假日结束的次日为期间的最后一日。

9. 依法使用格式条款义务

格式条款是当事人为了重复使用而预先拟定，并在订立合同时未与对方协商的条款。因其在交易中具有成本低、效率高等优点，所以在消费领域被广泛使用。经营者在使用格式条款时应履行以下三项具体义务：第一，以显著方式提示说明与消费者有重大利害关系的内容。"有重大利害关系的内容"不仅包括《消费者权益保护法》列举的十项内容，还包括所有与消费者有重大利害关系、对消费者基本权利可能造成影响的内容。第二，禁止使用对消费者"不公平、不合理"的格式条款。主要包括以下几类条款：① 减免经营者责任；② 加重消费者责任；③ 排除或者限制消费者权利；④ 任意扩大经营者权利；⑤ 利用模糊条款掌控最终解释权。第三，不得利用格式条款并借助技术手段强制交易。该规定主要针对网络交易中可能存在的经营者利用技术手段要求消费者必须同意格式条款否则无法交易的情形。

10. 尊重消费者人格权义务

经营者不得对消费者进行侮辱、诽谤，不得搜查消费者的身体及其携带的物品，不得侵犯消费者的人身自由。经营者有侮辱、诽谤、搜查身体、侵犯人身自由等侵害消费者或者其他受害人人身权益的行为，造成严重精神损害的，受害人可以要求精神损害赔偿。

11. 信息披露义务

采用网络、电视、电话、邮购等方式提供商品或者服务的经营者，以及提供证券、保险、银行等金融服务的经营者，应当向消费者提供经营地址、联系方式、商品或者服务的数量和质量、价款或者费用、履行期限和方式、安全注意事项和风险警示、售后服务、民事责任等信息。强制特殊经营者履行信息披露义务，有利于保护消费者的知情权，同时也有利于政府部门进行市场监管。

12. 保护消费者个人信息义务

保护消费者个人信息是指经营者在收集、使用消费者个人信息时要履行以下义务：第一，遵循合法、正当、必要的原则。第二，公开收集、使用规则。第三，征得消费者同意。第四，积极采取措施确保消费者信息安全。第五，不损害消费者的生活安宁权。

三、消费者与经营者之间的争议解决

（一）消费者与经营者之间争议解决的途径

《消费者权益保护法》第三十九条规定，消费者和经营者发生消费者权益争议的，可以通过下列途径解决：

（1）与经营者协商和解。
（2）请求消费者协会或者依法成立的其他调解组织调解。
（3）向有关行政部门投诉。
（4）根据与经营者达成的仲裁协议提请仲裁机构仲裁。
（5）向人民法院提起诉讼。

（二）消费者与经营者争议中民事责任主体的确定

1. 生产者、销售者、服务者

消费者在购买、使用商品时，其合法权益受到损害的，可以向销售者要求赔偿。销售者赔偿后，属于生产者的责任或者属于向销售者提供商品的其他销售者的责任的，销售者有权向生产者或者其他销售者追偿。

消费者或者其他受害人因商品缺陷造成人身、财产损害的，可以向销售者要求赔偿，也可以向生产者要求赔偿。属于生产者责任的，销售者赔偿后，有权向生产者追偿。属于销售者责任的，生产者赔偿后，有权向销售者追偿。

消费者在接受服务时，其合法权益受到损害的，可以向服务者要求赔偿。

2. 承受原企业权利义务的企业

消费者在购买、使用商品或者接受服务时，其合法权益受到损害，因原企业分立、合并的，可以向变更后承受其权利义务的企业要求赔偿。

3. 营业执照的持有人和使用人

使用他人营业执照的违法经营者提供商品或者服务，损害消费者合法权益的，消费者可以向其要求赔偿，也可以向营业执照的持有人要求赔偿。

4. 展销会的举办者、柜台的出租者

消费者在展销会、租赁柜台购买商品或者接受服务，其合法权益受到损害的，可以向销售者或者服务者要求赔偿。展销会结束或者柜台租赁期满后，也可以向展销会的举办者、柜台的出租者要求赔偿。展销会的举办者、柜台的出租者赔偿后，有权向销售者或者服务者追偿。

5. 网络交易平台提供者

消费者通过网络交易平台购买商品或者接受服务，其合法权益受到损害的，可以向销售者或者服务者要求赔偿。网络交易平台提供者不能提供销售者或者服务者的真实名称、地址和有效联系方式的，消费者也可以向网络交易平台提供者要求赔偿；网络交易平台提供者作出更有利于消费者的承诺的，应当履行承诺。网络交易平台提供者赔偿后，有权向销售者或者服务者追偿。

网络交易平台提供者明知或者应知销售者或者服务者利用其平台侵害消费者合法权

益，未采取必要措施的，依法与该销售者或者服务者承担连带责任。

6. 广告经营者、发布者和其他宣传者

消费者因经营者利用虚假广告或者其他虚假宣传方式提供商品或者服务，其合法权益受到损害的，可以向经营者要求赔偿。广告经营者、发布者发布虚假广告的，消费者可以请求行政主管部门予以惩处。广告经营者、发布者不能提供经营者的真实名称、地址和有效联系方式的，应当承担赔偿责任。

广告经营者、发布者设计、制作、发布关系消费者生命健康商品或者服务的虚假广告，造成消费者损害的，应当与提供该商品或者服务的经营者承担连带责任。

社会团体或者其他组织、个人在关系消费者生命健康商品或者服务的虚假广告或者其他虚假宣传中向消费者推荐商品或者服务，造成消费者损害的，应当与提供该商品或者服务的经营者承担连带责任。

【思考题】

1. 简述我国的产品质量监督管理制度。
2. 简述产品生产者、销售者的产品质量责任和义务。
3. 简述消费者的法定权利。
4. 简述生产者、经营者的法定义务。
5. 《消费者权益保护法》对网络消费有哪些规定？

【参考文献】

1. 董春华. 产品侵权法律应用指南［M］. 北京：法律出版社，2010.
2. 王兴运. 消费者权益保护法［M］. 北京：北京大学出版社，2015.
3. 沈树明. 经济法［M］. 北京：清华大学出版社，2018.
4. 曾章伟. 经济法学［M］. 杭州：浙江大学出版社，2018.
5. 万志前，廖霞峡. 新编经济法实用教程［M］. 3版. 北京：清华大学出版社，2019.
6. 李正华，丁春燕. 经济法概论［M］. 4版. 北京：中国人民大学出版社，2020.

第十章 金融法律制度

第一节 金融法概述

一、金融法的概念及调整对象

金融,顾名思义,是货币资金融通之意。现代社会对"金融"的普遍解释是货币、货币流通、信用及与其直接相关的经济活动。金融是现代市场经济的核心,它连接生产、交换、分配等各个环节,是社会生产和再生产等经济活动的中枢。

金融法是由国家立法机关制定的、用来调整金融关系的法律规范的总称。作为国家宏观调控的核心成分,金融法是国家维持金融秩序稳定、保障金融业顺利运行的基础。金融法的调整对象是在金融活动中产生的金融关系,即在货币资金融通过程中金融机构之间所发生的金融监管关系和资金融通关系。

(一)金融监管关系

可理解为银行和非银行组织与国家金融监管机关之间的金融监管关系,它包含了:

(1)金融主管机关所拥有的主体资格关系,即对各类银行、非银行组织的创设、变更、转移和终止的监管关系。

(2)中央银行所具备的货币流通关系,即有权管理因货币发行和流通而产生的与各级别机构之间的货币发行、现金与转账结算等金融关系。

(3)金融主管机关所负责的业务行为关系,即对各类金融机构的业务活动,包括存款贷款、结算、信托等的监管关系。

(二)资金融通关系

可理解为银行、证券公司、证券交易所等金融机构之间及银行与非金融机构如企业法人、公益组织、个体之间的投融资关系,它包含了:

(1)为了满足非金融机构、自然人因商业活动产生的某种存款需求,银行为其提供服务而发生的存款、储蓄关系。

（2）为了满足非金融机构、自然人因商业活动产生的某种贷款需求，银行为其提供服务而发生的借贷关系。

（3）因金融机构之间的活动如拆借、票据转贴现、汇兑结算等所导致的同业资金往来关系。

（4）其他关系，包括企业法人与证券交易所之间的证券交易关系、委托人与受托人之间的信托关系、保险人与保险保障对象之间的保险关系等。

二、金融法的体系

金融法不是单一的一部法律，而是在整个法的体系中从属于宪法、经济法的第三层次的一部经济法律规范，其内容相当丰富。

金融法体系是一个有机整体，按照科学的分类方法，应该包含证券法、保险法、票据法、银行法、信托法等。不同的金融法调整不同的金融关系，它们在不同的领域为整个金融行业的健康有序运转发挥着各自的重要作用。

第二节　中央银行法和银行业监管法

一、中央银行法

中央银行最早出现在17世纪60年代的欧洲大陆。最早执行中央银行职能的是成立于1694年的英格兰银行，1844年英国政府颁布的《比尔条例》第一次以法律形式确立了其中央银行的地位，之后各国纷纷效仿。19世纪初至20世纪中叶是中央银行制度的普遍推行期。通常，中央银行是一个国家金融体系的核心，是国家的最高金融机构，是政府的银行、储备银行、独享货币发行权的银行。当前，世界上绝大多数国家的金融体系是以中央银行作为金融管理中心的。

（一）中国人民银行的法律地位

《中华人民共和国中国人民银行法》（以下简称《中国人民银行法》）规定，中国人民银行是中华人民共和国的中央银行。中国人民银行在国务院领导下，制定和执行货币政策，防范和化解金融风险，维护金融稳定。中国人民银行在国务院领导下依法独立执行货币政策，履行职责，开展业务，不受地方政府、各级政府部门、社会团体和个人的干涉。因此，就其性质和地位而言，中国人民银行是我国的中央银行，是发行的银行，是银行的银行，是特殊的金融机构。

（二）中国人民银行的组织机构

银行组织机构是实现银行的政策目标和职责的基本保障。按照《中国人民银行法》的规定，中国人民银行的组织机构包括总行职能机构、分支机构和咨询机构。

中国人民银行设行长一人，副行长若干人。中国人民银行行长的人选，根据国院总理的提名，由全国人民代表大会决定；全国人民代表大会闭会期间，由全国人民代表大会常务委员会决定，由国家主席任免。中国人民银行副行长由国务院总理任免。中国人民银行实行行长负责制。中国人民银行总行根据履行职责的需要设置办公厅条法司、货币政策司等部门。

中国人民银行根据履行职责的需要设置分支机构，作为中国人民银行的派出机构，分支机构根据中国人民银行的授权，负责本辖区的金融监督管理，承办有关业务。中国人民银行对分支机构实行集中统一领导和管理。

为了保证国家货币政策的准确性、可行性和可操作性，《中国人民银行法》规定在中国人民银行设立货币政策委员会，作为其制定和执行货币政策的咨询机构。

（三）中国人民银行的职责

中国人民银行履行下列职责：① 发布与履行与其职责有关的命令和规章；② 依法制定和执行货币政策；③ 发行人民币，管理人民币流通；④ 监督管理银行间同业拆借市场和银行间债券市场；⑤ 实施外汇管理，监督管理银行间外汇市场；⑥ 监督管理黄金市场；⑦ 持有、管理、经营国家外汇储备、黄金储备；⑧ 经理国库；⑨ 维护支付、清算系统的正常运行；⑩ 指导、部署金融业反洗钱工作，负责反洗钱的资金监测；⑪ 负责金融业的统计、调查、分析和预测；⑫ 作为国家的中央银行，从事有关的国际金融活动；⑬ 国务院规定的其他职责。中国人民银行为执行货币政策，可以依法从事金融业务活动。

可见，中国人民银行的职责大致可以分为两类：一类是行政管理方面的职责；另一类是从事金融业务方面的职责。

1. 作为金融调控的银行

中国人民银行在国务院领导下，制定和执行货币政策。货币政策是指中央银行为实现货币目标，调控货币供应量及有关货币事宜所采取的方式、措施和规范的总称。通常，一国的货币目标包括币值稳定、经济增长、充分就业和国际收支平衡。我国的货币政策目标是保持货币币值的稳定，并以此促进经济增长。货币政策工具主要包括再贴现政策、公开市场业务、法定存款准备金政策等。中国人民银行执行货币政策，可运用下列货币政策工具：

（1）要求金融机构按照规定的比例交存存款准备金。存款准备金政策是指中央银行依据法律所赋予的权力，要求商业银行和其他金融机构按规定的比例在其吸收的存款总额中提取一定的数额交存中央银行的制度，中央银行要求的存款准备金占其存款总额的比例就是存款准备金率。存款准备金制度的目的在于保证商业银行的支付和清算，保证金融机构不致因受到好的贷款条件的诱惑而将资金过多地贷出，从而影响自身资金的流动性和对客户的偿付能力；更重要的是，它已成为一种货币政策工具，中央银行通过调整存款准备金率，影响金融机构信贷扩张能力，从而间接调控货币供应量。

（2）确定中央银行的基准利率。基准利率是指中央银行对金融机构的存、贷款利率。基准利率在整个金融市场和利率体系中处于关键地位，中央银行通过提高或降低贷款利率影响商业银行借入中央银行资金成本，以达到抑制或刺激信贷资金的需求，从而影响信贷总量或货币供应量。

(3) 为在中国人民银行开立账户的金融机构办理再贴现。贴现是指票据持有人在票据到期日前，为融通资金而向银行或其他金融机构贴付一定利息的票据转让行为。通过贴现，持票人得到低于票面金额的资金，贴现银行及其他金融机构获得票据的所有权。再贴现是指商业银行及其他金融机构将买入的未到期的贴现票据向中央银行办理的再次贴现。中央银行通过制定或调整再贴现利率来干预和影响市场利率及货币市场的供求关系，从而调节市场货币供应量。

(4) 向商业银行提供贷款。再贷款是指中央银行向商业银行的贷款。再贷款是中央银行主要资产业务之一，它充分体现了中央银行作为"最后贷款人"的职能作用。中央银行通过调整再贷款利率，影响商业银行从中央银行取得信贷资金的成本和可使用的额度，使货币供应量和市场利率发生变化。

(5) 在公开市场上买卖国债、其他政府债券、金融债券及外汇。公开市场操作也称公开市场业务，是指中央银行在金融市场上买卖有价证券和外汇的活动。公开市场业务作为中央银行货币政策工具，其作用机制主要是通过买卖有价证券和外汇，达到收缩或扩张货币供应量的目的。

(6) 国务院确定的其他货币政策工具。当前，我国金融体制正处于深刻的变革之中，在这种环境下，经济、金融形势往往容易发生难以预料的变化。对于这种情况，中央银行应该采取灵活多样的货币政策工具。从中国人民银行实际操作来看，国务院确定的其他货币政策工具主要有贷款限额、信贷计划、现金收支计划、特别存款账户、窗口指导、消费者信用控制等。

2. 作为货币发行的银行

中华人民共和国的法定货币是人民币。人民币的单位为元，人民币辅币单位为角、分。人民币由中国人民银行统一印制、发行。中国人民银行发行新版人民币，应当将发行时间、面额、图案、式样、规格予以公告。中国人民银行设立人民币发行库，在其分支机构设立分支库。分支库调拨人民币发行基金，应当按照上级库的调拨命令办理。任何单位和个人不得违反规定，动用发行基金。

中国人民银行对人民币流通的管理主要包括以下内容：① 以人民币支付中华人民共和国境内的一切公共的和私人的债券，任何单位和个人不得拒收；② 任何单位和个人不得印制、发售代币票券，以代替人民币在市场上流通；③ 禁止伪造、变造人民币；④ 禁止出售、购买伪造、变造的人民币；⑤ 禁止运输、持有、使用伪造、变造的人民币；⑥ 禁止故意毁损人民币；⑦ 禁止在宣传品、出版物或其他商品上非法使用人民币图样。残缺、污损的人民币，按照中国人民银行的规定兑换，并由中国人民银行负责收回、销毁。

3. 作为政府的银行

中国人民银行经理国库。国库即国家金库，国家的一切财政收入都纳入金库，一切财政支出都由国库提取。国库分为中央金库和地方金库。国库工作是国家预算执行的重要组成部分，是国家预算管理的一项基础工作，担负着办理国家财政预算资金的收纳、划分、报解和支拨，正确、及时地反映和监督国家财政预算执行情况的重要任务。中国人民银行具体经理国库,有利于预算资金的迅速交拨,同时,国库存于银行的款项为银行提供了重要的信贷资金来源。中国人民银行可以代理国务院财政部门向各金融机构组织发行、兑付国债和其他政府债券,但不得对政府财政进行透支,不得直接认购、包销国债和其他政府债券。

中国人民银行持有、管理、经营国家外汇储备、黄金储备。外汇储备与黄金储备是国际储备中最常见和最重要的两种储备资产。中国人民银行监管我国金融市场。金融市场是指实现货币信贷、办理各种票据和有价证券买卖的场所。金融市场按业务内容可分为货币市场、资本市场、外汇市场、黄金市场、保险市场等。按照法律规定,中国人民银行要监督管理银行间同业拆借市场和银行间债券市场;实施外汇管理,监督管理银行间外汇市场;监督管理黄金市场。此外,中国人民银行还要维护支付、清算系统的正常运行;指导、部署金融业反洗钱工作,负责反洗钱的资金监测;负责金融业的统计、调查、分析和预测;作为国家的中央银行,从事有关国际金融活动;等等。

4. 作为银行的银行

中国人民银行集中保管各金融机构的存款准备金,向金融机构发放贷款和办理再贴现,提供各金融机构之间的转账结算等,体现了其作为银行的银行的重要性。

二、银行业监管法

(一) 银行业监管机构

2003年3月10日,第十届全国人民代表大会第一次会议审议通过了国务院机构改革方案,决定设立中国银行业监督管理委员会(以下简称"中国银监会")。同年4月26日,第十届全国人民代表大会常务委员会第二次会议审议通过了《国务院关于提请审议中国银行业监督管理委员会行使原由中国人民银行行使的监督管理职权的议案》。同年4月28日,中国银监会正式挂牌成立,成为国务院银行业监督管理机构。2018年4月8日,根据第十三届全国人民代表大会第一次会议批准的国务院机构改革方案,中国银行保险监督管理委员会(以下简称"中国银保监会")正式挂牌,为国务院直属事业单位。其职责是:依照法律法规统一监督管理银行业和保险业,维护银行业和保险业合法、稳健运行,防范和化解金融风险,保护金融消费者合法权益,维护金融稳定。2018年5月14日,商务部办公厅发布通知,将制定融资租赁公司、商业保理公司、典当行业务经营和监管规则职责划给中国银保监会,自4月20日起,有关职责由中国银保监会履行。

(二) 银行业监管对象

根据《中华人民共和国银行业监督管理法》(以下简称《银行业监督管理法》)的规定,国务院银行业监督管理机构负责对全国银行业金融机构及其业务活动监督管理的工作。银行业金融机构是指在中华人民共和国境内设立的商业银行、城市信用合作社、农村信用合作社等吸收公众存款的金融机构及政策性银行。

对在中华人民共和国境内设立的金融资产管理公司、信托投资公司、财务公司、金融租赁公司,以及经中国银保监会批准设立的其他金融机构(包括在境外设立的金融机构)及其业务活动的监督管理,适用《银行业监督管理法》对银行业金融机构监督管理的规定。但是，对在中华人民共和国境内设立的政策性银行、金融资产管理公司的监督管理，以及在中华人民共和国境内设立的外资银行业金融机构、中外合资银行业金融机构、外国银行业金融机构的分支机构的监督管理，法律、行政法规另有规定的，依照其规定。

(三) 银行业监管机构的职责

根据《银行业监督管理法》的规定，国务院银行监督管理机构履行以下职责：

(1) 制定、发布有关规章、规则。国务院银行业监督管理机构依照法律、行政法规制定并发布对银行业金融机构及其业务活动监督管理的规章、规则。银行业金融机构的审慎经营规则，由法律、行政法规规定，也可以由国务院银行业监督管理机构依照法律、行政法规制定。审慎经营规则包括风险管理、内部控制、资本充足率、资产质量、损失准备金、风险集中、关联交易、资产流动性等内容。银行业金融机构应当严格遵守审慎经营规则。

(2) 审查批准银行业金融机构的设立、变更、终止及业务范围。国务院银行业监督管理机构依照法律、行政法规规定的条件和程序，审查批准银行业金融机构的设立、变更、终止及业务范围。申请设立银行业金融机构，或者银行业金融机构变更持有资本总额或者股份总额达到规定比例以上的股东的，国务院银行业监督管理机构应当对股东的资金来源、财务状况、资本补充能力和诚信状况进行审查。银行业金融机构业务范围内的业务品种，应当按照规定经国务院银行业监督管理机构审查批准或者备案。需要审查批准或者备案的业务品种，由国务院银行业监督管理机构依照法律、行政法规作出规定并公布。未经国务院银行业监督管理机构批准，任何单位或者个人不得设立银行业金融机构或者从事银行业金融机构的业务活动。

(3) 审批银行业金融机构的董事和高级管理人员的任职资格。国务院银行业监督管理机构对银行业金融机构的董事和高级管理人员实行任职资格管理。具体办法由国务院银行业监督管理机构制定。

(4) 监管银行业金融机构的业务活动及其风险状况。包括：① 对银行业金融机构实行并表监督管理；② 对银行业金融机构的业务活动及其风险状况进行非现场监管，建立银行业金融机构监督管理信息系统，分析、评价银行业金融机构的风险状况；③ 对银行业金融机构的业务活动及其风险状况进行现场检查，制定现场检查程序，规范现场检查行为；④ 建立银行业金融机构监督管理评级体系和风险预警机制，根据银行业金融机构的评级情况和风险状况，确定对其现场检查的频率、范围和需要采取的其他措施。

(5) 处置银行业突发事件。银行业监督管理机构应当建立银行业突发事件的发现、报告岗位责任制度。银行业监督管理机构发现可能引发系统性银行业风险、严重影响社会稳定的突发事件的，应当立即向国务院银行业监督管理机构负责人报告；国务院银行业监督管理机构负责人认为需要向国务院报告的，应当立即向国务院报告，并告知中国人民银行、国务院财政部门等有关部门。国务院银行业监督管理机构应当会同中国人民银行、国务院财政部门等有关部门建立银行业突发事件处置制度，制定银行业突发事件处置预案，明确处置机构和人员及其职责、处置措施和处置程序，及时、有效地处置银行业突发事件。

（6）编制、公布有关统计数据、报表。国务院银行业监督管理机构负责统一编制全国银行业金融机构的统计数据、报表，并按照国家有关规定予以公布。

（7）指导和监督银行业自律组织的活动。国务院银行业监督管理机构对银行业自律组织的活动进行指导和监督。银行业自律组织的章程应当报国务院银行业监督管理机构备案。

（8）开展有关的国际交流、合作活动。国务院银行业监督管理机构可以开展与银行业监督管理有关的国际交流、合作活动。

第三节　商业银行法

一、商业银行的概念和职能

商业银行是指依法设立的吸收公众存款、发放贷款、办理结算等业务的企业法人。商业银行的基本职能包括以下四个方面。

（一）信用中介职能

信用中介是商业银行最基本、最能反映其经营活动特征的职能。这一职能的实质是通过银行的负债业务，把社会上的各种闲散货币集中到银行里来，再通过银行的资产业务，把货币投向社会经济各部门。商业银行作为货币资本的贷出者与借入者的中介人或代表来实现资本的融通，并从吸收资金的成本与发放贷款的利息收入、投资收益的差额中获取利益收入，形成银行利润。

（二）支付中介职能

商业银行除了作为信用中介融通货币资本外，还执行着货币经营业的职能，主要表现在中间业务上，包括汇兑业务、代收业务和代理融资业务，成为工商企业、团体和个人的货币保管者、出纳者和支付代理人。

（三）信用创造职能

商业银行是能够吸收各种存款的银行，利用其所吸收的各种存款发放贷款，在支票流通和转账结算的基础上，贷款又转化为存款。在这种存款不提取现金或不完全提现的基础上，就增加了商业银行的资金来源，最后在整个银行体系形成数倍于原始存款的派生存款，这就是信用创造职能。

（四）金融服务职能

随着经济的发展，工商企业的业务经营环境日益复杂化，银行间的业务竞争也日益激烈化。由于银行联系面广，信息比较灵通，特别是电子计算机在银行业务中的广泛应用，使其具备了为客户提供信息服务、咨询服务、理财服务等的条件。而工商企业生产和流通的专业化发展，又要求其把许多原来属于企业自身的货币业务转交给银行代为办理。个人消费也由原来的单纯钱物交易,发展为转账结算。总之,现代化的社会生活,从多方面向商业银行提出了金融服务的要求。

二、商业银行的设立

(一) 商业银行的设立条件

根据《中华人民共和国商业银行法》(以下简称《商业银行法》)的规定,设立商业银行,应当具备下列条件:① 有符合《商业银行法》和《公司法》规定的章程。② 有符合《商业银行法》规定的注册资本最低限额。目前,设立全国性商业银行的注册资本最低限额为 10 亿元人民币;设立城市商业银行的注册资本最低限额为 1 亿元人民币;设立农村商业银行的注册资本最低限额为 5 000 万元人民币。注册资本应当是实缴资本。国务院银行业监督管理机构根据审慎监管的要求可以调整注册资本最低限额,但不得少于上述规定的限额。③ 有具备任职专业知识和业务工作经验的董事、高级管理人员。④ 有健全的组织机构和管理制度。⑤ 有符合要求的营业场所、安全防范措施和与业务有关的其他设施。此外,设立商业银行,还应当符合其他审慎性条件。

(二) 商业银行的设立程序

(1) 申请。设立商业银行,申请人应当向国务院银行业监督管理机构提交下列文件、资料:① 申请书,申请书应当载明拟设立的商业银行的名称、所在地、注册资本、业务范围等;② 可行性研究报告;③ 国务院银行业监督管理机构规定提交的其他文件、资料。设立商业银行的申请经审查符合法律规定的,申请人应当填写正式申请表,并提交规定的文件、资料。

(2) 审批。设立商业银行,应当经国务院银行业监督管理机构审查批准。未经国务院银行业监督管理机构批准,任何单位和个人不得从事吸收公众存款等商业银行业务,任何单位不得在名称中使用"银行"字样。

(3) 登记并领取证照。经批准设立的商业银行,由国务院银行业监督管理机构颁发经营许可证,并凭该许可证向市场监督管理部门办理登记,领取营业执照。

(三) 商业银行分支机构的设立

商业银行根据业务需要可以在中华人民共和国境内外设立分支机构。设立分支机构必须经国务院银行业监督管理机构审查批准。在中华人民共和国境内的分支机构,不按行政区划设立。经批准设立的商业银行分支机构,由国务院银行业监督管理机构颁发经营许可证,并凭该许可证向市场监督管理部门办理登记,领取营业执照。经批准设立的商业银行及其分支机构,由国务院银行业监督管理机构予以公告。商业银行在中华人民共和国境内设立分支机构,应当按照规定拨付与其经营规模相适应的营运资金额。拨付各分支机构营运资金额的总和,不得超过总行资本金总额的 60%。商业银行分支机构不具有法人资格,在总行授权范围内依法开展业务,其民事责任由总行承担。

三、商业银行的业务

（一）商业银行的业务准则

1. 商业银行的"三性"原则

商业银行以安全性、流动性、效益性为经营原则，实行自主经营，自担风险，自负盈亏，自我约束。商业银行依法开展业务，不受任何单位和个人的干涉，以其全部法人财产独立承担民事责任。

2. 商业银行与客户的平等原则

商业银行与客户之间的业务往来，应当遵循平等、自愿、公平和诚实信用的原则。商业银行应当保障存款人的合法权益不受任何单位和个人的侵犯。对个人储蓄存款或者单位存款，商业银行有权拒绝任何单位或个人查询、冻结、扣划，但法律另有规定的除外。商业银行应当保证存款本金和利息的支付，不得拖延、拒绝支付存款本金和利息。

商业银行发放担保贷款，借款人到期不归还的，商业银行依法享有要求保证人归还贷款本金和利息或者就该担保物优先受偿的权利。商业银行因行使抵押权、质权而取得的不动产或者股权，应当自取得之日起 2 年内予以处分。

3. 商业银行的守法原则

商业银行开展业务，应当遵守法律、行政法规的有关规定，不得损害国家利益、社会公共利益，并应依法接受银行业监督管理机构的监督管理。商业银行应当依法制定本行的业务规则，建立、健全本行的风险管理和内部控制制度，建立、健全本行对存款、贷款、结算、呆账等各项情况的稽核、检查制度，定期报送资产负债表、利润表及其他财务会计、统计报表和资料。

4. 商业银行的公平竞争原则

商业银行开展业务，应当遵守公平竞争的原则，不得从事不正当竞争。商业银行违反规定提高或者降低利率及采用其他不正当手段吸收存款、发放贷款的行为，是违法的。

（二）商业银行的具体业务

商业银行可以经营下列部分或者全部业务：① 吸收公众存款；② 发放短期、中期和长期贷款；③ 办理国内外结算；④ 办理票据承兑与贴现；⑤ 发行金融债券；⑥ 代理发行、代理兑付、承销政府债券；⑦ 买卖政府债券、金融债券；⑧ 从事同业拆借；⑨ 买卖、代理买卖外汇；⑩ 从事银行卡业务；⑪ 提供信用证服务及担保；⑫ 代理收付款项及代理保险业务；⑬ 提供保管箱服务；⑭ 经国务院银行业监督管理机构批准的其他业务。商业银行经中国人民银行批准，可以经营结汇、售汇业务。

商业银行的上述业务可以分为以下三类。

1. 负债业务

这是指银行通过吸收存款和借款的形式形成资金来源的业务，该类业务预期会导致经济利益流出银行，如吸收存款、发行金融债券、进行同业拆借等。

2. 资产业务

这是指银行通过放贷等形式形成由银行拥有或者控制的资源的业务，该类业务预期会给银行带来经济利益，如发放贷款、购买政府债券、办理票据贴现等。

3. 中间业务

这是指不构成银行表内资产、负债，形成银行非利息收入的业务。这类业务包括票据承兑，开出信用证，贷款承诺，金融衍生业务，各类投资基金托管，代理保险业务，各类汇兑业务，出口托收及进口代收，代理发行、承销、兑付政府债券，代收代付业务（包括代发工资、代理社会保障基金发放、代理各项公用事业收费），委托贷款业务，代理政策性银行、外国政府和国际金融机构贷款业务，代理资金清算，代理其他银行银行卡的收单业务，信息咨询业务（主要包括资信调查、企业信用等级评估、资产评估、金融信息咨询），企业、个人财务顾问业务，企业投融资顾问业务（包括融资顾问、国际银团贷款安排），保管箱业务等。

商业银行在中华人民共和国境内不得从事信托投资和证券经营业务，不得向非自用不动产投资或者向非银行金融机构和企业投资，但国家另有规定的除外。

（三）商业银行的接管和终止

1. 商业银行的接管

接管，即商业银行已经或者可能发生信用危机，严重影响存款人的利益时，中国银保监会对商业银行实行改组或者整顿等相应措施。通过接管，存款人的利益得到充分保障，商业银行的经营能力得以恢复正常。结合相关法律规定来看，商业银行若已被接管，其债权债务关系不因接管而变化。这也表明，被接管商业银行仍须承担产生于接管前的民事责任。

2. 商业银行的终止

终止，即商业银行出现解散、被撤销、被宣告破产等法定情形而导致其法律主体资格消灭。商业银行的终止主要有以下几种原因：

（1）解散。即商业银行因出现公司章程规定状况或者法定事由而不再对外开展经营活动，对债权债务未了结部分进行清算，消灭银行法人资格的一种法律行为。若商业银行在召开股东会议且通过解散决议后，向中国银保监会提交解散申请，并附解散的理由及支付存款的本金和利息等债务清偿计划，中国银保监会正式批准后，即可正式解散。

（2）被撤销。对违法开展各类经营活动的商业银行，中国银保监会具备撤销的权力。结合法律规定可知，中国银保监会可基于相应情形吊销商业银行的经营许可证。此外，商业银行及其分支机构自取得营业执照之日起无正当理由超过6个月未开业的，或者开业后自行停业连续6个月以上的，中国银保监会将吊销其经营许可证。

（3）被宣告破产。商业银行不能支付到期债务，经中国银保监会同意，由人民法院依法宣告其破产，商业银行也因此被终止。

第四节 票据法

一、票据法概述

（一）票据的概念及特征

从广义层面来看，票据即交易中涉及权利的凭证与有价证券，具体包括支票、股票等；而从狭义层面来看，仅对应于货币证券。下文阐述的票据，仅对应于货币证券这一狭义概念，仅将支票、本票、汇票纳入其中。

票据具有以下法律特征。

1. **票据是设权证券**

票据不是证明已经存在的权利，而是要经出票人签发作成后才创设权利。票据权利基于作成而形成，因此票据属于设权证券。

2. **票据是债权证券**

票据创设金钱债权这一权利，作为票据持有人，可依据记载于票据的金额向特定票据债务人行使追索权、付款请求权，因此票据属于债权证券。

3. **票据是货币证券（又称金钱证券）**

票据代表着与交易商品价值相等的货币权利，以相应数额的货币为标的，而非除货币之外的各类利益、物品等。

4. **票据是要式证券**

制作票据需要与法律要求相符，以准确的文字对此进行记载，如若不然，票据将会失效。

5. **票据是无因证券**

票据关系的产生往往基于相应的原因关系，具体包括支付货款、清偿债务等。但一旦成立票据关系，即形成权利义务的独立关系，与票据产生、转让的原因关系相分离。

6. **票据是流通证券**

票据的流通性较为显著，在到期前，持票人可通过贴现、背书等方式转让票据，票据可在市场上自由流通。

7. **票据是文义证券**

票据创设的权利义务需要以记载在票据上的文义作为基准，签章于票据的人需要依照票据在签章时呈现的文义对票据负责，而不能以除此之外的各类证据对票据上的文字记载意义进行补充与变更。

8. **票据是占有证券**

提出票据权利的基本前提为占有票据。权利人若要行使票据权利，需要实际占有票据，若票据灭失，票据权利不可主张至票据债务人。

9. 票据是提示证券

以权利人对票据的占有作为票据权利行使的基本条件,需要依据票据文义对权利加以明确。

10. 票据是返还证券

因具备提示性、占有性等特征,明确必须将票据返还,即权利人在实现自身票据权利后,需要向义务人返还票据,如若不然,义务人即可拒付。

(二)票据的种类及作用

《中华人民共和国票据法》(以下简称《票据法》)将现行流通的票据分为汇票、本票和支票,亦即我国法定的票据种类有三种:汇票、本票和支票。

票据是一种金融工具,是商业信用的重要载体。在社会整体的资金融通、商业活动进程中,票据发挥的作用极为显著,主要表现在以下几个方面。

1. 汇兑作用

汇兑作用指票据是代替异地输送现金的良好的汇兑工具。仅需要向银行提交款项,作为出票人的银行即可向异地寄送汇款人签发的汇票,或交汇款人并由其前往异地,结合该汇票,持票人即可于异地完成转账办理、现金兑取等操作,可规避因输送现金导致的风险与麻烦。

2. 支付作用

作为一种汇兑工具,本票、汇票逐步形成相应功能后,开展交易互动时,以票据交付取代现金支付的方式已日益盛行,进而使其支付作用随之形成。

3. 结算作用

在商业交往中,若双方当事人互负债务,可基于票据抵销债务,即体现出结算作用。

4. 流通作用

持票人无须向票据债务人发出转让票据的通知,仅需要具备票据要式,即可对票据权利进行背书转让或交付。在背书转让方面,背书人对票据付款负有相应连带保证责任,背书转让次数越多,保证人也就越多,票据也就具备更强的可靠性。

5. 融资作用

票据贴现使融资作用得以实现。票据贴现是指买卖尚未到期票据的行为,即持有尚未到期票据的人以票据卖出等方式获取所需的资金,以便实现融资这一目的。

6. 信用作用

票据属于商业信用的重要工具。就当代经济生活来看,由于生产存在季节性、周期性等特点,商业信用必然会产生。票据因其法定要式相对严格,债务人在抗辩方面受到诸多限制,债权人则在债权方面获得完善保护,依托于背书转让等,债权人对票据十分青睐,将其作为信用工具的首选。

(三)票据法的定义

票据法有广义和狭义之分。此处提及的票据法即为狭义层面的概念,即国家针对票据关系、涉及票据行为的非票据关系而制定的各类法律规范的总称。对比各大法律部门,票据法具有以下特征。

1. 强行性

票据法是一种强行法，各国依托于法定方式明确票据种类，当事人不可随意创设；票据是一类相对严格的要式证券，不可随意签发；票据行为是一种相对严格的要式行为。

2. 技术性

票据的创设为商业信用、商品交易提供便利，作为对票据行为、票据关系加以规范的一类法律规范，票据法以纯技术性规范加以具体呈现，本身无法体现善恶。

3. 国际统一性

票据法虽然是一种国内法，但是其国际统一性相对较强。

二、票据权利与利益偿还请求权

（一）票据权利的概念及特征

票据权利是指持票人向票据债务人请求支付票据金额的权利。付款请求权和追索权共同构成票据权利。

票据权利作为票据债权人可享有的具体权利，是一种证券权利，自票据债务人存在的票据行为中产生。从学理方面来看，此种权利即为票据上的权利或者债权。票据权利的特征表现为证券性、单一性和二次性。

（二）票据权利的种类

1. 付款请求权

即票据债权人请求票据主债务人或者相应付款义务人依照票面金额支付金钱的权利。

2. 追索权

即遭遇不获承兑、不获付款或者出现其他法定原因时，持票人以对票据权利的保全作为前提，将偿还损失、票据金额的请求提交至除票据主债务人外的前手的权利。若被追索人清偿债务后，再次将此种权利行使于其他票据债务人，即为再追索权。

（三）票据权利的行使与保全

票据权利的行使，即票据权利人将票据提示给债务人，请求其履行票据债务的行为，如追索权的行使等。

票据权利的保全，即为了避免丧失票据权利，票据权利人依照规定而施行的具体行为。

（四）利益偿还请求权

利益偿还请求权，即因超过票据权利时效或者因票据记载事项欠缺，导致票据权利消灭，持票人可以请求出票人或者承兑人返还其与未支付的票据金额相当的利益的权利。

行使票据权利的相关规定呈现严格要式性，时效往往相对偏短，所以如果超过时效或者欠缺记载事项，票据权利人的相应权利也会随之消灭。票据债务人可因此获得额外的资金利益，这种利益呈现不当得利特性。为了消除这种不公平状况，大陆法系国家的相关法律均对此提出利益返还请求制度。由于此种权利是对丧失票据权利的持票人的利益加以救济，而不是对票据权利本身加以恢复，因此，此种权利并非票据权利，而属于《票据法》

上独立存在的一类权利。

三、违反《票据法》的法律责任

（一）票据法律责任概述

所有违法行为均要受到法律制裁，其中自然也包括票据违法行为。国内相关法律专门针对票据违法行为人所需承担的法律责任作出明确规定，具体表现为经济责任、行政责任和刑事责任。

（二）票据法律责任的具体规定

1. 票据犯罪行为的刑事责任

票据犯罪属于票据违法方面的一类严重行为，须接受法律制裁。

（1）存在下列票据欺诈行为之一的，可对行为人依法追究刑事责任：① 伪造、变造票据的；② 故意使用伪造、变造的票据的；③ 签发空头支票或者故意签发与其预留的本名签名式样或者印鉴不符的支票，骗取财物的；④ 签发无可靠资金来源的汇票、本票，骗取财物的；⑤ 汇票、本票的出票人在出票时作虚假记载，骗取财物的；⑥ 冒用他人的票据，或者故意使用过期或者作废的票据，骗取财物的；⑦ 付款人同出票人、持票人恶意串通，实施前六项所列行为之一的。第①类行为构成伪造、变造金融票证罪，第②类至第⑥类行为构成金融票据诈骗罪，分别按照《中华人民共和国刑法》第一百七十七条、第一百九十四条的规定追究刑事责任。第⑦类行为按共同犯罪，以串通行为的性质定罪，追究刑事责任。

（2）在票据业务中，金融机构工作人员玩忽职守，对违反《票据法》规定的票据予以承兑、付款或者保证，造成重大损失，构成犯罪的，依照玩忽职守罪对其追究刑事责任。

2. 票据违法行为的行政责任

（1）存在上述欺诈行为，但情节轻微，不构成犯罪的，依照国家有关规定给予行政处罚。

（2）金融机构工作人员在票据业务中玩忽职守，对违反《票据法》规定的票据予以承兑、付款或者保证，不构成犯罪的，对其给予开除、警告等处分。

（3）票据的付款人对见票即付或者到期的票据，故意压票、拖延支付的，由中国人民银行处以压票、拖延支付期间内每日票据金额 0.7‰ 的罚款，并对直接责任人员给予开除、记过、警告等处分。

3. 票据违法行为的经济民事责任

（1）金融机构工作人员在票据业务中玩忽职守，对违反《票据法》规定的票据予以承兑、付款或者保证，给当事人造成损失的，由该金融机构和直接责任人员依法承担连带赔偿责任。

（2）票据的付款人故意压票，拖延支付，给持票人造成损失的，依法承担相应的经济赔偿责任。

（3）签发空头支票或者签发与其预留签章不符、使用支付密码但支付密码错误的支票，不以骗取财物为目的的，持票人有权要求出票人偿还支票金额2%的赔偿金。因出票人签发空头支票、与其预留本名的签名式样或者印鉴不符的支票给他人造成损失的，支票的出票人和背书人应当依法承担民事责任。

 第五节　保险法

一、保险法概述

（一）保险的概念及特征

保险是防止经济损失的一种手段，它是风险管理的一种形式，主要用于对冲或有或者不确定损失的风险。提供保险的实体称为保险人或者保险公司，购买保险的个人或者实体称为被保险人或者保单持有人。保险交易涉及被保险人以向保险人付款的方式承担保证的已知损失（相对较小），从而换取保险人承诺在承保损失的情况下赔偿被保险人的承诺。

被保险人收到一份称为保险单的合同，其中详细说明了保险人将向被保险人赔偿的条件和情况。保险人就保单中规定的承保范围向保单持有人收取的金额称为保费。如果被保险人蒙受了可能由保险单承保的损失，则被保险人将索赔提交给保险人，以理赔人身份进行处理。保险公司可以通过参加再保险来对冲自己的风险，另一家保险公司同意承担某些风险，尤其是在主保险公司认为风险太大而无法承担的情况下。

保险并不能确保不发生危险或者遭受损失，保险是要对发生危险后遭受的损失提供经济补偿。一般认为保险有以下几个特征：

（1）保险是一种经济保障制度。保险通过其特有的循环系统分散了个人的风险，消化了个人的损失。保险是为了保证社会经济生活的稳定，在合理的算法基础上，利用社会大多数成员的集体力量，共同建立保险基金，对少数社会成员因特定危险事故造成的财产损失给予补偿或者对人身约定事件的出现实行给付，是"集众人之力救助少数人灾难"的经济保障制度。

（2）保险是一种具有经济补偿性质的法律制度，是一种双务有偿的合同关系。保险这种因合同而产生的债权债务关系是基于保险法律规范和保险事实而产生的保险法律关系，其实质是当事人互为约定承担给付义务，即投保人承担给付保险费的义务，保险人承担赔偿或者给付保险金的责任。在保险法律关系中，保险人对保险金额的赔偿或者付款的责任与一般民事法律关系中的损害赔偿责任不同。一般的赔偿责任是由于当事人的侵权或者违反合同而造成的法律后果，投保人在保险法律关系过程中遭受的损失不是由保险人的行为造成的，而是由不可抗力和其他原因造成的，如危险事故。因此，保险人承担的保险赔偿责任和给付责任，只是基于保险合同设定的一种义务，具有对损失进行经济补偿的性质。

（二）保险的分类

按照不同的划分标准，保险可作多种分类。

1. 按照保险设立是否以营利为目的划分，保险可分为政策性保险和商业保险

政策性保险是指国家基于特定政策目的的需要，不以营利为目的而举办或者支持举办的一类具有福利性质的保险。政策性保险属于法定保险，并且大多带有强制性，一般设置专门保险机构经办，由专门立法予以特别规范，其资金主要来源于国家财政补贴、税收优惠支持或者企事业单位缴费。在我国，政策性保险主要有基于社会保障政策目的设立的社会保险、军人保险等，基于经济政策目的设立的农业保险、出口信用保险等。商业保险是指政策性保险以外的普通保险，它以营利为目的，其资金主要来源于投保人缴纳的保险费，一般受普通保险法规范。

2. 按照保险标的划分，保险可分为财产保险和人身保险

财产保险是以物质财产或者财产性利益为保险标的，以实物的毁损和利益的灭失为保险事故的各种保险。财产保险包括普通财产保险、农业保险、保证保险、责任保险、信用保险等。人身保险是以人的生命或者健康为保险标的，以人的生理意外事故为保险事故的保险。人身保险包括人身意外伤害保险、健康保险、人寿保险等。

3. 按照保险责任发生的效力依据划分，保险可分为自愿保险和强制保险

自愿保险是投保人与保险人双方平等协商，自愿签订保险合同而产生的一种保险。这种保险责任发生的效力依据是保险合同，投保人享有投保或者不投保的自由，保险人则可决定是否承保。强制保险又称法定保险，是指国家法律、行政法规直接规定必须进行的保险。详细来说，强制保险是指依据法律、行政法规规定，特定的义务主体必须投保某种险种、特定的义务主体必须开办相应的险种业务的一种保险。强制保险又可分为商业强制保险和社会强制保险，其保险标的多与人民生命、健康和国家重大经济利益有关。这种保险关系依据法律、行政法规规定而产生，具有全面性、法定性、自发性等特点。

4. 按照保险人是否转移保险责任划分，保险可分为原保险和再保险

原保险又称第一次保险，是指保险人在保险责任范围内直接由自己对被保险人负赔偿责任的保险。再保险又称分保或者第二次保险，是原保险人为了减轻或者避免所负风险把责任的一部分或者全部转移给其他保险人的保险。再保险的目的主要是分散风险、扩大承保能力、实现稳健经营。

5. 按照保险人的人数划分，保险可分为单保险和复保险

单保险是投保人对于同一保险标的、同一保险利益、同一保险事故，与一个保险人订立保险合同的行为。复保险又称重复保险，是投保人对于同一保险标的、同一保险利益、同一保险事故，分别与两个以上保险人订立保险合同且保险金额总和超过保险价值的保险。

此外，按照保险是否具有涉外因素划分，保险可分为国内保险和涉外保险。按照保险标的的价值划分，保险可分为定值保险和不定值保险。

（三）我国的保险立法

保险法是调整保险关系的法律规范的总称，有广义和狭义之分。狭义的保险法是指保险法典，而广义的保险法不仅包括保险法典，还包括其他法律、法规中有关保险的规定。保险法既是组织法，又是活动法，其内容一般包括保险业法、保险合同法和保险特别法。

为了适应市场经济新时期保险事业发展的需要，1995年6月30日第八届全国人民代表大会常务委员会第十四次会议通过了我国第一部完备的保险基本法——《中华人民共和国保险法》（以下简称《保险法》），该法自1995年10月1日起施行（并于2002年10月28日、2009年2月28日、2014年8月31日经历三次修订）。此外，我国于2010年10月28日、2012年4月27日先后发布实施了《中华人民共和国社会保险法》《中华人民共和国军人保险法》，以适应我国各类保险发展的新形势。国务院、国务院各保险主管部门及其他相关部门也先后发布了大量有关保险的行政法规、部门规章。

二、保险法的基本原则

我国《保险法》规定，从事保险活动必须遵守法律、行政法规，尊重社会公德，不得损害社会公共利益。保险活动当事人行使权利、履行义务应当遵循诚实信用原则。除法律、行政法规规定必须保险的外，保险合同自愿订立。据此，我国保险法的基本原则有四个。

（一）最大诚信原则

诚实守信是一切交易的基础，保险合同关系对当事人诚信的要求要比普通的民事活动更为严格，要求"最大的诚信"。最大程度的诚信意味着各方当事人必须将有关保险的所有重要事实真诚地告知对方，禁止任何虚假、欺骗或者隐瞒的行为。

（二）保险利益原则

保险利益是指保险人和被保险人在签订保险合同或者执行保险合同过程中，必须对保险标的具有合法权益。订立保险合同时，人身保险的被保险人应具有合法的保险权益。财产保险应当以财产和有关利益为保险对象，人寿保险应当以人身和身体为保险对象。

（三）近因原则

近因原则是指在风险和损失之间，造成损失的最有效、最直接、起决定性作用的原因，而不是指在时间上或空间上最接近的原因。风险与保险标的损失关系中，如果近因属于被保风险，保险人应负赔偿责任；如果近因属于除外风险或者未保风险，则保险人不负赔偿责任。

（四）损失补偿原则

损失补偿原则主要包含两层含义：一是只有保险事故发生所造成保险标的毁损致使被保险人遭受经济损失时，保险人才有承担损失补偿的责任；二是被保险人可获得的补偿金额，仅以其保险标的遭受的实际损失为最大限度。

三、保险合同

（一）保险合同的概念

保险合同是指投保人与保险人约定保险权利义务关系的协议。在保险合同中，投保人是指与保险人订立保险合同，并按照保险合同负有支付保险费义务的人；保险人是指与投保人订立保险合同,并承担赔偿或者给付保险金责任的保险公司。

(二)保险合同的内容

(1)保险人名称和住所。

(2)投保人、被保险人的姓名或者名称、住所,以及人身保险的受益人的姓名或者名称、住所。受益人是指人身保险合同中由被保险人或者投保人指定的享有保险金请求权的人。投保人、被保险人可以为受益人。被保险人或者投保人可以指定一人或者数人为受益人。受益人为数人的,被保险人或者投保人可以确定受益顺序和受益份额;未确定受益份额的,受益人按照相等份额享有受益权。

(3)保险标的。财产保险中的各种财产或者与财产有关的利益;人身保险中的人的生命或者身体。

(4)保险责任和责任免除。保险责任是指保险单上载明的危险发生造成保险标的损失或者约定人身保险事件出现(或者约定期满)时,保险人所承担的赔偿或者给付责任,通常包括基本责任和特约责任。

保险人承担的基本责任是针对基本险而言的,一般可分为单一险责任、综合险责任和一切险责任。单一险责任即保险人只承担某种特定危险事故造成的损害赔偿责任。综合险责任即多种危险责任,指保险人承担几种特定危险事故造成的损害赔偿责任。一切险责任即保险人承担除外责任的一切危险事故造成的损害赔偿责任,是承担风险范围最广泛的一种保险责任。

特约责任是针对附加险或者特保危险而言的,指保险人承担由双方当事人特别约定的保险责任,大多为单一险责任。例如,在海上保险中,投保人在投保平安险或者水渍险的基础上,可选择加保偷窃险、提货不着险、淡水雨淋险、短量险等。附加险只能依附于基本险,不能单独使用。

责任免除是指保险合同规定的保险人不负赔偿责任的范围。最常见的是道德危险、战争、核辐射、核污染等。

(5)保险期间和保险责任开始时间。

(6)保险金额。保险金额简称保额,是指保险人承担赔偿或者给付保险金责任的最高限额。在财产保险中,保险金额应与保险价值相等,超过保险价值的保险金额为超额保险,超过保险价值的,超过的部分无效。而在人身保险中,保险金额由当事人根据保险需求和缴付保险费的能力进行约定。

(7)保险费及支付办法。

(8)保险金赔偿或者给付办法。

(9)违约责任和争议处理。

(10)订立合同的年、月、日。

(三)保险合同的订立

1. 保险合同的形式

根据我国《保险法》的规定,保险合同的形式为书面形式,主要包括投保单、保险单、暂保单和保险凭证。

（1）投保单。投保单是投保人表示愿意同保险人订立保险合同的书面申请，它是由保险人事先准备、具有统一格式的书据。其内容一般有：投保人、被保险人的名称和住所，保险标的的名称及存放地点，保险险别，保险责任的起讫，保险价值和保险金额等。投保单并非正式合同文本，但一经保险人接受，即成为保险合同的一部分。

（2）暂保单。暂保单又称临时保单，是保险人或者其代理人在正式保险单签发前出具给被保险人的临时保险凭证。暂保单与正式保险单具有相同的法律效力，但有效期较短，一般为30日，因此保险人应及时签发正式保险单。暂保单也可以在保险单发出前中止效力，但保险人必须提前通知投保人。

（3）保险单。保险单又称保单、保险证券，是保险人与投保人之间订立的保险合同的正式书面形式。保险单应将包括保险人的责任和双方的权利义务在内的保险合同的全部内容明确详尽地载明其中。一旦发生保险事故，保险单是被保险人向保险人索赔的主要凭证，也是保险人向被保险人赔偿的主要依据。值得注意的是，在通常情况下，只要双方当事人形成合意，保险合同即告成立，如果保险事故发生在正式保险单签发之前，也不影响保险合同的效力。

（4）保险凭证。保险凭证又称小保单，是保险人出具给被保险人以证明保险合同已经订立或者保险单已经正式签发的一种凭证，实际上是一种简化了的保险单，与保险单具有相同效力。

2. 保险合同订立的方式

保险合同的订立采用要约、承诺方式，也就是投保、承保方式。《保险法》第13条规定："投保人提出保险要求，经保险人同意承保，保险合同成立。保险人应当及时向投保人签发保险单或者其他保险凭证。保险单或者其他保险凭证应当载明当事人双方约定的合同内容。当事人也可以约定采用其他书面形式载明合同内容。依法成立的保险合同，自成立时生效。"

（四）保险合同的变更、解除与终止

1. 保险合同的变更

在保险合同有效期内，投保人和保险人经协商同意，可以变更保险合同的有关内容。变更保险合同的，应当由保险人在保险单或者其他保险凭证上批注或者附贴批单，或者由投保人和保险人订立变更的书面协议。被保险人或者投保人可以变更受益人并书面通知保险人。但是，投保人变更受益人时须经被保险人同意。保险人收到变更受益人的书面通知后，应当在保险单或者其他保险凭证上批注或者附贴批单。

2. 保险合同的解除

（1）任意解除。《保险法》第15条规定："除本法另有规定或者保险合同另有约定外，保险合同成立后，投保人可以解除合同，保险人不得解除合同。"例外情形如《保险法》第50条规定："货物运输保险合同和运输工具航程保险合同，保险责任开始后，合同当事人不得解除合同。"

（2）法定解除。《保险法》第27条规定："未发生保险事故，被保险人或者受益人谎称发生了保险事故，向保险人提出赔偿或者给付保险金请求的，保险人有权解除合同，并不退还保险费。投保人、被保险人故意制造保险事故的,保险人有权解除合同,不承担赔偿或者给付保险金的责任;除本法第四十三条规定外,不退还保险费。"第52条规定:"在合同有效期内,保险标的的危险程度显著增加的,被保险人应当按照合同约定及时通知保险人,保险人可以按照合同约定增加保险费或者解除合同。"

(3) 约定解除。在符合保险合同约定的情况下,保险合同当事人可以解除合同。

3. 保险合同的终止

保险合同的终止有三种情形:① 因期限届满而终止;② 因保险人履行赔偿或者给付而终止;③ 因保险标的灭失而终止。

四、保险公司

(一) 保险公司的设立

保险公司是指依法设立,以经营保险为业的单位。在实践中,保险组织的形式主要表现为国有保险公司、股份保险公司、合作保险组织、个人保险组织等。

设立保险公司应当经国务院保险监督管理机构批准。依照《保险法》和《公司法》的有关规定,设立保险公司应当具备下列条件:① 主要股东具有持续盈利能力,信誉良好,最近3年内无重大违法违规记录,净资产不低于人民币2亿元;② 有符合《保险法》和《公司法》规定的章程;③ 注册资本的最低限额为人民币2亿元;④ 有具备任职专业知识和业务工作经验的董事、监事和高级管理人员;⑤ 有健全的组织机构和管理制度;⑥ 有符合要求的营业场所和与经营业务有关的其他设施;⑦ 法律、行政法规和国务院保险监督管理机构规定的其他条件。

此外,保险公司在中国境内设立分支机构,在中国境外设立子公司、分支机构、代表机构,以及外国保险机构在中国境内设立代表机构,均应当经保险监督管理机构批准。

(二) 保险公司的业务范围

各国保险法对保险组织的业务范围都有限制性规定,保险组织不得从事保险法规定范围之外的经营活动。为了切实保障广大被保险人的利益,大多数国家的保险法都因财产保险业务和人身保险业务性质不同、经营技术有别,而作出禁止兼营的规定。所谓禁止兼营,就是指申请开业的保险组织只能专营某类保险业务,不能同时兼营财产保险业务和人身保险业务。

我国《保险法》第95条规定,保险公司的业务范围包括:① 人身保险业务,包括人寿保险、健康保险、意外伤害保险等保险业务;② 财产保险业务,包括财产损失保险、责任保险、信用保险、保证保险等保险业务;③ 国务院保险监督管理机构批准的与保险有关的其他业务。保险人不得兼营人身保险业务和财产保险业务。但是,经营财产保险业务的保险公司经国务院保险监督管理机构批准,可以经营短期健康保险业务和意外伤害保险业务。

(三) 保险资金的运用

保险资金的运用是指保险组织在经营过程中,将积聚的部分保险资金用于投资或者融资，使资金增值的活动。由于保险资金的运用往往会带来相应的风险，因此，各国保险法对保险资金的运用范围和形式都作了具体规定，以确保被保险人的利益。我国《保险法》第106条规定，保险公司的资金运用必须稳健，遵循安全性原则。保险公司的资金运用限于下列形式：① 银行存款；② 买卖债券、股票、证券投资基金份额等有价证券；③ 投资不动产；④ 国务院规定的其他资金运用形式。

（四）保险代理人和保险经纪人

保险代理人是指根据保险人的委托，向保险人收取佣金，并在保险人授权的范围内代为办理保险业务的机构或者个人。保险代理机构包括专门从事保险代理业务的保险专业代理机构和兼营保险代理业务的保险兼业代理机构。

保险经纪人是指基于投保人的利益，为投保人与保险人订立保险合同提供中介服务，并依法收取佣金的机构。保险经纪人分为直接保险经纪人和再保险经纪人两类。

保险经纪人与保险代理人的区别主要有：① 保险经纪人是基于投保人的利益，向保险人或者其他代理人订立保险合同，而保险代理人则是根据保险人的委托而代为办理保险业务；② 保险经纪人的业务范围比保险代理人广；③ 与保险代理人向保险人收取佣金不同，保险经纪人既可以向保险人收取佣金，也可以向被保险人收取佣金。

个人保险代理人、保险代理机构的代理从业人员、保险经纪人的经纪从业人员，应当具备国务院保险监督管理机构规定的资格条件，取得保险监督管理机构颁发的资格证书。个人保险代理人在代为办理人寿保险业务时，不得同时接受两个以上保险人的委托。

保险代理人根据保险人的授权代为办理保险业务的行为，由保险人承担责任。保险代理人没有代理权、超越代理权或者代理权终止后以保险人名义订立合同，使投保人有理由相信其有代理权的，该代理行为有效。保险人可以依法追究越权的保险代理人的责任。保险经纪人因过错给投保人、被保险人造成损失的，依法承担赔偿责任。

第六节　信托法

一、信托法概述

（一）信托的概念及特征

信托是一种法律关系，是指委托人基于对受托人的信任，将其财产委托给受托人，由受托人按委托人的意愿，以自己的名义为受托人的利益或者特定目的，进行管理或者处分的行为。

信托具有以下法律特征：

（1）信托有三方当事人，即委托人、受托人和受益人。

（2）信托是以信任为基础，以财产权转移或者为其他处分（如在财产权上设置用益物权或者担保物权）为要素而产生的。

（3）一定的财产是信托的核心。凡具有金钱价值的东西均可成为信托财产，但人身权如名誉权、姓名权、身份权等则不能成为信托财产。

（4）信托财产上的财产权与信托利益相分离。信托一经设立并办理财产权转移后，信托财产的原所有权人（一般是委托人）就丧失了所有权，而受托人则取得了信托财产的所有权，可依约对信托财产进行管理和处分，但受益人享有信托财产的受益权。

（二）信托法的概念

信托法是调整信托关系的法律规范的总称。信托关系是指信托当事人之间的社会关系，包括委托人和受托人之间的委托关系，受托人与受益人之间的利益转移关系，以及国家金融监督管理部门对信托机构及其信托活动开展的监督管理关系。

信托法包括信托基本法和信托业法。信托基本法是规定信托基本关系的法律规范，其内容包括信托财产、信托当事人（委托人、受托人、受益人）的资格及各自的权利义务、信托的类别、信托的设立和终止等。信托业法是规定金融信托机构的组织及业务监管的法律规范。金融信托法是金融法体系中的重要组成部分。

（三）信托法的指导思想

根据建立社会主义市场经济体制的要求，结合我国信托业的现状，借鉴国际上通行的做法，用法律的手段规范信托行为，保护信托当事人的合法权益，强化对信托业的监督管理，促进信托业健康、规范发展。据此，信托法应坚持以下原则：

（1）重在对受托人作出约束规定，以维护信托财产的安全，保障受益人的利益。

（2）根据金融体制改革的需要，体现分业经营。将现有信托机构的业务与银行业务相区别，把信托公司办成符合社会主义市场经济需要的专业财产管理机构，并在此基础上发挥其中长期的金融职能。

（3）稳定和规范信托公司的经营活动，既要有利于国家对金融业的宏观调控，同时也要照顾到我国信托业发展的现实，尽量减少对信托公司经营活动的冲击。

（4）既结合中国的国情又符合国际通行做法，具有可操作性。

二、信托公司的设立

金融信托机构是指经批准经营金融信托业务的金融机构。其范围很广，但最主要的是信托公司。根据《信托公司管理办法》的规定，信托公司是指依照《公司法》和《信托公司管理办法》设立的主要经营信托业务的金融机构。设立信托公司，应当经中国银保监会批准，并领取金融许可证。

设立信托公司，应当采取有限责任公司或者股份有限公司的形式，并应当具备下列条件：

（1）有符合《公司法》和中国银保监会规定的公司章程。

（2）有具备中国银保监会规定的入股资格的股东。

（3）具有符合规定的最低限额的注册资本。

（4）有具备中国银保监会规定任职资格的董事、高级管理人员和与其业务相适应的信托从业人员。

(5) 具有健全的组织机构、信托业务操作规程和风险控制制度。

(6) 有符合要求的营业场所、安全防范措施和与业务有关的其他设施。

(7) 中国银保监会规定的其他条件。

中国银保监会依照法律法规和审慎监管原则对信托公司的设立申请进行审查，作出批准或者不予批准的决定；不予批准的，应说明理由。信托公司设立分支机构也应经中国银保监会批准。

三、信托公司的经营范围及经营规则

（一）信托公司的经营范围

根据《信托公司管理办法》的规定，信托公司经过批准可以从事下列业务，但要依法受到一定的限制：

(1) 信托公司可以申请经营下列部分或者全部本外币业务：① 资金信托；② 动产信托；③ 不动产信托；④ 有价证券信托；⑤ 其他财产或财产权信托；⑥ 作为投资基金或者基金管理公司的发起人从事投资基金业务；⑦ 经营企业资产的重组、购并及项目融资、公司理财、财务顾问等业务；⑧ 受托经营国务院有关部门批准的证券承销业务；⑨ 办理居间、咨询、资信调查等业务；⑩ 代保管及保管箱业务；⑪ 法律法规规定或中国银保监会批准的其他业务。

(2) 信托公司可以根据《中华人民共和国信托法》等法律法规的有关规定开展公益信托活动。

(3) 信托公司可以根据市场需要，按照信托目的、信托财产的种类或者对信托财产管理方式的不同设置信托业务品种。

(4) 信托公司管理运用或处分信托财产时，可以依照信托文件的约定，采取投资、出售、存放同业、买入返售、租赁、贷款等方式进行。中国银保监会另有规定的，从其规定。信托公司不得以卖出回购方式管理运用信托财产。

(5) 信托公司固有业务项下可以开展存放同业、拆放同业、贷款、租赁、投资等业务。投资业务限定为金融类公司股权投资、金融产品投资和自用固定资产投资。信托公司不得以固有财产进行实业投资，但中国银保监会另有规定的除外。

(6) 信托公司不得开展除同业拆入业务以外的其他负债业务，且同业拆入余额不得超过其净资产的20%，但中国银保监会另有规定的除外。

(7) 信托公司可以开展对外担保业务，但对外担保余额不得超过其净资产的50%。

(8) 信托公司经营外汇信托业务，应当遵守国家外汇管理的有关规定，并接受外汇主管部门的检查、监督。

（二）信托公司的经营规则

根据《信托投资公司管理办法》的规定，信托公司从事信托活动，应当遵守法律法规的规定和信托文件的约定，不得损害国家利益、社会公共利益和受益人的合法权益，其开

展业务应遵守以下经营规则，并履行相应的义务和责任。

（1）信托公司应将客户利益放在首位，对客户负责。管理运用或者处分信托财产，必须维护受益人的最大利益；处理信托事务时应避免利益冲突，在无法避免时，应向委托人、受益人予以充分的信息披露，或拒绝从事该项业务；应亲自处理信托事务，不得已时可委托他人代为处理，但仍应尽足够的监督义务，并对他人处理信托事务的行为承担责任；对委托人、受益人及所处理信托事务的情况和资料负有依法保密的义务。

（2）信托公司应当妥善保存处理信托事务的完整记录，定期向委托人、受益人报告信托财产及其管理运用、处分及收支的情况；应当将信托财产与固有财产分别管理、分别记账，并将不同委托人的信托财产分别管理、分别记账；应当依法建账，对信托业务与非信托业务分别核算，对每项信托业务单独核算。

（3）信托公司的信托业务部门应当独立于公司的其他部门，其人员不得与公司其他部门的人员相互兼职，业务信息不得与公司的其他部门共享；开展固有业务和信托业务，应遵循相关信托业法律规定。

（4）信托公司应以公平的市场价格进行关联交易，并做好事前汇报，事后做好信息披露；经营信托业务，应依照信托文件约定以手续费或者佣金的方式收取报酬，中国银保监会另有规定的除外。

（5）信托公司收取报酬，应当向受益人说明收费的具体标准；信托公司违反信托目的处分信托财产，或因违背管理职责、处理信托事务不当致使信托财产受到损失的，在恢复信托财产的原状或者予以赔偿前，信托公司不得请求给付报酬。

（6）信托公司因处理信托事务而支出的费用、负担的债务，以信托财产承担，但应在信托合同中列明或明确告知受益人。信托公司违反信托目的处分信托财产，或者管理运用、处分信托财产有重大过失的，委托人或受益人有权依照信托文件的约定解任该信托公司，或者申请人民法院解任该信托公司。

四、信托公司的监督管理

我国法律法规特别是《信托公司管理办法》规定，信托公司应依法接受中国银保监会的监督管理；应当建立完善的公司组织架构，明确各自的职责划分。

（一）公司的内部监管

（1）信托公司应当建立以股东（大）会、董事会、监事会、高级管理层等为主体的组织架构，明确各自的职责划分，保证相互之间独立运行、有效制衡，形成科学高效的决策、激励与约束机制。

（2）信托公司应当按照职责分离的原则设立相应的工作岗位，保证公司对风险能够进行事前防范、事中控制、事后监督和纠正，形成健全的内部约束机制和监督机制。

（3）信托公司应当按规定制定本公司的信托业务及其他业务规则，建立、健全本公司的各项业务管理制度和内部控制制度，并报中国银保监会备案。

（4）信托公司应当按照国家有关规定建立、健全本公司的财务会计制度，真实记录并全面反映其业务活动和财务状况。公司年度财务会计报表应当经具有良好资质的中介机构审计。

(二) 公司外部的监管

(1) 中国银保监会可以定期或者不定期对信托公司的经营活动进行检查；必要时，可以要求信托公司提供由具有良好资质的中介机构出具的相关审计报告。信托公司应当按照中国银保监会的要求提供有关业务、财务等报表和资料，并如实介绍有关业务情况。

(2) 中国银保监会对信托公司实行净资本管理。具体办法由中国银保监会另行制定。

(3) 信托公司每年应当从税后利润中提取5%作为信托赔偿准备金，但该赔偿准备金累计总额达到公司注册资本的20%时，可不再提取。信托公司的赔偿准备金应存放于经营稳健、具有一定实力的境内商业银行，或者用于购买国债等低风险高流动性证券品种。

(4) 中国银保监会对信托公司的董事、高级管理人员实行任职资格审查制度。未经中国银保监会任职资格审查或者审查不合格的，不得任职。信托公司对拟离任的董事、高级管理人员，应当进行离任审计，并将审计结果报中国银保监会备案。信托公司的法定代表人变更时，在新的法定代表人经中国银保监会核准任职资格前，原法定代表人不得离任。

(5) 中国银保监会对信托公司的信托从业人员实行信托业务资格管理制度。符合条件的，颁发信托从业人员资格证书；未取得信托从业人员资格证书的，不得经办信托业务。

(6) 信托公司的董事、高级管理人员和信托从业人员违反法律、行政法规或中国银保监会有关规定的，中国银保监会有权取消其任职资格或者从业资格。

(7) 中国银保监会根据履行职责的需要，可以与信托公司董事、高级管理人员进行监督管理谈话，要求信托公司董事、高级管理人员就信托公司的业务活动和风险管理的重大事项作出说明。

(8) 信托公司违反审慎经营规则的，中国银保监会责令限期改正；逾期未改正的，或者其行为严重危及信托公司的稳健运行、损害受益人合法权益的，中国银保监会可以区别情形，依据《中华人民共和国银行业监督管理法》等法律法规的规定，采取暂停业务、限制股东权利等监管措施。

(9) 信托公司已经或者可能发生信用危机，严重影响受益人合法权益的，中国银保监会可以依法对该信托公司实行接管或者督促机构重组。

(10) 中国银保监会在批准信托公司设立、变更、终止后，发现原申请材料有隐瞒、虚假的情形，可以责令补正或者撤销批准。

此外，信托公司可以加入中国信托业协会，实行行业自律。中国信托业协会开展活动，应当接受中国银保监会的指导和监督。

【思考题】

1. 简述金融法的调整对象。
2. 简述中国人民银行的地位和职能及货币政策工具。
3. 简述银行业市场准入监管的内容。
4. 简述我国商业银行设立的条件和程序。
5. 简述票据的概念、特征及作用。

6. 简述保险的法律特征与种类。
7. 简述我国信托公司的业务范围。

【参考文献】

1. 李昌麒. 经济法学［M］. 5 版. 北京：中国政法大学出版社，2017.
2. 吴志攀，刘燕. 金融法概论［M］. 5 版. 北京：北京大学出版社，2011.
3. 朱大旗. 金融法［M］. 3 版. 北京：中国人民大学出版社，2015.
4. 刘隆亨. 银行金融法学［M］. 6 版. 北京：北京大学出版社，2010.
5. 戴国强. 商业银行经营学［M］. 3 版. 北京：高等教育出版社，2007.
6. 杨松. 银行法律制度改革与完善研究：调控与监管的视角［M］. 北京：北京大学出版社，2011.
7. 何宝玉. 信托法原理与判例［M］. 北京：中国法制出版社，2013.
8. 殷洁. 经济法［M］. 7 版. 北京：法律出版社，2019.
9. 马洪. 经济法概论［M］. 7 版. 上海：上海财经大学出版社，2017.

第十一章 税收法律制度

第一节 税收与税法概述

一、税收的概念

税收又称租税、赋税、捐税等，是国家为了实现其公共职能，凭借其政治权力，依法向纳税人征收一定货币以作为财政收入的一种手段。

（一）税收是实现国家职能的物质基础

"税收是文明的对价"，如果没有税收支持的有组织国家力量的保护，生活和自由将无法得到保障。从人类发展史来看，税收是一个与国家有着本质联系的范畴，它与国家同时诞生，是国家赖以正常运转的基础，税收是国家财政收入的主要来源。国家需要依靠稳定的税收去维系政权机构、国防力量、司法机关等国家机器的正常运作，并为全体社会成员提供公共产品和公共服务，如建设公共基础设施、发展科教文卫事业、完善社会福利等。

（二）税收是社会契约的产物

在现代法治社会，人民与国家的基本关系主要体现为税收关系。税收关系中隐含着人民与政府之间的契约，人民之所以纳税，其目的在于以所纳之税来购买政府所提供的公共产品和公共服务。国家不能以征税本身为目的，国家征税并不是无条件的，其前提是向公众提供公共福利。正如约翰·洛克（John Locke）所言，因为如果任何人凭着自己的权势，主张有权向人民征课赋税而无须取得人民的同意，他就侵犯了有关财产权的基本规定，破坏了政府的目的。未经人民自己或者其代表的同意，决不应该对人民的财产课税。

（三）税收总是依赖于一定的法律制度

税收是一种国家行为，需要借助法律的权威性来保障实施。没有法律的依据，国家就不能课税，国民也不得被要求缴纳税款。税收法定原则是税法的最高法定原则，它源自民主原则与法安定性的要求，是民主、法治等现代宪法原则在税法上的体现，对保障人权、维护国家利益和社会公益至关重要。在历史上，税收法定原则的功能主要表现在保护国民，防止掌握行政权的国王任意课税。在现代商品社会中，它的功能在于使国民的经济生活具有法的稳定性和预测的可能性。

二、税收的特征

税收具有强制性、无偿性、固定性的特点。"三性"是区别税与非税的重要依据，也是税收权威性的集中体现。

（一）强制性

税收的强制性是指国家凭借政治权力，通过法律形式对社会产品进行的强制性分配。国家征税是按照国家意志，并不以纳税人意愿为转移。在税法规定的范围内，任何单位和个人都必须依法纳税，否则国家将通过强制力迫使其履行纳税义务。

（二）无偿性

在征税过程中，征纳税双方的权利和义务是不对等的，社会财富由纳税人向国家转移是单方向和无条件的。国家对具体的纳税人征税，既不需要直接偿还，也不付出任何形式的报酬或者对价，纳税人从政府的支出中所获得的利益通常与其所支付的税款并不成对应的比例关系。政府不以支付报酬或者对价作为纳税人纳税的前提。需要强调的是，这里的"无偿性"针对的是具体纳税人，对于整体纳税人而言，税收是"取之于民、用之于民"的。

（三）固定性

税收的固定性是指国家通过法律形式预先规定了对什么征税及其征收比例等税制要素，并保持相对的连续性和稳定性。税收的固定性集中体现了税收法定原则，即国家以法律形式规定了统一的征税标准，税收征收机关和纳税人应共同遵守，不得随意变更或者修改。国家的税制在一定时期内保持稳定，有利于防止征税权滥用、保护纳税人的合法权益。

三、税法的概念

税法是调整在税收活动中发生的社会关系的法律规范的总称。狭义的税法特指专门的单行税收法规。广义的税法还包括与税收有关的规范性法律文件中的条款，如宪法关于公民纳税义务、刑法关于涉税犯罪的规定等。

根据调整对象的不同，税法大致可以分为以下三类：

一是税收管理权限法，用于调整国家权力机关与行政机关之间、中央与地方之间的税收立法权限分工和责权关系，如《财政部关于税收管理体制的规定》。

二是税收征纳实体法，用于调整税收征收管理机关与纳税人之间的权利义务关系的实体法，如各单行税种法。

三是税收征纳程序法，用于调整征税和纳税过程中的程序关系，如《中华人民共和国税收征收管理法》。

四、税法的要素

税法的构成要素又称课税要素,其中征税对象、纳税人、税目与计税依据、税率是各单行税种法共有的最基本要素。

(一) 征税对象

征税对象是指征税的标的物,即对什么征税。征税对象是一种税区别于另一种税的标志,是税法分类的最重要依据。税目是征税对象的具体化,如消费税可以划分为烟、酒及酒精、化妆品等 15 个税目。计税依据是征税对象量的表现,是计算应纳税额所依据的标准。

(二) 纳税人

纳税人又称纳税义务人,是指直接负有纳税义务的单位和个人(包括自然人和法人),即规定由谁纳税。为了防止税款流失,提高税收征收效率,税法还规定了扣缴义务人,如个人所得税的纳税人是所得人,支付所得的单位或者个人为扣缴义务人。

(三) 税目与计税依据

税目与计税依据是对征税对象在质和量上的具体化。所谓税目,就是税法规定的征税的具体项目,它是征税对象在质的方面的具体化,反映了征税的广度。所谓计税依据,也称计税标准、计税基数,简称税基,是指根据税法规定所取得的用于计算应纳税额的依据,亦即用于计算应纳税额的基数,它是征税对象在量的方面的具体化,直接影响着纳税人最终税负的承担。

(四) 税率

税率是指应纳税额与计税依据之间的比例。税率主要有以下三种基本形式。

1. 比例税率

比例税率是指对同一征税对象,不论其数额大小,均按同一个比例征税的税率。如关税等。

2. 累进税率

累进税率是指根据征税对象数额的大小,规定不同等级的税率。如个人所得税等。

3. 定额税率

定额税率是指按征税对象的计量单位直接规定固定的税额。定额税率适用于从量计征的税种,与价格无关。如汽车牌照税、营业执照税等。

除四个最基本要素外,具体的税法往往还涉及税收优惠、纳税环节、纳税期限、纳税地点、税收责任等要素。

(五) 税收特别措施

税收特别措施包括两类,即税收优惠措施和税收重科措施。前者以减轻纳税人的税负为主要目标,并与一定的经济政策和社会政策相关。后者以加重纳税人的税负为目标,如税款的加成、加倍征收等,旨在限制或者禁止纳税人的某些行为。例如,《中华人民共和国个人所得税法》(以下简称《个人所得税法》)规定,对个人劳务报酬所得一次收入畸高的，可以依法加成征收。通常，税收优惠措施运用更为普遍，如税收减免、税收抵免、亏损结转等在广义上均属于税收优惠。其中，税收减免运用最为广泛。

五、税收法律关系

税收法律关系是指国家与纳税人之间，在税收征纳过程中，基于税法规范产生的具有权利义务内容的社会关系。

（一）税收法律关系的构成

1. 税收法律关系的主体

税收法律关系的主体是指税收法律关系的参与者，是税收法律关系中享有权利和承担义务的当事人。

征税主体是代表国家行使征税职责的国家行政机关，包括国家各级税务机关、海关和财政机关。

纳税主体是指履行纳税义务的人，包括自然人、法人和其他组织，在华的外国企业、组织、外籍人、无国籍人，以及在华虽然没有机构、场所但有来源于中国境内所得的外国企业或组织。

在税收法律关系中，征纳税主体双方法律地位平等，但是因为征税主体与纳税主体是行政管理者与被管理者的关系，所以征纳税主体双方的权利与义务不对等。

2. 税收法律关系的客体

税收法律关系的客体是指税收法律关系主体的权利、义务所共同指向的对象，也就是征税对象。税收法律关系的客体包括货币、实物和行为。

（二）税收法律关系的产生、变更和消灭

税收法律关系的产生、变更和消灭必须有能够引起税收法律关系产生、变更或者消灭的客观情况，即由税收法律事实决定。

税收法律事实可以分为税收法律事件和税收法律行为。税收法律事件是指不以税收法律关系主体的意志为转移的客观事件。税收法律行为是指税收法律关系主体在正常意志支配下作出的活动。

（三）税收法律关系的保护

税收法律关系的保护是指国家通过行政、法律的手段，保证税收法律关系主体权利的实现和义务的履行。税收法律关系的保护方法主要包括行政手段和司法手段。

六、税收债权债务关系

税法学界对税收法律关系性质的分歧，主要集中在"税收权力关系说"和"税收债务关系说"两种学说上。20世纪初期，在德国存在两派对立的观点：一派以奥托·梅耶（Otto Mayer）为代表，倡导"税收权力关系说"，他们认为税收法律关系的性质是国民对国家征税权的服从关系；另一派以阿尔巴特·亨塞尔（Albert Hensel）为代表，倡导"税收债务关系说"，他们认为税收法律关系的性质是国家对纳税人请求履行税收债务的关系，是一种公法上的债务关系。"税收债务关系说"在德国1919年的《税收通则法》中得以确定,该法规定纳税义务不依课税处分而成立,而以满足课税要件而成立。

在现代社会,"税收债务关系说"已成为税法学界通说,并为法治国家税收实践所践行。税收作为公法上的债与私法上的债有以下三点区别:

(1)在公法债权债务关系中,债权人是以公共利益维护者的身份出现,而不是个人利益的代表人。

(2)在公法金钱给付义务中,相对于作为债务人的人民,作为债权人的国家居于公权力主体的地位,在公法关系上有上下服从关系,二者地位并不对等。

(3)在公法金钱给付义务中,国家虽居于上位地位,但亦受到较严格的拘束:

① 税收请求权须有法律依据(法律保留原则),只有具备法定课税要件,才能产生纳税的法律效果。

② 国家在实现税收债务时,应注意基本权的保障,特别是受严格平等原则拘束,亦即依量能课税原则予以平等负担。

七、税收法定原则

税收是依据国家法律将国民经济上所产生财富的一部分强制移归国家的一种手段。由于税收涉及对公民基本权的限制,在法治主义之下,为了保障国民的自由与权利,税收属于法律保留事项,必须通过法律的形式来决定。

税收法定原则主要包含以下内容。

(一)课税要素法定

这是模拟刑法上罪刑法定主义而形成的原则,它的含义是因税收的作用客观上导致对国民财产权的侵害,所以课税要素的重要特征,如课税主体、课税客体、课税标准、税率等内容,以及税收的课赋和征收的程序都必须由法律规定。

(二)课税要素明确

基于依法行政、法明确性的要求,征税机关不仅应当遵守法律的规定,对于设定纳税义务的法律规定,其内容、对象、目的、范围亦应充分明确,使纳税人得以预见并评估其税收负担,从而安排自我负责之生活方式。

(三)税收立法领域授权立法的限制

由于立法工作负荷过重及立法机关对行政事务技术上的问题陌生,立法机关往往必须授权行政机关制定行政命令以具体化法律的内容。但是,对授权立法必须予以严格的限制。授权立法应当遵循以下原则。

1. 授权明确性原则

即授权的内容必须明确,不允许一般的、空白的授权(即无限制的授权)。

2. 转授权禁止原则

被授权的行政机关应当在授权范围内自行立法,禁止其将被授予的立法权再转授予其他部门。

（四）税务机关依法稽征

税收债务在满足税收规定的构成要件时成立，税务机关应严格按照税法的规定予以征收。税收征纳从税务登记、纳税申报、应纳税额确定、税款缴纳到纳税检查都必须有严格而明确的法定程序，税务机关无权变动法定征收程序，无权擅自决定开征、停征、减免、退补税收。

第二节 我国税收的种类

一、税收种类概述

税收可以按照一定的标准划分为若干类别。按税负能否转嫁可分为直接税和间接税；按计税依据可分为从价税和从量税；按税收与价格的关系可分为价内税和价外税；按征收实体可分为实物税、货币税和劳役税；按税收管辖与支配可分为国税、地税和共享税；等等。

以征税对象为标准进行分类是国际上最基本的一种税收分类方式。据此，我国税收大致可以划分为以下五大类：① 针对流转额征收的流转税；② 针对所得额或者收益额征收的所得税；③ 针对特定财产征收的财产税；④ 针对特定行为或者特定目的征收的行为和目的税；⑤ 针对开发利用的资源数量或者价值征收的资源税。

二、流转税

流转税是生产、流通和服务领域中，以商品和劳务的流转额为征税对象的税的统称。流转税是我国的主体税种，主要包括增值税、消费税、关税等。此类税的特点是与商品生产、流通、消费有密切联系，对什么商品征税，税率多高，对商品经济活动都有直接影响，易于发挥对经济的宏观调控作用。

（一）增值税

增值税是以商品（含应税劳务）在流转过程中产生的增值额和进口货物的价值为对象征收的一种税。

1. 征收对象

增值税的征收对象主要包括销售的货物、服务、无形资产、不动产和金融商品及进口的货物。进口货物的增值税由税务机关委托海关代征。

2. 纳税人

在我国境内销售货物、服务、无形资产、不动产和金融商品及进口货物的单位和个人，为增值税的纳税义务人。为了便于征收管理，增值税纳税人按其经营规模大小及会计核算健全程度分为一般纳税人和小规模纳税人两类。一般纳税人可自行开具增值税专用发票,并可在纳税时抵扣进项税额;小规模纳税人可自行开具增值税普通发票,并不得抵扣进项税额(部分行业的小规模纳税人可以自行开具增值税专用发票)。

3. 税率

增值税税率就是增值税税额占货物或者应税劳务销售额的比率,是计算货物或者应税劳务增值税税额的尺度。我国现行增值税属于比例税率,目前根据应税行为一共分为13%、9%、6%三档税率及5%、3%两档征收率。

出口货物适用零税率,出口货物在报关时不征税,在之前各经营环节产生的增值税应予全部退还。

4. 应纳税额的计算

一般纳税人销售货物或者提供应税劳务时,应纳税额为当期销项税额抵扣当期进项税额后的余额。计算公式为

$$应纳税额 = 销项税额 - 进项税额 = 不含增值税销售额 \times 税率 - 进项税额$$

小规模纳税人在计算应纳税额时不得抵扣进项税额。计算公式为

$$应纳税额 = 不含增值税销售额 \times 征收率$$

一般纳税人和小规模纳税人在进口货物时,计税依据是关税完税价格、关税和消费税的总和,亦不得抵扣进项税额。计算公式为

$$应纳税额 = (关税完税价格 + 关税 + 消费税) \times 税率$$

(二) 消费税

消费税是对在我国境内销售、委托加工和进口应税消费品的单位和个人,就其销售额或者销售数量征收的一种税。

1. 征收对象

消费税的征收对象包括以下几类:有危害性的特殊消费品;非生活必需品、奢侈品;高能耗及高档消费品;不可再生的资源性消费品;具有一定财政意义的消费品。

目前,我国征收消费税的税目有 15 个:烟、酒、高档化妆品、贵重首饰及珠宝玉石、鞭炮、焰火、成品油、摩托车、小汽车、高尔夫球及球具、高档手表、游艇、木制一次性筷子、实木地板、电池、涂料。

2. 纳税人

在我国境内销售、委托加工和进口应税消费品的单位和个人,为消费税的纳税义务人。

3. 税率

针对不同的应税消费品,分别采用比例税率、固定税率和复合税率三种形式。

对于价格差异大、计量单位难以规范的消费品,采用从价定率的比例税率,除黄酒、啤酒、成品油、卷烟、白酒外的大多数应税消费品采用不同幅度的比例税率。

对于价格差异不大、计量单位规范的消费品,采用从量定额的定额税率,如黄酒的单位税额为 240 元/吨。

卷烟和白酒则采用从价定率和从量定额结合的复合税率。

4. 应纳税额的计算

适用比例税率的应税消费品的消费税应纳税额的计算公式为

$$应纳税额 = 应税消费品的销售额 \times 比例税率$$

适用定额税率的应税消费品的消费税应纳税额的计算公式为

$$应纳税额 = 应税消费品的销售数量 \times 单位税额$$

适用复合税率的应税消费品的消费税应纳税额的计算公式为

$$应纳税额 = 应税消费品的销售额 \times 比例税率 + 应税消费品的销售数量 \times 单位税额$$

（三）关税

关税是根据进出口关税条例对准许进出口的货物和进境物品征收的一种税。广义关税还包括进口环节代征的增值税和消费税等。

1. 征收对象

关税的征收对象是我国准许进出口的货物和进境物品，包括贸易性商品和通过相关渠道入境的个人物品。

2. 纳税人

进口货物的收货人、出口货物的发货人、进境物品的所有人，为关税的纳税义务人。

3. 税率

目前，我国进出口货物关税税率主要有最惠国税率、协定税率、特惠税率、普通税率、关税配额税率等。

4. 应纳税额的计算

适用从价计征货物的关税计算公式为

$$应纳税额 = 完税价格 \times 关税税率$$

适用从量计征货物的关税计算公式为

$$应纳税额 = 货物数量 \times 单位税额$$

三、所得税

所得税是以纳税人的所得额或者收益额为征税对象的税的统称，包括企业所得税和个人所得税。其特点是可以直接调解纳税人的收入，发挥公平税负、调整分配关系的作用。

（一）企业所得税

企业所得税是对企业和其他取得收入的组织的生产经营所得及其他所得征收的一种税。

1. 征收对象

企业和其他取得收入的组织的生产经营所得及其他所得，包括销售货物所得，提供劳务所得，转让财产所得，股息、红利所得，利息所得，租金所得，特许权使用费所得，接受捐赠所得和其他所得。

2. 纳税人

我国境内的企业和其他取得收入的组织，为企业所得税的纳税人。除国有企业、集体企业、民营企业、股份制企业、外商投资企业、外国企业等类型的企业外，还包括创收的事业单位、社会团体、商会、基金会、农民专业合作社等，但不包括个人独资企业和合伙企业，因为这两类企业适用个人所得税。

3. 纳税年度

纳税年度自公历1月1日起至12月31日止。

4. 税率

我国现行企业所得税采用25%的比例税率,但非居民企业在中国境内未设立机构、场所但取得来源于中国境内的所得,或者虽设立机构、场所但取得的与其所设机构、场所没有实际联系的所得,适用20%的比例税率。此外,符合条件的小型微利企业和国家重点扶持的高新技术企业分别采用20%和15%的税率。

5. 应纳税额的计算

$$应纳税额 = 应纳税所得额 \times 适用税率 - 减免税额 - 抵免税额$$

企业应纳税所得额的计算,以权责发生制为原则,属于当期的收入和费用,不论款项是否收付,均作为当期的收入和费用;不属于当期的收入和费用,即使款项已经在当期收付,均不作为当期的收入和费用,税法另有规定的除外。

企业本年度的收入总额,减除不征税收入、免税收入、准予扣除项目金额和允许弥补的以前年度亏损以后的余额,为企业所得税的应纳税所得额。

(二) 个人所得税

个人所得税是国家对个人的劳务和非劳务所得征收的一种税。

1. 征收对象

个人应税所得包括:① 工资、薪金所得;② 劳务报酬所得;③ 稿酬所得;④ 特许权使用费所得;⑤ 经营所得;⑥ 利息、股息、红利所得;⑦ 财产租赁所得;⑧ 财产转让所得;⑨ 偶然所得。

居民个人取得上述第①项至第④项所得(以下简称"综合所得"),按纳税年度合并计算个人所得税;非居民个人取得上述第①项至第④项所得,按月或者按次分项计算个人所得税。纳税人取得上述第⑤项至第⑨项所得,分别计算个人所得税。

2. 纳税人

在中国境内有住所,或者无住所而一个纳税年度内在中国境内居住累计满183天的个人,为居民个人。在中国境内无住所又不居住,或者无住所而一个纳税年度内在中国境内居住累计不满183天的个人,为非居民个人。其中,居民纳税人对其从中国境内和境外取得的所得承担无限纳税义务,非居民纳税人仅就来源于中国境内的所得向中国纳税。

3. 纳税识别号

为了便于个人所得税的申报和征管,《个人所得税法》确立了纳税人纳税识别号制度,即纳税人有中国公民身份号码的,以中国公民身份号码为纳税人识别号;纳税人没有中国公民身份号码的,由税务机关赋予其纳税人识别号。

4. 税率

个人所得税的税率:① 综合所得,适用3%~45%的超额累进税率;② 经营所得,适用5%~35%的超额累进税率;③ 利息、股息、红利所得,财产租赁所得,财产转让所得和偶然所得,适用20%的比例税率。

5. 个人所得税起征点

目前,《个人所得税法》确定的个税起征点为5 000元/月。起征点5 000元标准不是固定不变的，今后还将结合深化个人所得税改革及城镇居民基本消费支出水平的变化情况进行动态调整。

6. 专项扣除与专项附加扣除

专项扣除主要包括"三险一金"，即基本养老保险费、基本医疗保险费、失业保险费、住房公积金。

专项附加扣除包括子女教育、继续教育、大病医疗、住房贷款利息或者住房租金、赡养老人等支出，今后随着经济社会发展和人民生活水平提高，专项附加扣除范围和标准还将动态调整。

7. 应纳税额的计算

适用比例税率的计算方法为

$$应纳税额 = 应纳税所得额 \times 适用税率$$

适用超额累进税率的计算方法为

$$应纳税额 = 应纳税所得额 \times 适用税率 - 速算扣除数$$

$$应纳税所得额 = 扣除"三险一金"后月收入 - 扣除标准$$

8. 个人所得税汇算清缴期间

居民个人取得综合所得，按年计算个人所得税；有扣缴义务人的，由扣缴义务人按月或者按次预扣预缴税款；需要办理汇算清缴的，应当在取得所得的次年3月1日至6月30日内办理汇算清缴。

纳税人取得经营所得，在取得所得的次年3月31日前办理汇算清缴，与综合所得汇算清缴错峰进行。

四、财产税

财产税是以纳税人拥有或者支配的某些财产为征税对象的一类税。我国目前征收的主要财产税包括房产税、契税等。

（一）房产税

房产税是以房屋为征收对象，按房产的计税余值或者租金收入，向产权所有人或者使用人征收的一种税。

1. 征收对象

以房屋形态表现的财产，包括城市、县城、建制镇和工矿区四类地区的房屋。我国主要对用于生产经营的房屋征收房产税，其计税依据为房产的计税余值或者房产的租金收入。

2. 纳税人

产权所有人、经营管理单位、承典人、房产代管人或者使用人，为房产税的纳税义务人。

3. 税率

从价计征时的税率为1.2%，从租计征时的税率为12%。对个人出租住房可减按4%征收。

4. 应纳税额的计算

从价计征的计算方法为

$$应纳税额 = 应税房产原值 \times (1 - 扣除比例) \times 适用税率$$

从租计征的计算方法为

$$应纳税额 = 租金收入 \times 适用税率$$

(二) 契税

契税是在财产转移过程中根据当事人之间签订的合同契约向产权承受人征收的一种税。

1. 征收对象

在我国境内转移土地、房屋权属的行为,包括土地使用权出让、土地使用权转让、房屋买卖、房屋赠与、房屋互换等。出让、出售、买卖行为一般以成交价格为计税依据;赠与行为以核定价格为计税依据;互换行为以差价为计税依据。

2. 纳税人

在我国境内转移土地、房屋权属的承受单位和个人,为契税的纳税义务人。

3. 税率

契税税率为3%~5%,具体适用税率由省、自治区、直辖市人民政府在此幅度内按照本地区实际情况提出,报同级人民代表大会常务委员会决定,并报全国人民代表大会常务委员会和国务院备案。

4. 应纳税额的计算

$$应纳税额 = 计税依据 \times 适用税率$$

(三) 车船税

车船税是对拥有车船的单位和个人所征收的一种税。

1. 征收对象

《中华人民共和国车船税法》(以下简称《车船税法》)所附《车船税税目税额表》规定的车辆、船舶。车船税的计税依据有以下几种:辆、整备质量、净吨位、艇身长度等。

2. 纳税人

应税车辆、船舶的所有人或者管理人,为车船税的纳税义务人。

3. 税率

实行有幅度的定额税率,《车船税法》对各种车辆分别规定一个年税额幅度,车辆的具体适用税额由省、自治区、直辖市人民政府确定;船舶的具体适用税额由国务院确定。

4. 应纳税额的计算

$$应纳税额 = 货物数量(辆数、整备质量吨数、净吨位吨数、艇身长度米数) \times 单位税额$$

五、特定行为和特定目的税

特定行为和特定目的税是国家针对纳税人的特定行为或者为了特定目的而征收的一类

税，主要包括印花税、车辆购置税、城市维护建设税、烟叶税等。

（一）印花税

印花税是对经济活动中书立应税凭证、进行证券交易的行为征收的一种税。

1. 征收对象

应税凭证主要包括经济合同、产权转移书据和营业账簿。证券交易是指转让在依法设立的证券交易所、国务院批准的其他全国性证券交易所交易的股票和以股票为基础的存托凭证。

2. 纳税人

书立应税凭证的单位和个人、证券交易的出让方，为印花税的纳税义务人。其中，应税凭证的当事人包括立合同人、立据人、立账簿人、使用人。

3. 税率

经济合同、产权转移书据、记载资金的账簿、证券交易均适用比例税率。2021年6月10日，第十三届全国人民代表大会常务委员会第二十九次会议通过《中华人民共和国印花税法》，取消对权利、许可证照及其他账簿每件征收5元印花税的规定。

4. 应纳税额的计算

$$应纳税额 = 应税凭证计税金额 \times 适用税率$$

（二）车辆购置税

车辆购置税是对购置应税车辆的单位和个人，以其购置车辆的计税价格为计税依据一次性征收的一种税。

1. 征收对象

中国境内购置应税车辆的行为，包括以购买、进口、自产、受赠、获奖或者其他方式取得并自用应税车辆的行为。应税车辆的范围包括汽车、有轨电车、汽车挂车、排气量超过150 mL的摩托车。车辆购置税的计税依据为计税价格，计税价格的确定分以下四种情形：① 若是购买自用的应税车辆，计税价格为支付给销售者的全部价款，包括价外费用，但不包括增值税税款；② 若是进口自用的应税车辆，计税价格为关税完税价格、关税和消费税的总和；③ 若是自产自用的应税车辆，计税价格按照纳税人生产的同类应税车辆的销售价格确定；④ 若是以受赠、获奖或者其他方式取得自用的应税车辆，计税价格按照购置应税车辆时相关凭证载明的价格确定。

2. 纳税人

购置应税车辆的单位和个人，为车辆购置税的纳税义务人。

3. 税率

采用10%的固定比例税率。

4. 应纳税额的计算

$$应纳税额 = 计税价格 \times 适用税率$$

（三）城市维护建设税

城市维护建设税是国家对缴纳增值税、消费税的单位和个人就其实际缴纳的增值税、消费税税额为计税依据而征收的一种税。

1. 征收对象

以附加税的形式出现，其计税依据为纳税人实际缴纳的增值税、消费税。

2. 纳税人

负有缴纳增值税、消费税义务的单位和个人，为城市维护建设税的纳税义务人。外商投资企业、外国企业和外国人不缴纳城市维护建设税。

3. 税率

采用地区差别比例税率。纳税人所在地在市区的，税率为7%；纳税人所在地在县城、镇的，税率为5%；纳税人所在地不在市区、县城或者镇的，税率为1%。

4. 应纳税额的计算

$$应纳税额 = 计税依据 \times 适用税率$$

（四）烟叶税

烟叶税是国家向在中国境内收购烟叶的单位征收的一种税。该税脱胎于农村税费改革前的烟叶特产农业税。

1. 征收对象

烟叶，包括晾晒烟叶、烤烟叶。烟叶税的计税依据为烟叶收购价款和价外补贴之和，价外补贴按烟叶收购价款的10%计算。

2. 纳税人

在我国境内收购烟叶的单位，为烟叶税的纳税义务人。

3. 税率

适用20%的比例税率。

4. 应纳税额的计算

$$应纳税额 = 烟叶收购金额 \times 适用税率$$

六、资源税

广义的资源税是对开发与利用自然资源的单位和个人征收的一种税。我国现行征收的资源税类主要有跟矿产资源和盐有关的资源税，跟土地资源有关的城镇土地使用税、耕地占用税和土地增值税。

（一）资源税

我国现行的资源税仅是对在我国境内开采或者生产矿产品或者盐的单位和个人就其所开采或者生产的数量或者金额所征收的一种税。

1. 征收对象

主要是矿产品和盐。矿产品包括原油、天然气、煤、其他非金属矿原矿、黑色金属矿原矿、有色金属矿原矿等。盐包括固体盐和液体盐。

2. 纳税人

在我国境内开采或者生产应税资源产品的单位或个人，为资源税的纳税人。

3. 税率

资源税按照《税目税率表》实行从价计征或者从量计征。从价计征的税率分固定比例税率和幅度比例税率两类，从量计征的税率采用幅度定额税率。

4. 应纳税额的计算

从价计征的计算方法为

$$应纳税额 = 应税资源产品的销售额 \times 适用税率$$

从量计征的计算方法为

$$应纳税额 = 应税资源产品的销售数量 \times 单位税额$$

（二）城镇土地使用税

城镇土地使用税是国家对在城市、县城、建制镇、工矿区范围内使用土地的单位和个人征收的一种税。

1. 征收对象

在城市、县城、建制镇、工矿区范围内使用国家所有和集体所有土地的行为。其计税依据为实际占用的土地面积。

2. 纳税人

在城市、县城、建制镇、工矿区范围内使用土地的单位和个人，为城镇土地使用税的纳税义务人。

3. 税率

采用幅度定额税率，以每平方米为计税单位，按土地所在区域确定税额幅度。

4. 应纳税额的计算

$$应纳税额 = 实际占用计税土地面积（平方米） \times 单位税额$$

（三）耕地占用税

耕地占用税是对占用耕地建设建筑物、构筑物或者从事非农业建设的单位和个人征收的一种税。

1. 征收对象

占用国家所有和集体所有的耕地建设建筑物、构筑物或者从事非农业建设的行为。这里的耕地包括种植粮食作物、经济作物的土地，菜地，园地，新开荒地，休闲地，轮歇地，鱼塘，草田轮作地，等等。其计税依据为实际占用的耕地面积。

2. 纳税人

占用耕地建设建筑物、构筑物或者从事非农业建设的单位和个人，为耕地占用税的纳税义务人。

3. 税率

采用幅度定额税率，根据当地人均耕地的稀缺程度，确定单位面积的税额幅度。

4. 应纳税额的计算

$$应纳税额 = 实际占用计税耕地面积（平方米） \times 单位税额$$

（四）土地增值税

土地增值税是对转让国有土地使用权、地上的建筑物及其附着物并取得增值性收入的单位和个人征收的一种税。

1. 征收对象

转让国有土地使用权、地上的建筑物及其附着物（以下简称"转让房地产"）所取得的增值额，即纳税人转让房地产所取得的收入减除规定的扣除项目金额后的余额。

2. 纳税人

转让国有土地使用权、地上的建筑物及其附着物并取得收入的单位和个人，为土地增值税的纳税义务人。

3. 税率

实行四级超率累进税率。

4. 应纳税额的计算

应纳税额 = 土地增值额 × 适用税率 − 扣除项目金额 × 速算扣除系数

【思考题】

1. 简述税收的概念与特征。
2. 简述税收法定原则。
3. 简述税收的分类。
4. 简述增值税的类型。
5. 简述消费税的征收范围。
6. 简述个人所得税的纳税人。

【参考文献】

1. 徐孟洲. 税法 [M]. 3 版. 北京：中国人民大学出版社，2009.
2. 甄立敏. 税法与实务 [M]. 2 版. 北京：清华大学出版社，2009.
3. 刘剑文. 税法学 [M]. 3 版. 北京：北京大学出版社，2007.
4. 刘佐. 2020 年中国税制概览 [M]. 24 版. 北京：经济科学出版社，2020.
5. 戴正华，宋柏良，张群丽. 税法 [M]. 2 版. 上海：立信会计出版社，2010.
6. 《经济法学》编写组. 经济法学 [M]. 北京：高等教育出版社，2016.

第十二章 仲裁法律制度

进入20世纪以后,各国普遍把仲裁作为解决国际贸易争议的一种方式。国际联盟分别于1923年和1927年主持制定了《仲裁条款议定书》和《关于执行外国仲裁裁决的公约》,前者要求缔约国承认当事人之间签订的仲裁协议是有效的,后者则要求缔约国承认并执行根据仲裁协议作出的仲裁裁决。这两个公约的签订有利于国际商事仲裁工作的开展。第二次世界大战前后,许多国家相继成立了常设的仲裁机构。

1958年,联合国主持制定了《承认及执行外国仲裁裁决公约》(中国已参加)。1976年,联合国国际贸易法委员会通过了《贸易法委员会仲裁规则》,推荐各国经济贸易界采用。仲裁作为解决国际商事争议的一种方式,已在国际上得到普遍承认和广泛采用。不仅商品买卖合同中大多订有仲裁条款,其他经济贸易合同,如经济合作、技术转让、国际信贷、合营企业等合同也普遍采用仲裁方式解决争议。中国国际经济贸易仲裁委员会于1956年就开始了现代意义上的仲裁实践。

第一节 仲裁与仲裁法

一、仲裁概述

(一) 仲裁的概念

仲裁是指纠纷当事人在自愿基础上达成协议,将纠纷提交非司法机构的第三者审理,由第三者作出对争议各方均有约束力的裁决的一种解决纠纷的制度和方式。仲裁是在性质上兼具契约性、自治性、民间性和准司法性的一种争议解决方式。作为诉讼的补充,仲裁是解决商事、民事争议的重要方式之一。

仲裁具有以下三个要素:第一,仲裁以双方当事人自愿协商为基础;第二,仲裁活动由双方当事人共同选择的中立第三方进行;第三,仲裁裁决对双方当事人具有法律约束力。

仲裁虽非国家裁判行为,进行仲裁的中立第三方通常为民间机构,但仲裁的裁决与法院的判决一样具有强制执行力。因此，仲裁是一种准司法行为。从全世界范围来看，仲裁被广泛运用于民商事争议的解决，是当事人意思自治的体现。我国除民商事仲裁外，还确立了劳动争议仲裁与农村土地承包经营纠纷仲裁制度。1995年9月1日起施行的《中华人民共和国仲裁法》（以下简称《仲裁法》）仅适用于民商事仲裁，后两者不受《仲裁法》的调整，其中，劳动争议适用《中华人民共和国劳动争议调解仲裁法》，农村土地承包经营纠纷适用《中华人民共和国农村土地承包经营纠纷调解仲裁法》。

（二）仲裁的特点

1. 自愿性

当事人自愿是仲裁最突出的特点。仲裁以双方当事人自愿为前提，即当事人之间的纠纷是否提交仲裁，交与谁仲裁，仲裁庭如何组成，由谁组成，以及仲裁的审理方式、开庭形式等都是在当事人自愿的基础上，由双方当事人协商确定的。因此，仲裁是最能充分体现当事人意思自治原则的争议解决方式。

2. 专业性

民商事争议往往涉及特殊的知识领域，会遇到许多复杂的法律、经济贸易和有关的技术性问题，故专家裁判更能体现专业权威性。因此，由具有一定专业水平和能力的专家担任仲裁员对当事人之间的纠纷进行裁决是仲裁公正性的重要保障。根据《仲裁法》的规定，仲裁机构都备有分专业的由专家组成的仲裁员名册供当事人选择，专家仲裁由此成为民商事仲裁的重要特点之一。

3. 灵活性

由于仲裁充分体现当事人的意思自治，仲裁中的诸多具体程序都是由当事人协商确定的，因此，与诉讼相比，仲裁程序更加灵活，更具有弹性。

4. 保密性

仲裁以不公开审理为原则。有关的仲裁法律和仲裁规则也同时规定了仲裁员及仲裁秘书人员的保密义务。因此，当事人的商业秘密和贸易活动不会因仲裁活动而泄露。仲裁表现出极强的保密性。

5. 快捷性

仲裁实行一裁终局制，仲裁裁决一经仲裁庭作出即发生法律效力。这使当事人之间的纠纷能够迅速得以解决。

6. 经济性

仲裁的经济性主要表现在：时间上的快捷性使仲裁所需费用相对较少；仲裁无须多审级收费，使仲裁费往往低于诉讼费；仲裁的自愿性、保密性使当事人之间通常没有激烈的对抗，并且商业秘密不必公之于世，对当事人之间今后的商业机会影响较小。

7. 独立性

仲裁机构独立于行政机构，仲裁机构之间也无隶属关系。在仲裁过程中，仲裁庭独立进行仲裁，不受任何机关、社会团体和个人的干涉，亦不受仲裁机构的干涉，显示出最大的独立性。

8. 国际性

随着现代经济的国际化，当事人进行跨国仲裁已屡见不鲜。从仲裁案件的来源、当事人、仲裁庭的组成到裁决的执行,其中涉及的国际因素越来越多。

(三) 仲裁与其他争议解决方式的区别

仲裁与协商、调解、诉讼一样,都是解决民商事争议的方法,但仲裁与它们有很大的不同。

1. 仲裁与协商

协商解决争议是指当经济纠纷发生后,由双方当事人就争议的有关问题进行协商,双方均作出一定的让步,在完全自愿的基础上达成彼此都认可的和解协议,从而解决争议。协商达成的和解协议依靠当事人自觉履行,不具有法律约束力。而仲裁必须由第三方仲裁机构来主持,既可以组织当事人进行协商,也可以在当事人无法达成一致意见时作出仲裁裁决。对于生效的仲裁裁决,当事人可以向人民法院申请强制执行。

2. 仲裁与调解

调解按主持机构的不同可分为法院调解、行政调解、人民调解委员会调解及其他民间调解。调解与仲裁的相同之处在于,二者都是由第三方中立机构实施。不同之处在于,除法院调解外,调解达成的协议对当事人没有强制约束力,若当事人反悔,仍然可以通过仲裁或者诉讼解决争议;而生效的仲裁裁决具有和法院判决一样的效力,当事人不可以反悔,也不可以在仲裁之后提起诉讼。

3. 仲裁与诉讼

诉讼是由法院行使国家赋予的审判权来解决争议的方法。作为公力救济方式,诉讼具有严格的法定性、规范性和强制性,诉讼的结果具有绝对的权威,是权利保护的最终保障。起诉是每个公民享有的权利,只要有一方起诉,法院就可以行使法定管辖权对纠纷进行审理。诉讼程序依法进行,当事人不能选择。法院作出的生效判决,当事人必须履行;否则,轻则被强制执行,重则追究法律责任。

仲裁不属于公力救济。仲裁机构不享有司法权,其管辖权来自当事人的授权。生效的仲裁裁决,仲裁机构无权强制执行,必须向法院提出申请。仲裁体现的是当事人的意思自治原则,当事人享有很大的自由度,如协议选择仲裁机构、仲裁员、仲裁程序、仲裁事项等。与诉讼相比,仲裁具有专业性、保密性、灵活性和快捷性的特点,因而广受当事人青睐。

二、仲裁法概述

(一) 仲裁法的概念

仲裁法是调整仲裁机构与当事人之间的民事经济仲裁活动和活动中所产生的仲裁关系的法律规范的总称。仲裁法有狭义和广义之分。狭义的仲裁法仅指《仲裁法》,广义的仲裁法还包括最高人民法院关于仲裁法的司法解释、其他法律中关于仲裁的规定、国际条约及调整劳动争议(《中华人民共和国劳动争议调解仲裁法》由第十届全国人民代表大会常务委员会第三十一次会议于2007年12月29日通过,自2008年5月1日起施行)和农村土地承包经营纠纷的仲裁法律(《中华人民共和国农村土地承包经营纠纷调解仲裁法》由第十一届全国人民代表大会常务委员会第九次会议于2009年6月27日通过,自2010年1

月 1 日起施行)。

我国现行的《仲裁法》于 1994 年 8 月 31 日经第八届全国人民代表大会常务委员会第九次会议通过，自 1995 年 9 月 1 日开始施行，并于 2009 年 8 月 27 日和 2017 年 9 月 1 日经历两次修订。《仲裁法》共 8 章 80 个条款，包括总则、仲裁委员会和仲裁协会、仲裁协议、仲裁程序、申请撤销裁决、执行、涉外仲裁特别规定和附则。为了完善人民法院的仲裁司法审查工作，最高人民法院审判委员会于 2005 年 12 月 26 日通过了《最高人民法院关于适用〈中华人民共和国仲裁法〉若干问题的解释》（以下简称《仲裁法司法解释》），并于 2006 年 9 月 8 日起施行。

（二）《仲裁法》的适用

凡在中国领域内的仲裁机构进行的仲裁活动，都适用《仲裁法》，但在我国台湾、香港、澳门地区进行的仲裁，适用当地仲裁法。凡在中华人民共和国仲裁机构进行仲裁活动的当事人，无论是中国的公民、法人和其他组织还是外国的公民、法人和其他组织，均适用《仲裁法》。

《仲裁法》第二条规定："平等主体的公民、法人和其他组织之间发生的合同纠纷和其他财产权益纠纷，可以仲裁。"可见，《仲裁法》仅适用于民事经济争议而不适用于其他类型的争议。"合同纠纷"是指在经济活动中，双方当事人因订立或者履行各类经济合同而产生的纠纷，包括国内、国外平等主体的自然人、法人和其他组织之间的国内各类知识产权纠纷、房地产合同纠纷、期货和证券交易纠纷、保险合同纠纷、借贷合同纠纷、票据纠纷、抵押合同纠纷、运输合同纠纷和海商纠纷等，还包括涉外的、涉及香港、澳门和台湾地区的经济纠纷，以及涉及国际贸易、国际代理、国际投资、国际技术合作等方面的纠纷。"其他财产纠纷"是指因财产侵权而引起的非合同纠纷，如海上事故侵权赔偿纠纷、知识产权侵权纠纷、产品质量侵权纠纷等。

下列争议事项不能仲裁：① 涉及身份关系的争议，如婚姻、收养、监护、抚养、继承纠纷；② 依法应当由行政机关处理的行政争议。此外，劳动争议和农业集体经济组织内部的农业承包合同纠纷也不适用《仲裁法》，而由其他仲裁法规调整。

三、仲裁的原则

（一）自愿原则

仲裁的一个重要特点是实行当事人意思自治。自愿原则贯穿仲裁程序的始终，是仲裁制度的根本原则。当事人自愿原则体现在：对于是否提交仲裁、对哪些争议进行仲裁及由谁进行仲裁，当事人享有充分的自主权，可以通过仲裁协议进行约定。仲裁机构对争议的管辖权来自当事人的授权，没有当事人的授权，仲裁机构无权管辖和启动仲裁程序。

（二）或审或裁原则

《仲裁法》规定，当事人达成仲裁协议，一方向人民法院起诉的，人民法院不予受理，但仲裁协议无效的除外。也就是说，当事人一旦选择了仲裁就意味着其放弃了就原纠纷进行诉讼的权利。当事人要么选择仲裁，要么选择诉讼，二者只能择一。

或审或裁原则意味着仲裁作为一种独立解决争议的方式，与诉讼一样，对当事人的争议享有终局性裁判的效力。

（三）一裁终局原则

仲裁裁决作出后，当事人就同一纠纷不得再申请仲裁或者向人民法院起诉；当事人一方不履行裁决的，另一方可向人民法院申请强制执行。与两审终审的诉讼制度不同，仲裁实行一裁终局的制度，这有利于及时解决民商事争议，保证仲裁裁决的权威性。

（四）独立仲裁原则

独立仲裁原则有两层含义：第一，仲裁机构在设置上独立。仲裁机构与行政机关脱离隶属关系，仲裁机构之间也没有隶属关系；第二，仲裁庭即当事人临时选定组建的仲裁组织在审理案件时独立，不受仲裁委员会及行政机关、社会团体和其他个人的干涉。独立仲裁是公正裁决的前提和基础。

（五）公正及时原则

仲裁应当以事实为根据，以法律为准绳，公平合理、及时迅速地解决财产争议。仲裁在不违反法律的前提下，可以按照当事人的意愿，灵活地解决双方的争议。仲裁财产权益纠纷，强调及时、快速，以利于商品流转。

（六）不公开原则

仲裁原则上不公开开庭，当事人协议公开的，可以公开进行，但涉及国家秘密的除外。仲裁解决的是私权利纠纷，不涉及国家和社会共同利益，因此，仲裁程序无须向公众公开。民商事争议多涉及商业信誉，当事人往往不愿公之于众，仲裁的保密性是当事人选择仲裁的重要原因之一。为当事人保密成为仲裁的显著特征。

（七）司法监督与支持原则

司法机关对仲裁的监督与支持体现在以下几个方面：首先，人民法院就仲裁协议的有效性进行确认；其次，仲裁程序中涉及强制措施的，由当事人向人民法院申请执行，如财产保全和证据保全措施；最后，一方当事人拒不履行仲裁裁决的，当事人可以向人民法院申请强制执行。人民法院通过审查仲裁裁决的合法性对仲裁进行监督，如系违法，有权撤销仲裁裁决或者宣告对仲裁裁决不予执行。通过这种监督，对仲裁作必要的制约。

（八）适用民事诉讼法有关规定原则

《仲裁法》属于民事程序法，《仲裁法》的80个条款大多是规定仲裁特有的程序，而对一些与民事诉讼相同的程序未加规定或者只作简要规定，如送达、期间、使用语言文字、证据等，对此，仲裁程序可以适用民事诉讼法的有关规定。

第二节 仲裁机构与仲裁协会

目前，全世界有100多家常设的仲裁机构，依其性质和管辖范围可分为四类：一是国际性仲裁机构，是根据国际性民间商会章程和国际公约设立的仲裁机构，受理的案件范围较广，著名的有设在巴黎的国际商会仲裁院；二是地区性仲裁机构，是依一定地域内各个国家之间订立的多边条约或者决议而设立的，主要有美洲国家商事仲裁委员会、亚洲及远东经济委员会商事仲裁中心等；三是国家性仲裁机构，是各国根据本国法律设立的仲裁机构，瑞典斯德哥尔摩商会仲裁院、中国国际经济贸易仲裁委员会均属于此类；四是专业性仲裁机构，是由各个行业公会或者协会为解决本行业中发生的经济纠纷而设立的常设仲裁机构，如英国伦敦橡胶交易所的仲裁机构。根据《仲裁法》的规定，仲裁委员会是我国常设的仲裁机构。

一、仲裁委员会

仲裁委员会是我国以仲裁方式解决财产权益纠纷的组织形式。根据《仲裁法》的规定，我国仲裁委员会是一个独立于行政机关，又与行政机关有密切联系的机构。

《仲裁法》规定，仲裁委员会可以在直辖市和省、自治区人民政府所在地的市设立，也可以根据需要在其他设区的市设立。仲裁委员会由所在市的人民政府组织有关部门和商会统一组建。例如，政府组织有关部门和中国国际贸易促进委员会、中国国际商会共同组建的中国国际经济贸易仲裁委员会和中国海事仲裁委员会；地方政府组织有关部门和地方商会共同组建的上海仲裁委员会、北京仲裁委员会；等等。因此，仲裁委员会的机构设置、成员名单及专业构成、主任的任命等都需要经政府批准。

仲裁委员会还可以在某些行业中设立仲裁中心。例如，为了适应我国加入世界贸易组织和粮食流通市场化改革的需要，加强粮食行业自律，依法协调和解决行业内的经济贸易纠纷，2003年中国粮食行业协会、中国国际贸易促进委员会粮食行业分会与中国国际经济贸易仲裁委员会共同组建中国国际经济贸易仲裁委员会粮食行业争议仲裁中心。

设立仲裁委员会，应当经省、自治区、直辖市的司法行政部门登记。仲裁委员会不按行政区划层层设立，相互之间不具有行政隶属关系。

设立仲裁委员会应当具备以下条件：

第一，有自己的名称、住所和章程。仲裁委员会的章程应当依照《仲裁法》的规定制定，章程规定仲裁委员会的宗旨、组成人员的产生办法等。

第二，有必要的财产。必要的财产包括必要的办公用房、办公设备及开展工作的运转经费。

第三，有该委员会的组成人员。仲裁委员会由主任1人，副主任2—4人和委员7—11

人组成。仲裁委员会的主任、副主任和委员由法律、经济贸易专家和有实际工作经验的人员担任,其中法律、经济贸易专家不得少于仲裁委员会人数的2/3。仲裁委员会的组成人员可以是仲裁员,也可以不是仲裁员。

第四,有聘任的仲裁员。仲裁委员会应当从公道正派的人员中聘任仲裁员。仲裁员应当符合下列条件之一:① 通过国家统一法律职业资格考试取得法律职业资格,从事仲裁工作满8年的;② 从事律师工作满8年的;③ 曾任法官满8年的;④ 从事法律研究、教学工作并具有高级职称的;⑤ 具有法律知识、从事经济贸易等专业工作并具有高级职称或者具有同等专业水平的。

二、仲裁协会

中国仲裁协会是仲裁委员会的自律性组织,根据章程对仲裁委员会及其组成人员、仲裁员的违纪行为进行监督。《仲裁法》规定,中国仲裁协会是社会团体法人。仲裁委员会是中国仲裁协会的会员。中国仲裁协会的章程由全国会员大会制定。中国仲裁协会依照《仲裁法》和民事诉讼法的有关规定制定仲裁规则。

第三节 仲裁协议

一、仲裁协议的概念和法律特征

仲裁协议是指双方当事人同意把他们之间已经发生或者可能发生的争议交付某仲裁机构仲裁的共同意思表示。

仲裁协议具有以下法律特征:

第一,仲裁协议只能由具有利害关系的合同双方当事人或者其他财产权益争议的双方当事人自愿订立,是一种特殊的书面契约。

第二,仲裁协议既可将已经发生的纠纷提交仲裁解决,也可约定将可能发生的纠纷提交仲裁解决。

第三,仲裁协议具有广泛的约束力。对于仲裁机构而言,仲裁协议是受理争议案件的主要依据。它使某一仲裁机构取得管辖权而排除了其他仲裁机构的管辖权。对于法院而言,仲裁协议是排除法院对争议案件管辖的重要依据。在当事人之间订有仲裁协议的情况下,如果一方当事人将争议提交法院,法院将不予受理。此外,仲裁协议还是仲裁裁决得以承认和执行的前提条件,如果仲裁机构越权仲裁或者仲裁协议本身不合法,仲裁裁决将得不到法院的承认和执行。

二、仲裁协议的形式

仲裁协议必须用书面形式。书面形式不仅包括合同中的仲裁条款,还包括双方当事人通过信函所表现的特定争议提交仲裁的意思表示。仲裁协议有以下三种表现形式。

（一）仲裁条款

仲裁条款是指在争议发生之前，双方当事人在合同中订立的，将有关合同争议提交仲裁的条款。仲裁是国际经济贸易合同中最常用的争议解决方式。仲裁条款虽然是合同内容之一，但是一般认为具有一定的独立性，在合同被撤销或者被认定无效的情况下，仲裁条款作为解决合同争议的方式仍然有效。

（二）仲裁协议书

仲裁协议书是指在争议发生之前或者发生之后，双方当事人表示同意把该争议提交仲裁的专门书面协议。因为仲裁协议不是合同的一部分，而是单独的协议，所以独立性更强。无论是合同纠纷还是侵权类财产纠纷，当事人都可以通过签订仲裁协议书将争议提交仲裁，如中国海事仲裁委员会制定了船舶碰撞仲裁协议书的标准格式。

（三）其他形式

其他可以说明双方当事人同意将争议提交仲裁的书面文件，包括合同书、信件和数据电文（包括电报、电传、传真、电子数据交换和电子邮件）等。

仲裁协议的这三种表示形式的效力和作用是一样的，大多数国家的仲裁立法和有关的国际公约允许采用这三种形式。

三、仲裁协议的内容

从国际范围来看，仲裁协议的主要内容一般包括请求仲裁的意思表示、仲裁事项、仲裁地点、仲裁机构、仲裁规则及仲裁的法律适用。我国《仲裁法》第十六条规定，仲裁协议应当具有下列内容：① 请求仲裁的意思表示；② 仲裁事项；③ 选定的仲裁委员会。也就是说，只要三项内容同时具备，仲裁协议即为合法有效。

（一）请求仲裁的意思表示

请求仲裁的意思表示是仲裁协议的首要内容，因为只有当事人表明将争议提交仲裁的意愿，仲裁机构才获得争议管辖权。所以，当事人应当在仲裁协议中明确约定提交仲裁的意思表示。

（二）仲裁事项

仲裁事项是指当事人提交仲裁的争议范围，如将"合同的解释""违约责任"等明确规定为仲裁事项。在实践中，往往有当事人概括约定仲裁事项为"与合同有关的争议"。根据《仲裁法司法解释》的规定，当事人概括约定仲裁事项为合同争议的，基于合同成立、效力、变更、转让、履行、违约责任、解释、解除等产生的纠纷都可以认定为仲裁事项。

（三）选定的仲裁委员会

双方当事人在仲裁协议中应写明由哪一个仲裁委员会进行仲裁，否则仲裁协议无法执行。对于国内仲裁，主要写明仲裁委员会所处的地点；对于涉外仲裁，就要写明仲裁委员会的名称和所处的地点,未写明地点的,允许申请仲裁的当事人进行再次选择。

中国国际经济贸易仲裁委员会提供的示范仲裁条款为:"凡因本合同引起的或与本合同有关的任何争议,均应提交中国国际经济贸易仲裁委员会,按照仲裁时该会现行有效的仲裁规则进行仲裁。仲裁裁决是终局的,对双方都有约束力。"从该条款来看,仲裁协议似乎除上述三项法定内容外,还须约定仲裁程序和仲裁效力。但实际上,我国实行的是机构仲裁,一旦当事人将争议提交仲裁机构,就必须适用该机构的仲裁规则而不允许选择其他;同样,仲裁裁决对当事人具有法律效力并非基于当事人的约定,而是仲裁制度本身的法律特点。因此,仲裁程序和仲裁效力并非仲裁协议法定必须具备的内容。

四、仲裁协议的效力

(一)仲裁协议的独立性

仲裁协议的独立性是指仲裁协议一旦达成,其效力就具有独立性,不受主合同是否有效的影响。《仲裁法》第十九条规定:"仲裁协议独立存在,合同的变更、解除、终止或者无效,不影响仲裁协议的效力。"也就是说,仲裁协议本身有效的,仍然有效;本身无效的,仍然无效。仲裁协议效力的确定机关为仲裁委员会或者人民法院。当事人对仲裁协议的效力有异议的,可以通过以下途径进行申诉:

第一,当事人一方向仲裁委员会请求确认仲裁协议的效力。一般而言,仲裁委员会在收到仲裁申请书后,首先要认定仲裁协议是否有效。因为仲裁协议的有效性直接关系到仲裁庭是否取得仲裁管辖权。当事人对仲裁协议的效力有异议,应当在首次开庭前提出。仲裁委员会如果确认仲裁协议有效,该决定就是终局的,当事人不应向人民法院再次提出确认仲裁协议效力之诉。

第二,当事人一方向人民法院请求确认仲裁协议的效力,人民法院经过审理,作出裁定。人民法院确认仲裁协议的效力适用特别程序,一审终局。

第三,当事人一方向仲裁委员会请求确认仲裁协议效力,另一方向人民法院请求确认仲裁协议效力的,应由人民法院作出裁定。若仲裁委员会和人民法院对同一仲裁协议的认定结果不一致,以人民法院的认定结果为准。

根据《仲裁法司法解释》第十二条的规定,当事人向人民法院申请确认仲裁协议效力的案件,由仲裁协议约定的仲裁机构所在地的中级人民法院管辖;仲裁协议约定的仲裁机构不明确的,由仲裁协议签订地或者被申请人住所地的中级人民法院管辖。

(二)有效仲裁协议的效力

一个有效的仲裁协议对当事人、仲裁机构、人民法院会产生相应的法律后果。

1. 对当事人的效力——排斥起诉权

仲裁协议一经合法成立,首先对双方当事人产生法律效力,当事人因此丧失了就约定的争议向人民法院起诉的权利。如果当事人之间已达成仲裁协议,但一方当事人向人民法院起诉未声明有仲裁协议,人民法院受理后,另一方当事人在首次开庭前提交仲裁协议的,人民法院应当驳回起诉,但仲裁协议无效的除外;另一方当事人在首次开庭前未对人民法院受理该案提出异议的,视为放弃仲裁协议,人民法院应当继续审理。

2. 对仲裁机构的效力——获取管辖权

有效的仲裁协议是仲裁机构受理案件的依据。没有仲裁协议或者仲裁协议无效，仲裁机构就不能受理仲裁申请。如果非法受理，则作出的仲裁裁决无效，在申请强制执行时，人民法院可以撤销该裁决或者不予执行。

3. 对人民法院的效力——排斥司法管辖权

有效的仲裁协议对人民法院的效力首先表现为排斥了人民法院对该案件的管辖权，即当事人就仲裁协议约定范围内的事项向人民法院起诉，人民法院应当驳回起诉，不予受理。其次，仲裁协议是人民法院强制执行仲裁裁决的首要条件。一方当事人不履行仲裁裁决时，另一方当事人可以申请人民法院强制执行。人民法院首先要审查该裁决的合法性，主要是程序上是否违法，仲裁协议的有效直接关系到裁决的合法性。

（三）无效仲裁协议

根据我国《仲裁法》的规定和司法实践的经验，无效仲裁协议主要包括以下几种情形：① 约定的仲裁事项超出法律规定的仲裁范围；② 无民事行为能力人或者限制民事行为能力人订立的仲裁协议；③ 一方采取胁迫手段，迫使对方订立仲裁协议；④ 无法实现的仲裁协议；⑤ 违反《仲裁法》原则的仲裁协议；等等。"无法实现的仲裁协议"是指仲裁协议对仲裁事项或者仲裁委员会没有约定或者约定不明确，当事人达不成补充协议。根据《仲裁法司法解释》的规定，仲裁协议约定两个以上仲裁机构，或者约定由某地的仲裁机构仲裁而该地有两个以上仲裁机构，或者仅约定适用的仲裁规则而未约定仲裁机构时，当事人需要进行补充协议，否则仲裁协议无效。此外，当事人约定既可以向仲裁机构申请仲裁也可以向人民法院起诉的，仲裁协议无效；除非一方向仲裁机构申请仲裁，另一方未在仲裁庭首次开庭前提出异议（默认仲裁管辖）。

无效的仲裁协议在法律后果上视同无仲裁协议，当事人可以向人民法院起诉，也可以重新达成有效的仲裁协议，根据新的仲裁协议重新申请仲裁，但已经向人民法院起诉的除外。

第四节　仲裁程序

一、普通程序

仲裁程序是仲裁机构在仲裁审理过程中，仲裁机构、各方当事人及其他参与人从事仲裁活动必须遵守的程序，主要包括仲裁申请的提出、仲裁庭的组成、仲裁审理及仲裁裁决的作出和执行。普通程序是依据我国现行的《仲裁法》和《中华人民共和国民事诉讼法》（以下简称《民事诉讼法》）的规定制定的仲裁程序。

（一）申请和受理

订有仲裁协议的当事人，一旦发生纠纷且不能协商解决时，任何一方都可以依据仲裁协议提出仲裁申请。当事人申请仲裁，应当向仲裁委员会递交仲裁协议、仲裁申请书及副本。根据《仲裁法》的规定，当事人申请仲裁应当符合下列条件：① 有仲裁协议；② 有具体的仲裁请求和事实、理由；③ 属于仲裁委员会的受理范围。

仲裁委员会收到仲裁申请书之日起的 5 日内，经初步审理，分别作出以下决定：① 认为符合受理条件的，予以受理，并通知当事人；② 发现仲裁申请书有欠缺或者认为仲裁协议要补充的，通知当事人补正或者协议补充，自重新递交之日起 5 日内受理；③ 认为不符合受理条件的，不予受理，书面通知当事人并说明理由。

仲裁委员会受理仲裁申请后，应当在仲裁规则规定的期限内将仲裁规则和仲裁员名册送达申请人，并将仲裁申请书副本和仲裁规则、仲裁员名册送达被申请人。被申请人收到仲裁申请书副本后，应当在仲裁规则规定的期限内向仲裁委员会提交答辩书。仲裁委员会收到答辩书后，应当在仲裁规则规定的期限内将答辩书副本送达申请人。

被申请人提出请求的，应当在规定的期限内以书面形式提出。反请求书中要写明具体的反请求、反请求的原因及所依据的事实和证据，并附有关文件。

（二）仲裁庭的组成

仲裁庭可以由 3 名仲裁员或者 1 名仲裁员组成。当事人可以自行约定仲裁庭的组成形式。

1. 合议仲裁庭

合议仲裁庭是指由 3 名仲裁员组成的仲裁庭，其中 1 名为首席仲裁员。

当事人约定由 3 名仲裁员组成合议仲裁庭的，应当各自选定或者各自委托仲裁委员会主任选定 1 名仲裁员，第 3 名仲裁员由当事人共同选定或者共同委托仲裁委员会主任指定。第 3 名仲裁员为首席仲裁员。当事人为三方或者三方以上的，应当共同选定 3 名仲裁员，并选定其中 1 名为首席仲裁员，或者共同委托仲裁委员会主任指定 2 名仲裁员和首席仲裁员。

2. 独任仲裁庭

独任仲裁庭是指由 1 名仲裁员组成的仲裁庭。当事人约定由 1 名仲裁员组成独任仲裁庭的，应当由当事人共同选定或者共同委托仲裁委员会主任指定仲裁员。

当事人没有在仲裁规则规定的期限内约定仲裁庭的组成方式或者选定仲裁员的，由仲裁委员会主任指定。

（三）回避

尽管仲裁员由当事人自由选定，但如果仲裁员与案件有利害关系，足以影响其公正性的，仲裁员必须回避，当事人有权提出回避申请。

《仲裁法》规定，仲裁员有下列情形之一的，必须回避：① 是本案当事人或者当事人、代理人的近亲属；② 与本案有利害关系；③ 与本案当事人、代理人有其他关系，可能影响公正仲裁的；④ 私自会见当事人、代理人，或者接受当事人、代理人的请客送礼的。

当事人提出回避申请，应当说明理由，并在首次开庭前提出。回避事由在首次开庭后知道的，可以在最后一次开庭终结前提出。仲裁员回避的，由当事人重新选定或者指定仲裁员组成仲裁庭。

（四）仲裁审理

仲裁的审理过程包括开庭、收集调查证据、调解、采取保全措施、作出裁决等几个步骤。

1. 开庭

仲裁应当开庭进行。当事人协议不开庭的，仲裁庭可以根据仲裁申请书、答辩书及其他材料作出裁决。开庭分为公开开庭和不公开开庭。仲裁原则上不公开进行。当事人协议公开的，可以公开进行，但涉及国家秘密的除外。仲裁庭开庭仲裁的，仲裁委员会应当在仲裁规则规定的期限内将开庭日期通知双方当事人和其他仲裁参与人。当事人有正当理由的，可以在仲裁规则规定的期限内请求延期或者提前开庭。是否延期或者提前，由仲裁庭决定。

仲裁庭在仲裁审理过程中有权收集证据、调查事实，对当事人提供的证据进行质证。双方当事人为了支持自己的主张，也可以对其请求、答辩和反请求所依据的事实提出证据并有辩论的权利。

2. 和解

和解是指在没有仲裁员的参与下，当事人自行协商解决纠纷。当事人申请仲裁后，仍然可以自行和解。达成书面和解协议的，当事人可以请求仲裁庭根据和解协议作出裁决书或者撤回仲裁申请。作出仲裁裁决以后，和解协议的内容就以法律文件的形式确定下来，具有法定性，当事人不能反悔，也不能重新申请仲裁。

3. 调解

调解是指在仲裁员的主持下，当事人协商解决纠纷。在仲裁过程中，仲裁庭可以自行组织调解或者根据当事人的请求组织调解。当事人自愿调解的，仲裁庭应当调解。调解不成的，仲裁庭应当及时作出裁决。调解达成协议的，仲裁庭应当制作调解书或者根据协议的结果制作裁决书。调解书与裁决书具有同等法律效力，但调解书自双方当事人签收后生效，当事人签收前可以后悔。

4. 保全措施

保全包括证据保全和财产保全。保全措施是指在申请仲裁前或者在仲裁庭作出裁决前，由人民法院对案件涉及的重要证据、有关财产或者有争议的标的物所采取的强制性措施，以防止重要证据灭失或者保证仲裁裁决的顺利执行。当事人可以在申请仲裁前或者在仲裁过程中申请保全。

证据保全由证据所在地的基层人民法院作出裁定；财产保全由被申请人、保全人所在地或者财产所在地的中级人民法院作出裁定。当事人在仲裁前提出保全申请的，由当事人向人民法院提出；在仲裁过程中提出保全申请的，由仲裁委员会将申请转交人民法院。

5. 裁决

裁决应当按照多数仲裁员的意见作出。仲裁庭不能形成多数意见时，裁决应当按照首席仲裁员或者独任仲裁员的意见作出。裁决书自作出之日起发生法律效力。裁决书的内容包括仲裁请求、争议事实、裁决理由、裁决结果、仲裁费用的负担和裁决日期、仲裁员签名及仲裁委员会盖章。其中，当事人协议不愿写明争议事实和裁决理由的，可以不写。对裁决持不同意见的仲裁员可以签名，也可以不签名。

二、简易程序

中国国际经济贸易仲裁委员会仲裁规则设立了简易程序，适用于争议标的不大、情节简单的案件。

（一）适用简易程序的案件

除非当事人另有约定，凡争议金额不超过人民币 500 万元，或争议金额超过人民币 500 万元但经一方当事人书面申请并征得另一方当事人书面同意的，或双方当事人约定适用简易程序的，适用简易程序。

（二）简易程序的一般做法

1. 仲裁申请、答辩和反请求

申请人提出仲裁申请，经审查可以受理并适用简易程序的，仲裁委员会仲裁院应向双方当事人发出仲裁通知。被申请人应在收到仲裁通知后 20 日内提交答辩书、证据材料及其他证明文件；如有反请求，也应在此期限内提交反请求书、证据材料及其他证明文件。

2. 简易程序由独任仲裁员成立仲裁庭审理

独任仲裁员应由双方当事人共同选定或者委托仲裁委员会主任指定。

3. 仲裁审理

仲裁庭可以决定是书面审理还是开庭审理。开庭审理一般情况下只开一次庭。

4. 仲裁裁决

仲裁庭应在组庭后 3 个月内作出裁决书。经仲裁庭请求，仲裁委员会仲裁院院长认为确有正当理由和必要的，可以延长该期限。

第五节　裁决的执行

一、仲裁裁决的执行

通常情况下，仲裁裁决由当事人自愿执行。如果一方当事人不履行仲裁裁决，另一方当事人可以向人民法院申请强制执行。人民法院对仲裁裁决的强制执行是仲裁裁决强制力的最终保证。

（一）提出强制执行申请

当事人必须在法定期限内向有管辖权的人民法院提出申请，提交强制执行申请书及已生效的仲裁裁决书或者仲裁调解书。根据《仲裁法》的规定，申请执行的期间为《民事诉讼法》规定的 2 年期间，从法律文书规定履行期间的最后一日起计算。有管辖权的人民法院是被执行人住所地或者被执行的财产所在地的中级人民法院。

(二) 执行

接受申请的人民法院应当根据《民事诉讼法》的规定予以执行。但是,如果被申请人提出证据证明仲裁裁决有法定不应执行情形的,可以请求人民法院不予执行。人民法院经审查核实后,有下列情形之一的,裁定不予执行:① 当事人在合同中没有约定仲裁条款或者事后没有达成书面仲裁协议的;② 裁决的事项不属于仲裁协议的范围或者仲裁委员会无权仲裁的;③ 仲裁庭的组成或者仲裁的程序违反法定程序的;④ 认定事实的主要证据不足的;⑤ 适用法律确有错误的,仲裁员在仲裁该案时有索贿受贿、徇私舞弊、枉法裁决行为的。裁决被人民法院依法裁定不予执行的,当事人就该纠纷可以根据双方重新达成的仲裁协议申请仲裁,也可以向人民法院起诉。

二、申请撤销仲裁裁决

仲裁实行一裁终局的制度,仲裁裁决一经作出即发生法律效力,当事人不能就同一纠纷再申请仲裁或者向人民法院起诉。一裁终局制度体现了仲裁的独立性和权威性,体现了仲裁快速、便捷地解决纠纷的特点,但不能保证实践中所有的仲裁裁决都是合性和公正的。因此,《仲裁法》设置了申请撤销仲裁裁决的程序,以实现对仲裁裁决的必要监督。

申请撤销仲裁裁决是指当事人对符合法定撤销情形的仲裁裁决向人民法院提出申请,人民法院经审查核实,裁定撤销的行为。

(一) 提出撤销仲裁裁决的申请

任何一方当事人均可在法定期限内向仲裁委员会所在地中级人民提出申请,提交撤销仲裁裁决申请书、仲裁裁决书及相关证据。根据《仲裁法》的规定,法定期限是指自收到仲裁裁决书之日起6个月内。

(二) 审理

人民法院在审理过程中发现有下列情形之一的,应当裁定撤销仲裁裁决:① 没有仲裁协议的;② 仲裁的事项不属于仲裁协议的范围或者仲裁委员会无权仲裁的;③ 仲裁庭的组成或者仲裁的程序违反法定程序的;④ 裁决所根据的证据是伪造的;⑤ 对方当事人隐瞒了足以影响公正裁决的证据的;⑥ 仲裁员在仲裁该案时有索贿受贿、徇私舞弊、枉法裁决的行为的;⑦ 仲裁裁决违背社会公共利益的。未发现上述情况的,人民法院作出驳回申请的裁定。

(三) 中止撤销程序

人民法院受理撤销仲裁裁决的申请后,认为可以由仲裁庭重新仲裁的,通知仲裁庭在一定期限内重新仲裁,并裁定中止撤销程序。仲裁庭拒绝重新仲裁的,人民法院应当裁定恢复撤销程序。

仲裁裁决被人民法院依法撤销的,当事人就该纠纷可以根据双方重新达成的仲裁协议申请仲裁,也可以向人民法院起诉。

第六节 涉外仲裁的特别规定

一、涉外仲裁的概念

涉外仲裁是指解决涉外争议的仲裁,又称国际民商事仲裁。我国《仲裁法》第七章明确规定:"涉外经济贸易、运输和海事中发生的纠纷的仲裁,适用本章规定。"

根据《民法典》《民事诉讼法》及相关司法解释的规定,涉外民商事争议至少在主体、内容、客体三要素中具有涉外因素,具体包括:① 当事人一方或者双方是外国公民、法人或者其他组织;② 发生争议的民事法律关系设立、变更、终止的法律事实发生在国外;③ 民事法律关系当事人之间发生争议的标的在国外。符合上述条件之一的为涉外争议。

与国内仲裁相比,涉外仲裁规则更加自由,当事人享有更大的自治权。涉外仲裁具有以下特点:第一,涉外仲裁审理的是具有涉外因素的民商事争议,涉及港、澳、台地区的纠纷也适用涉外仲裁。第二,涉外仲裁一般由涉外仲裁机构审理。我国常设的涉外仲裁机构为中国国际商会下设的中国国际经济贸易仲裁委员会和中国海事仲裁委员会。第三,涉外仲裁常常涉及域外送达、取证等问题,裁决的强制执行需要得到外国法院的承认和执行。

二、涉外仲裁的特别规定

(一) 涉外仲裁程序适用的规定

1. 首先适用国际条约

1986年12月2日,第六届全国人民代表大会常务委员会第十八次会议决定,中国加入《承认及执行外国仲裁裁决公约》(以下简称《纽约公约》),因此,只要是根据中国法律认定为属于契约性和非契约性商事法律关系所引起的争议并建立在互惠基础上的仲裁,就应当首先适用国际条约的规定。

2. 适用《仲裁法》的特别规定

根据《仲裁法》第六十五条的规定,涉外经济贸易、运输和海事中发生的纠纷的仲裁,适用《仲裁法》中涉外仲裁的特别规定;没有规定的,适用《仲裁法》的其他有关规定。

3. 关于涉外仲裁规则的适用

《仲裁法》规定,中国国际商会可以依照《仲裁法》和《民事诉讼法》的有关规定制定涉外仲裁规则。2015年1月1日,中国国际经济贸易仲裁委员会新的仲裁规则开始实施。

（二）涉外仲裁委员会

根据《仲裁法》的规定，涉外仲裁委员会可以由中国国际商会组织设立。涉外仲裁委员会由主任1人、副主任若干人和委员若干人组成。涉外仲裁委员会的主任、副主任和委员可以由中国国际商会聘任。

长期以来，我国受理涉外仲裁案件的仲裁机构是中国国际经济贸易仲裁委员会和中国海事仲裁委员会，两者也因此成为专门受理涉外纠纷案件的常设仲裁机构。对于其他国内常设仲裁机构能否受理涉外仲裁案件，《仲裁法》并没有明确规定。1996年6月8日，国务院办公厅发布了《关于贯彻实施〈中华人民共和国仲裁法〉需要明确的几个问题的通知》，规定：新组建的仲裁委员会的主要职责是受理国内仲裁案件；涉外仲裁案件的当事人自愿选择新组建的仲裁委员会仲裁的，新组建的仲裁委员会可以受理。据此，依照《仲裁法》设立或者重新组建的仲裁机构，如北京仲裁委员会、上海仲裁委员会等，在涉外仲裁案件的当事人自愿选择其进行仲裁时，对该涉外仲裁案件具有管辖权。

（三）涉外仲裁规则

涉外仲裁规则可以由中国国际商会依照《仲裁法》和《民事诉讼法》的有关规定制定。

中国国际经济贸易仲裁委员会仲裁涉外纠纷案件，可以由中国国际商会依照《仲裁法》和《民事诉讼法》的有关规定制定仲裁规则。

各市的仲裁委员会仲裁涉外财产权益纠纷案件，可以适用由中国仲裁协会制定的涉外仲裁规则。

（四）外籍仲裁员

为了更公正地仲裁涉外案件，增强当事人的信任感，涉外仲裁委员会可以聘任外籍仲裁员。外籍仲裁员需要具有法律、经济贸易、科学技术等专业知识，不受工作年限和职称的限制。

（五）涉外仲裁裁决的承认与执行

1. 涉外仲裁裁决在我国的承认与执行

涉外仲裁机构的仲裁裁决在我国由一方当事人向被申请人住所地或者财产所在地的中级人民法院申请执行。

2. 外国仲裁裁决在我国的承认与执行

（1）《纽约公约》的缔约国作出的仲裁裁决在我国的承认与执行。我国加入《纽约公约》时作了两项保留，即互惠保留和商事保留。符合上述两个条件的外国仲裁裁决，申请人可依照《纽约公约》的规定直接向我国下列地点的中级人民法院申请承认与执行：①被执行人是自然人的，为其户籍所在地或者居住地；②被执行人是法人的，为其主要办事机构所在地；③被执行人在我国无住所、居所或者主要办事机构，但有财产在我国境内的，为其财产所在地。

（2）与我国订有双边条约的国家作出的仲裁裁决在我国的承认与执行。我国与一些国家订有双边贸易和司法协助的条约或者协定，其中有相互承认与执行对方国家的仲裁裁决的条款。对于在这些国家作出的仲裁裁决,可以按双边条约的规定予以承认与执行。

(3) 在其他国家作出的仲裁裁决在我国的承认与执行。对于在上述两类国家以外的其他国家作出的仲裁裁决需要在我国承认与执行的,应当由当事人向我国法院申请,我国法院按照互惠原则办理。

3. 涉外仲裁机构作出的仲裁裁决在外国的承认与执行

(1) 涉外仲裁机构作出的仲裁裁决在《纽约公约》缔约国的承认与执行,按《纽约公约》的规定办理。

(2) 涉外仲裁机构的仲裁裁决在与我国订有双边条约的国家的承认与执行,依照双边条约的规定办理。

(3) 涉外仲裁机构的仲裁裁决在非《纽约公约》缔约国,并且与我国也没有订立双边条约的国家的承认与执行。根据我国《仲裁法》和《民事诉讼法》的规定,涉外仲裁机构作出的发生法律效力的仲裁裁决,当事人请求执行的,如果被执行人或者其财产不在中国境内,应当由当事人直接向有管辖权的外国法院申请承认与执行。

【思考题】

1. 简述仲裁的基本原则。
2. 简述仲裁协议的内容与法律效力。
3. 比较仲裁与民事诉讼的异同。
4. 简述无效仲裁协议的情形和产生的法律后果。
5. 简述仲裁裁决的撤销和不予执行。

【参考文献】

1. 江伟. 仲裁法 [M]. 2版. 北京:中国人民大学出版社,2012.
2. 赵秀文. 国际商事仲裁法 [M]. 3版. 北京:中国人民大学出版社,2012.
3. 李广辉,王瀚. 仲裁法 [M]. 北京:对外经济贸易大学出版社,2011.

第十三章 民事诉讼法律制度

第一节 民事诉讼概述

一、民事诉讼的概念和基本原则

民事诉讼与刑事诉讼、行政诉讼共同构成我国基本诉讼制度体系。民事诉讼是指民事争议的当事人向人民法院提出诉讼请求,人民法院在双方当事人和其他诉讼参与人的参加下,依法审理和裁判民事争议的程序和制度。

民事诉讼的立法目的在于保护当事人行使诉讼权利,保证人民法院查明事实,分清是非,正确适用法律,及时审理民事案件,确认民事权利义务关系,制裁民事违法行为,保护当事人的合法权益,教育公民自觉遵守法律,维护社会秩序、经济秩序,保障社会主义建设事业顺利进行。适用于人民法院受理公民之间、法人之间、其他组织之间及他们相互之间因财产关系和人身关系提起的民事诉讼。

作为贯穿民事诉讼立法、执法、司法整个过程的根本性、指导性、基础性规范,民事诉讼的基本原则包括当事人平等原则、法院调解原则、辩论原则、诚信原则、处分原则和检察监督原则。民事诉讼当事人有平等的诉讼权利。人民法院审理民事案件,应当保障和便利当事人行使诉讼权利,对当事人在适用法律上一律平等。人民法院审理民事案件,应当根据自愿和合法的原则进行调解;调解不成的,应当及时判决。人民法院审理民事案件时,当事人有权进行辩论。民事诉讼应当遵循诚实信用原则。

二、诉讼参加人

诉讼参加人是指参加整个或者部分民事诉讼活动并对民事诉讼产生重大影响的当事人及与当事人诉讼地位相同或者相类似的人。根据我国《民事诉讼法》的规定,诉讼参加人包括当事人、第三人和诉讼代理人(法定代理人和委托代理人)。公民、法人和其他组织可以作为民事诉讼的当事人。法人由其法定代表人进行诉讼。其他组织由其主要负责人进行诉讼。

（一）当事人

民事诉讼当事人是指以自己的名义，就特定民事争议申请人民法院作出裁判并受裁判拘束的人和相对人。民事诉讼当事人存在广义说和狭义说两种观点。广义说的民事诉讼当事人包括原告、被告、共同诉讼人、第三人，狭义说的民事诉讼当事人仅指原告、被告、共同诉讼人，本书采用狭义说主张。当事人在不同的诉讼程序和诉讼阶段称谓不同。在第一审民事诉讼程序中，称为原告和被告；在第二审诉讼程序中，称为上诉人和被上诉人；审判监督程序的称谓取决于适用的程序，适用一审程序就是原告和被告，适用二审程序就是上诉人和被上诉人；执行程序、特别程序、督促程序、企业法人破产还债程序中，一般称为申请人和被申请人。

1. 当事人的诉讼权利能力和诉讼行为能力

当事人必须具备诉讼权利能力或者当事人能力才能够向人民法院提起诉讼，而是否能够亲自实施诉讼行为则取决于当事人是否具有诉讼行为能力。自然人的诉讼权利能力始于出生、终于死亡。法人和其他组织的诉讼权利能力始于成立、终于终止。

当事人的诉讼行为能力是指当事人能够通过自己的行为行使诉讼权利、履行诉讼义务的能力。具有完全民事行为能力的当事人也具有民事诉讼行为能力，无民事诉讼行为能力的自然人应由其法定代理人或者法定代理人委托的诉讼代理人代为行使民事诉讼权利。法人和其他组织的诉讼行为能力与其诉讼权利能力一致。

2. 当事人适格

当事人适格是指在具体的民事诉讼案件中，具有作为本案当事人起诉或者应诉的资格或者能力。原告是指与案件有直接利害关系，为了维护自己的民事权益而向人民法院提起诉讼的公民、法人和其他组织；被告是指被原告指控侵犯其权益并由人民法院通知应诉的公民、法人和其他组织。一般情况下案件所争议的民事法律关系的主体即为适格的当事人，但下列几种情形下虽然不是争议民事法律关系当事人，也是适格当事人：① 失踪人的财产代管人、遗产管理人和遗嘱执行人、股东代表诉讼中的股东、著作权集体管理组织、为保护死者名誉而起诉的近亲属；② 确认之诉中对诉讼标的有确认利益的自然人或者组织；③ 依法提起公益诉讼的机关、组织。

下列几种情形下适格当事人的确认：

（1）非依法设立的分支机构，或者虽依法设立，但没有领取营业执照的分支机构，以设立该分支机构的法人为当事人。

（2）以挂靠形式从事民事活动，当事人请求由挂靠人和被挂靠人依法承担民事责任的，该挂靠人和被挂靠人为共同诉讼人。

（3）提供劳务一方因劳务造成他人损害，受害人提起诉讼的，以接受劳务一方为被告。在劳务派遣期间，被派遣的工作人员因执行工作任务造成他人损害的，以接受劳务派遣的用工单位为当事人。当事人主张劳务派遣单位承担责任的，该劳务派遣单位为共同被告。

（4）个体工商户以营业执照上登记的经营者为当事人。有字号的，以营业执照上登记的字号为当事人，但应同时注明该字号经营者的基本信息。营业执照上登记的经营者与实际经营者不一致的，以登记的经营者和实际经营者为共同诉讼人。

（5）未依法登记领取营业执照的个人合伙的全体合伙人为共同诉讼人。个人合伙有依法核准登记的字号的，应在法律文书中注明登记的字号。全体合伙人可以推选代表人；被推选的代表人，应由全体合伙人出具推选书。

（6）法人或者其他组织的工作人员执行工作任务造成他人损害的，该法人或者其他组织为当事人。但下列情形，以行为人为当事人：① 法人或者其他组织应登记而未登记，行为人即以该法人或者其他组织名义进行民事活动的；② 行为人没有代理权、超越代理权或者代理权终止后以被代理人名义进行民事活动的，但相对人有理由相信行为人有代理权的除外；③ 法人或者其他组织依法终止后，行为人仍以其名义进行民事活动的。

（7）企业法人合并的，因合并前的民事活动发生的纠纷，以合并后的企业为当事人；企业法人分立的，因分立前的民事活动发生的纠纷，以分立后的企业为共同诉讼人。

（8）企业法人解散的，依法清算并注销前，以该企业法人为当事人；未依法清算即被注销的，以该企业法人的股东、发起人或者出资人为当事人。

（9）因保证合同纠纷提起的诉讼，债权人向保证人和被保证人一并主张权利的，人民法院应当将保证人和被保证人列为共同被告。保证合同约定为一般保证，债权人仅起诉保证人的，人民法院应当通知被保证人作为共同被告参加诉讼；债权人仅起诉被保证人的，可以只列被保证人为被告。

（10）无民事行为能力人、限制民事行为能力人造成他人损害的，无民事行为能力人、限制民事行为能力人和其监护人为共同被告。

（11）居民委员会、村民委员会或者村民小组与他人发生民事纠纷的，居民委员会、村民委员会或者有独立财产的村民小组为当事人。

（12）原告起诉被代理人和代理人，要求承担连带责任的，被代理人和代理人为共同被告。原告起诉代理人和相对人，要求承担连带责任的，代理人和相对人为共同被告。

3. 共同诉讼人

当事人一方或者双方为二人以上，其诉讼标的是共同的，或者诉讼标的是同一种类、人民法院认为可以合并审理并经当事人同意的，为共同诉讼。

共同诉讼人是指共同诉讼中一方或者双方为二人以上的当事人。其中，原告为二人以上的，称共同原告；被告为二人以上的，称共同被告。共同原告和共同被告，总称为共同诉讼人。共同诉讼的一方当事人对诉讼标的有共同权利义务的，其中一人的诉讼行为经其他共同诉讼人承认，对其他共同诉讼人发生效力；对诉讼标的没有共同权利义务的，其中一人的诉讼行为对其他共同诉讼人不发生效力。

4. 代表人诉讼

当事人一方人数众多的共同诉讼，可以由当事人推选代表人进行诉讼。

诉讼标的是同一种类、当事人一方人数众多在起诉时人数尚未确定的，人民法院可以发出公告，说明案件情况和诉讼请求，通知权利人在一定期间向人民法院登记。向人民法院登记的权利人可以推选代表人进行诉讼；推选不出代表人的，人民法院可以与参加登记的权利人商定代表人。代表人的诉讼行为对其所代表的当事人发生效力，但代表人变更、放弃诉讼请求或者承认对方当事人的诉讼请求,进行和解,必须经被代表的当事人同意。人民法院作出的判决、裁定,对参加登记的全体权利人发生效力。未参加登记的权利人在诉讼时效期间提起诉讼的,适用该判决、裁定。

(二) 公益诉讼起诉人

公益诉讼起诉人是指因环境污染、侵害众多消费者合法权益等损害社会公共利益的行为而向人民法院提起诉讼的法定机关和有关组织。人民检察院在履行职责中发现破坏生态环境和资源保护、食品药品安全领域侵害众多消费者合法权益等损害社会公共利益的行为,在没有上述机关和组织或者上述机关和组织不提起诉讼的情况下,可以向人民法院提起诉讼。上述机关或者组织提起诉讼的,人民检察院可以支持起诉。

(三) 第三人

民事诉讼第三人区分为有独立请求权的第三人和无独立请求权的第三人。

有独立请求权的第三人是指对本诉的当事人争议的标的有独立的请求权而参加诉讼的自然人或者组织。换言之,有独立请求权的第三人是认为本诉的原告、被告的权利主张侵犯了自己的权利,因此将本诉的原告、被告一并作为被告提起独立的诉讼请求的自然人或者组织。

无独立请求权的第三人是指对本诉的当事人争议的标的没有独立的请求权,但与案件的处理结果有法律上的利害关系而申请参加或者由人民法院通知参加诉讼的自然人或者组织。无独立请求权的第三人不能提出管辖权异议,不能放弃、变更诉讼请求或撤诉。

人民法院判决承担民事责任的第三人,具有当事人的诉讼权利义务。

第三人撤销之诉是指第三人因不能归责于本人的事由未参加诉讼,但有证据证明发生法律效力的判决、裁定、调解书的部分或者全部内容错误,损害其民事权益的,可以自知道或者应当知道其民事权益受到损害之日起6个月内,向作出该判决、裁定、调解书的人民法院提起诉讼。对下列情形提起的第三人撤销之诉,人民法院不予受理:① 适用特别程序、督促程序、公示催告程序、破产程序等非诉程序处理的案件;② 婚姻无效、撤销或者解除婚姻关系等判决、裁定、调解书中涉及身份关系的内容;③ 人数不确定的代表人诉讼案件中未参加登记的权利人对代表人诉讼案件的生效裁判;④公益诉讼案件的受害人对公益诉讼案件的生效裁判。其中③④情形可以另行起诉。人民法院经审理,诉讼请求成立的,应当改变或者撤销原判决、裁定、调解书;诉讼请求不成立的,驳回诉讼请求。第三人撤销之诉由作出原生效判决、裁定或者调解书的人民法院管辖。对撤销之诉的判决不服的,当事人可以上诉。

(四) 诉讼代理人

诉讼代理人分为法定代理人和委托代理人。法定代理人是指根据法律规定代理无诉讼行为能力人进行诉讼的自然人。无诉讼行为能力人由他的监护人作为法定代理人代为诉讼。法定代理人之间互相推诿代理责任的,由人民法院指定其中一人代为诉讼。法定代理人的被代理人是无诉讼行为能力人,法定代理人的代理权限由法律规定,无须当事人授权且可以按照自己的意志代理被代理人实施所有的诉讼行为。

委托代理人是指根据当事人、法定代理人的委托而代为诉讼的自然人。当事人、法定代理人可以委托一至二人作为诉讼代理人。下列人员可以被委托为诉讼代理人：① 律师、基层法律服务工作者；② 当事人的近亲属或者工作人员；③ 当事人所在社区、单位及有关社会团体推荐的公民。委托代理人的权限分为一般授权和特别授权。诉讼代理人代为承认、放弃、变更诉讼请求，进行和解，提起反诉或者上诉，必须有委托人的特别授权。

三、民事诉讼管辖

根据《中华人民共和国人民法院组织法》的规定，人民法院分为最高人民法院、地方各级人民法院和专门人民法院。地方各级人民法院分为高级人民法院、中级人民法院和基层人民法院。专门人民法院包括军事法院和海事法院、知识产权法院、金融法院等。以上法院均有权受理民事案件。民事诉讼的管辖是指上述各级人民法院之间及同级人民法院之间受理第一审民事案件的分工和权限。

（一）级别管辖

级别管辖是指按照一定的标准，划分各级人民法院之间受理第一审民事案件的分工和权限。根据《民事诉讼法》的规定，各级人民法院之间的具体分工如下：

（1）基层人民法院管辖第一审民事案件，但《民事诉讼法》另有规定的除外。即第一审民事案件原则上由基层人民法院管辖。

（2）中级人民法院管辖下列第一审民事案件：

① 重大涉外案件。根据《最高人民法院关于适用〈中华人民共和国民事诉讼法〉的解释》（以下简称《民诉法解释》）的规定，重大涉外案件包括争议标的额大的案件、案情复杂的案件，或者一方当事人人数众多等具有重大影响的案件。

② 在本辖区有重大影响的案件。

③ 最高人民法院确定由中级人民法院管辖的案件。

（3）高级人民法院管辖在本辖区有重大影响的第一审民事案件。

（4）最高人民法院管辖下列第一审民事案件：

① 在全国有重大影响的案件。

② 认为应当由本院审理的案件。

专利纠纷案件由知识产权法院、最高人民法院确定的中级人民法院和基层人民法院管辖。海事、海商案件由海事法院管辖。

（二）地域管辖

地域管辖是指同级人民法院之间受理第一审民事案件的分工和权限。地域管辖区分为一般地域管辖、特殊地域管辖、专属管辖、协议管辖和共同管辖。

1. 一般地域管辖

一般地域管辖是以当事人所在地为根据确定的管辖，以"原告就被告"为原则来确定管辖法院，即对公民提起的民事诉讼，由被告住所地人民法院管辖；被告住所地与经常居住地不一致的，由经常居住地人民法院管辖。对法人或者其他组织提起的民事诉讼，由被告住所地人民法院管辖。同一诉讼的几个被告住所地、经常居住地在两个以上人民法院辖区的，各该人民法院都有管辖权。

根据《民诉法解释》的规定，公民的住所地是指公民的户籍所在地，公民的经常居住地是指公民离开住所地至起诉时已连续居住一年以上的地方，但公民住院就医的地方除外。当事人的户籍迁出后尚未落户，有经常居住地的，由该地人民法院管辖；没有经常居住地的，由其原户籍所在地人民法院管辖。原告、被告均被注销户籍的，由被告居住地人民法院管辖。双方当事人都被监禁或者被采取强制性教育措施的，由被告原住所地人民法院管辖。被告被监禁或者被采取强制性教育措施一年以上的，由被告被监禁地或者被采取强制性教育措施地人民法院管辖。

法人或者其他组织的住所地是指法人或者其他组织的主要办事机构所在地。法人或者其他组织的主要办事机构所在地不能确定的，法人或者其他组织的注册地或者登记地为住所地。对没有办事机构的个人合伙、合伙型联营体提起的诉讼，由被告注册登记地人民法院管辖。没有注册登记，几个被告又不在同一辖区的，被告住所地的人民法院都有管辖权。

下列民事诉讼，由原告住所地人民法院管辖；原告住所地与经常居住地不一致的，由原告经常居住地人民法院管辖，即"被告就原告"的情形有：

（1）对不在中华人民共和国领域内居住的人提起的有关身份关系的诉讼。
（2）对下落不明或者宣告失踪的人提起的有关身份关系的诉讼。
（3）对被采取强制性教育措施的人提起的诉讼。
（4）对被监禁的人提起的诉讼。
（5）被告被注销户籍的。
（6）追索赡养费、扶养费、抚育费案件的几个被告住所地不在同一辖区的。
（7）夫妻一方离开住所地超过一年，另一方起诉离婚的。

2. 特殊地域管辖

特殊地域管辖是指以当事人所在地、诉讼标的或者诉讼标的物所在地、法律事实所在地等为标准确定的管辖。特殊地域管辖适用于以下情形：

（1）因合同纠纷提起的诉讼，由被告住所地或者合同履行地人民法院管辖。合同约定履行地点的，以约定的履行地点为合同履行地。合同对履行地点没有约定或者约定不明确，争议标的为给付货币的，接收货币一方所在地为合同履行地；交付不动产的，不动产所在地为合同履行地；其他标的，履行义务一方所在地为合同履行地。即时结清的合同，交易行为地为合同履行地。合同没有实际履行，当事人双方住所地都不在合同约定的履行地的，由被告住所地人民法院管辖。以信息网络方式订立的买卖合同，通过信息网络交付标的的，以买受人住所地为合同履行地；通过其他方式交付标的，收货地为合同履行地。合同对履行地有约定的，从其约定。

（2）因保险合同纠纷提起的诉讼，由被告住所地或者保险标的物所在地人民法院管辖。

（3）因票据纠纷提起的诉讼，由票据支付地或者被告住所地人民法院管辖。

（4）因公司设立、确认股东资格、分配利润、解散等纠纷提起的诉讼，由公司住所地人民法院管辖。

（5）因铁路、公路、水上、航空运输和联合运输合同纠纷提起的诉讼，由运输始发地、目的地或者被告住所地人民法院管辖。

（6）因侵权行为提起的诉讼，由侵权行为地或者被告住所地人民法院管辖。侵权行为地包括侵权行为实施地、侵权结果发生地。信息网络侵权行为实施地包括实施被诉侵权行为的计算机等信息设备所在地，侵权结果发生地包括被侵权人住所地。因产品、服务质量不合格造成他人财产、人身损害提起的诉讼，产品制造地、产品销售地、服务提供地、侵权行为地和被告住所地人民法院都有管辖权。

（7）因铁路、公路、水上和航空事故请求损害赔偿提起的诉讼，由事故发生地或者车辆、船舶最先到达地、航空器最先降落地或者被告住所地人民法院管辖。

（8）因船舶碰撞或者其他海事损害事故请求损害赔偿提起的诉讼，由碰撞发生地、碰撞船舶最先到达地、加害船舶被扣留地或者被告住所地人民法院管辖。

（9）因海难救助费用提起的诉讼，由救助地或者被救助船舶最先到达地人民法院管辖。

（10）因共同海损提起的诉讼，由船舶最先到达地、共同海损理算地或者航程终止地的人民法院管辖。

3. 专属管辖

专属管辖是指法律规定某些特殊类型的民事案件只能由特定人民法院受理的管辖。专属管辖的案件主要有以下几类：

（1）因不动产纠纷提起的诉讼，由不动产所在地人民法院管辖。不动产纠纷是指因不动产的权利确认、分割、相邻关系等引起的物权纠纷。农村土地承包经营合同纠纷、房屋租赁合同纠纷、建设工程施工合同纠纷、政策性房屋买卖合同纠纷，按照不动产纠纷确定管辖。不动产已登记的，以不动产登记簿记载的所在地为不动产所在地；不动产未登记的，以不动产实际所在地为不动产所在地。

（2）因港口作业中发生纠纷提起的诉讼，由港口所在地人民法院管辖。

（3）因继承遗产纠纷提起的诉讼，由被继承人死亡时住所地或者主要遗产所在地人民法院管辖。

（4）专利纠纷案件由知识产权法院、最高人民法院确定的中级人民法院和基层人民法院管辖。

（5）海事、海商案件由海事法院管辖。

4. 协议管辖

合同或者其他财产权益纠纷的当事人可以书面协议选择被告住所地、合同履行地、合同签订地、原告住所地、标的物所在地等与争议有实际联系的地点的人民法院管辖，但不得违反《民事诉讼法》对级别管辖和专属管辖的规定。

5. 共同管辖

两个以上人民法院都有管辖权的诉讼，原告可以向其中一个人民法院起诉；原告向两个以上有管辖权的人民法院起诉的，由最先立案的人民法院管辖。

（三）裁定管辖

裁定管辖是指依据法院的裁定来确定案件受理的管辖制度。

1. 移送管辖

人民法院发现受理的案件不属于本院管辖的，应当移送有管辖权的人民法院，受移送的人民法院应当受理。受移送的人民法院认为受移送的案件依照规定不属于本院管辖的，应当报请上级人民法院指定管辖，不得再自行移送。

2. 指定管辖

有管辖权的人民法院由于特殊原因，不能行使管辖权的，由上级人民法院指定管辖。人民法院之间因管辖权发生争议，由争议双方协商解决；协商解决不了的，报请它们的共同上级人民法院指定管辖。

3. 管辖权转移

上级人民法院有权审理下级人民法院管辖的第一审民事案件；确有必要将本院管辖的第一审民事案件交下级人民法院审理的，应当报请其上级人民法院批准。下级人民法院对它所管辖的第一审民事案件，认为需要由上级人民法院审理的，可以报请上级人民法院审理。

（四）管辖权异议

人民法院受理案件后，当事人对管辖权有异议的，应当在提交答辩状期间提出。人民法院对当事人提出的异议，应当审查。异议成立的，裁定将案件移送有管辖权的人民法院；异议不成立的，裁定驳回。当事人未提出管辖异议，并应诉答辩的，视为受诉人民法院有管辖权，但违反级别管辖和专属管辖规定的除外。

第二节　诉与反诉

要理解去人民法院诉什么的问题，需要厘清诉讼标的、诉讼标的物和诉讼请求的概念。诉讼标的是指当事人之间所发生的争议并就此请求人民法院作出裁判的实体法律关系，如婚姻关系、继承关系、相邻权关系等。诉讼标的物是指当事人争议的实体法律关系所指向的具体对象，如诉争的房屋、产品等。诉讼请求是指原告基于该诉讼标的向人民法院提出的具体要求。例如，在一起继承案件中，继承关系是诉讼标的，被继承人的财产是诉讼标的物，请求继承被继承人的财产是诉讼请求。

一、诉

诉是指当事人向人民法院提出的请求人民法院就特定的诉讼请求进行裁判的行为。

根据诉的性质和内容，可以将诉分为确认之诉、给付之诉和形成之诉。确认之诉是指原告请求人民法院确认其主张的法律关系存在或者不存在。例如，请求确认原告与被告之间的合同关系成立。给付之诉是指原告请求人民法院判令对方履行一定义务，给付的内容包括物和行为。提起给付之诉的前提是原告享有给付请求权，而被告负有给付义务。形成之诉是指原告请求人民法院变更或者消灭某种即在的法律关系。例如，请求解决婚姻关系或者变更监护权的诉讼。无论是哪一类诉，原告均须具有诉的权利。

原告可以放弃或者变更诉讼请求。被告可以承认或者反驳诉讼请求。

二、反诉

反诉是指正在进行的诉讼中，本诉的被告以本诉的原告为被告提起的诉讼。因此，反诉是一个"独立的诉"，案件中存在两个诉讼，原告提起的"本诉"和被告提起的"反诉"。本诉与反诉相互独立，不因为另一诉讼的撤销而撤销。本诉的被告称为"反诉原告"，本诉的原告称为"反诉被告"。根据《民事诉讼法》第五十一条的规定，被告有权提起反诉。反诉与本诉合并审理。

被告提起反诉需要满足以下要件：

（1）反诉主体的同一性。反诉的当事人应当限于本诉的当事人的范围。

（2）反诉提起的时间。第一审程序本诉正在进行中，法庭辩论尚未结束前。在第二审程序中，原审被告提出反诉的，第二审人民法院可以根据当事人自愿的原则就反诉进行调解；调解不成的，告知当事人另行起诉。但双方当事人同意由第二审人民法院一并审理的，第二审人民法院可以一并裁判。

（3）反诉不属于其他人民法院的专属管辖。反诉应由其他人民法院专属管辖的，裁定不予受理，告知另行起诉。

（4）反诉能够与本诉适用同一程序。

（5）反诉请求与本诉请求具有一定的牵连性。反诉与本诉的诉讼请求基于相同法律关系、诉讼请求之间具有因果关系，或者反诉与本诉的诉讼请求基于相同事实的，人民法院应当合并审理。反诉与本诉的诉讼标的及诉讼请求所依据的事实、理由无关联的，裁定不予受理，告知另行起诉。

第三节 第一审普通程序

第一审普通程序是民事诉讼中最重要、最基础、最普遍适用的程序，民事诉讼的所有原则和制度在第一审普通程序中均有体现，其他程序中没有特殊规定的，适用第一审普通程序的规定。

一、起诉和受理

（一）起诉

起诉必须符合下列条件：① 原告是与本案有直接利害关系的公民、法人和其他组织；② 有明确的被告；③ 有具体的诉讼请求和事实、理由；④ 属于人民法院受理民事诉讼的范围和受诉人民法院管辖。

起诉应当向人民法院递交起诉状，并按照被告人数提出副本。起诉状的内容包括：

① 当事人的基本情况；② 诉讼请求和所根据的事实与理由；③ 证据和证据来源，证人姓名和住所。书写起诉状确有困难的，可以口头起诉，由人民法院记入笔录，并告知对方当事人。

当事人起诉到人民法院的民事纠纷，适宜调解的，先行调解，但当事人拒绝调解的除外。

（二）受理

人民法院应当保障当事人依照法律规定享有的起诉权利。符合起诉条件的，应当在7日内立案，并通知当事人；受理前发现不符合起诉条件的，应当在7日内作出裁定书，不予受理；受理后发现不符合起诉条件的，裁定驳回起诉；原告对不予受理、驳回起诉裁定不服的，可以提起上诉。

人民法院对不符合起诉条件的，应当分别情形作出如下处理：① 依照行政诉讼法的规定，属于行政诉讼受案范围的，告知原告提起行政诉讼；② 依照法律规定，双方当事人达成书面仲裁协议申请仲裁、不得向人民法院起诉的，告知原告向仲裁机构申请仲裁；③ 依照法律规定，应当由其他机关处理的争议，告知原告向有关机关申请解决；④ 对不属于本院管辖的案件，告知原告向有管辖权的人民法院起诉；⑤ 对判决、裁定、调解书已经发生法律效力的案件，当事人又起诉的，告知原告申请再审，但人民法院准许撤诉的裁定除外；⑥ 依照法律规定，在一定期限内不得起诉的案件，在不得起诉的期限内起诉的，不予受理；⑦ 判决不准离婚和调解和好的离婚案件，判决、调解维持收养关系的案件，没有新情况、新理由，原告在6个月内又起诉的，不予受理。

二、庭审前的准备

人民法院在受理案件后开庭审理前，应作如下准备工作。

（一）送达起诉状和答辩状副本

人民法院应当在立案之日起5日内将起诉状副本发送被告，被告应当在收到之日起15日内提出答辩状。答辩状应当记明被告的姓名、性别、年龄、民族、职业、工作单位、住所、联系方式；法人或者其他组织的名称、住所和法定代表人或者主要负责人的姓名、职务、联系方式。人民法院应当在收到答辩状之日起5日内将答辩状副本发送原告。被告不提出答辩状的，不影响人民法院审理。

（二）告知当事人诉讼权利义务和合议庭组成人员

人民法院对决定受理的案件，应当在受理案件通知书和应诉通知书中向当事人告知有关的诉讼权利义务，或者口头告知。合议庭组成人员确定后，应当在3日内告知当事人。

（三）管辖权异议和应诉管辖

人民法院受理案件后，当事人对管辖权有异议的，应当在提交答辩状期间提出。人民法院对当事人提出的异议，应当审查。

（四）审核取证

审判人员必须认真审核诉讼材料，调查收集必要的证据。当事人及其诉讼代理人因客观原因不能自行收集的证据，或者人民法院认为审理案件需要的证据，人民法院应当调查收集。人民法院应当按照法定程序，全面地、客观地审查核实证据。在证据可能灭失或者以后难以取得的情况下，当事人可以在诉讼过程中向人民法院申请保全证据，人民法院也可以主动采取保全措施。因情况紧急，在证据可能灭失或者以后难以取得的情况下，利害关系人可以在提起诉讼或者申请仲裁前向证据所在地、被申请人住所地或者对案件有管辖权的人民法院申请保全证据。

人民法院派出人员进行调查时，应当向被调查人出示证件。调查笔录经被调查人校阅后，由被调查人、调查人签名或者盖章。人民法院在必要时可以委托外地人民法院调查。委托调查，必须提出明确的项目和要求。受委托人民法院可以主动补充调查。受委托人民法院收到委托书后，应当在30日内完成调查。因故不能完成的，应当在上述期限内函告委托人民法院。

（五）追加当事人

必须共同进行诉讼的当事人没有参加诉讼的，人民法院应当通知其参加诉讼。

（六）决定案件适用程序

人民法院对受理的案件，分别情形，予以处理：① 当事人没有争议，符合督促程序规定条件的，可以转入督促程序；② 开庭前可以调解的，采取调解方式及时解决纠纷；③ 根据案件情况，确定适用简易程序或者普通程序；④ 需要开庭审理的，通过要求当事人交换证据等方式，明确争议焦点。

人民法院可以在答辩期届满后，通过组织证据交换、召集庭前会议等方式，作好审理前的准备。根据案件具体情况，庭前会议可以包括下列内容：① 明确原告的诉讼请求和被告的答辩意见；② 审查处理当事人增加、变更诉讼请求的申请和提出的反诉，以及第三人提出的与本案有关的诉讼请求；③ 根据当事人的申请决定调查收集证据，委托鉴定，要求当事人提供证据，进行勘验，进行证据保全；④ 组织交换证据；⑤ 归纳争议焦点；⑥ 进行调解。

三、开庭审理

人民法院审理民事案件，除涉及国家秘密、个人隐私或者法律另有规定的以外，应当公开进行。离婚案件，涉及商业秘密的案件，当事人申请不公开审理的，可以不公开审理。

（一）庭前准备

开庭审理前，书记员应当查明当事人和其他诉讼参与人是否到庭，宣布法庭纪律。开庭审理时，由审判长核对当事人，宣布案由，宣布审判人员、书记员名单，告知当事人有关的诉讼权利义务，询问当事人是否提出回避申请。

（二）法庭调查

法庭调查按下列程序进行：① 当事人陈述；② 告知证人的权利义务，证人作证，宣读未到庭的证人证言；③ 出示书证、物证、视听资料和电子数据；④ 宣读鉴定意见；

⑤ 宣读勘验笔录。

证据包括：① 当事人的陈述；② 书证；③ 物证；④ 视听资料；⑤ 电子数据；⑥ 证人证言；⑦ 鉴定意见；⑧ 勘验笔录。证据必须查证属实，才能作为认定事实的根据。当事人对自己提出的主张，有责任提供证据，即"谁主张，谁举证"。

（三）法庭辩论

法庭辩论按照下列顺序进行：① 原告及其诉讼代理人发言；② 被告及其诉讼代理人答辩；③ 第三人及其诉讼代理人发言或者答辩；④ 互相辩论。法庭辩论终结，由审判长按照原告、被告、第三人的先后顺序征询各方最后意见。

人民法院根据案件具体情况并征得当事人同意，可以将法庭调查和法庭辩论合并进行。法庭辩论终结，应当依法作出判决。判决前能够调解的，还可以进行调解，调解不成的，应当及时判决。

（四）庭审笔录

书记员应当将法庭审理的全部活动记入笔录，由审判人员和书记员签名。法庭笔录应当当庭宣读，也可以告知当事人和其他诉讼参与人当庭或者在5日内阅读。当事人和其他诉讼参与人认为对自己的陈述记录有遗漏或者差错的，有权申请补正。如果不予补正，应当将申请记录在案。法庭笔录由当事人和其他诉讼参与人签名或者盖章。拒绝签名盖章的，记明情况附卷。

（五）宣判

人民法院对公开审理或者不公开审理的案件，一律公开宣告判决。当庭宣判的，应当在10日内发送判决书；定期宣判的，宣判后立即发给判决书。宣告判决时，必须告知当事人上诉权利、上诉期限和上诉的法院。宣告离婚判决，必须告知当事人在判决发生法律效力前不得另行结婚。

人民法院适用普通程序审理的案件，应当在立案之日起6个月内审结。有特殊情况需要延长的，由本院院长批准，可以延长6个月；还需要延长的，报请上级人民法院批准。

四、审理中的特殊情形

（一）撤诉

撤诉是指当事人向人民法院撤回起诉，不再请求人民法院对其诉讼请求进行审判的诉讼行为。原告撤诉分为申请撤诉和按撤诉处理两种情形。宣判前，原告申请撤诉的，是否准许，由人民法院裁定。原告经传票传唤，无正当理由拒不到庭的，或者未经法庭许可中途退庭的，可以按撤诉处理。

（二）缺席判决

缺席判决是指在一方当事人不到庭或者未经许可中途退庭时所作出的判决。人民法院裁定不准许撤诉的，原告、无独立请求权的第三人经传票传唤，无正当理由拒不到庭的，可以缺席判决。被告及其法定代理人经传票传唤，无正当理由拒不到庭的，或者未经法庭许可中途退庭的，可以缺席判决。

（三）延期审理

有下列情形之一的，人民法院可以决定延期开庭审理：① 必须到庭的当事人和其他诉讼参与人有正当理由没有到庭的；② 当事人临时提出回避申请的；③ 需要通知新的证人到庭，调取新的证据，重新鉴定、勘验，或者需要补充调查的；④ 其他应当延期的情形。

（四）诉讼中止

诉讼中止是指人民法院在审理案件的过程中，因发生某种法定情形导致诉讼无法继续进行而暂时停止诉讼程序，待法定原因消失后再恢复审理的诉讼制度。有下列情形之一的，中止诉讼：① 一方当事人死亡，需要等待继承人表明是否参加诉讼的；② 一方当事人丧失诉讼行为能力，尚未确定法定代理人的；③ 作为一方当事人的法人或者其他组织终止，尚未确定权利义务承受人的；④ 一方当事人因不可抗拒的事由，不能参加诉讼的；⑤ 本案必须以另一案的审理结果为依据，而另一案尚未审结的；⑥ 其他应当中止诉讼的情形。中止诉讼的原因消除后，恢复诉讼。

（五）诉讼终结

诉讼终结是指人民法院在审理案件的过程中，因发生某种法定情形导致诉讼无法继续进行或者无必要继续进行，从而结束诉讼程序的诉讼制度。诉讼终结的事由包括：① 原告死亡，没有继承人，或者继承人放弃诉讼权利的；② 被告死亡，没有遗产，也没有应当承担义务的人的；③ 离婚案件一方当事人死亡的；④ 追索赡养费、扶养费、抚育费及解除收养关系案件的一方当事人死亡的。

五、判决、裁定和决定

（一）判决

判决是指人民法院在民事案件审理终结时，根据认定的事实和适用的法律对案件实体问题作出的判定。

判决书应当写明判决结果和作出该判决的理由。判决书内容包括：① 案由、诉讼请求、争议的事实和理由；② 判决认定的事实和理由、适用的法律和理由；③ 判决结果和诉讼费用的负担；④ 上诉期间和上诉的法院。判决书由审判人员、书记员署名，加盖人民法院印章。

人民法院审理案件，其中一部分事实已经清楚，可以就该部分先行判决。

（二）裁定

裁定是指人民法院对民事诉讼的程序事项作出的判定。

裁定适用于下列事项：① 不予受理；② 对管辖权有异议的；③ 驳回起诉；④ 保全和先予执行；⑤ 准许或者不准许撤诉；⑥ 中止或者终结诉讼；⑦ 补正判决书中的笔误；⑧ 中止或者终结执行；⑨ 撤销或者不予执行仲裁裁决；⑩ 不予执行公证机关赋予强制执行效力的债权文书；⑪ 其他需要裁定解决的事项。其中，对不予受理、管辖权异议、驳回起诉裁定，当事人可以提起上诉；其他裁定一经送达即发生法律效力。当事人对保全或者先予执行的裁定不服的，可以申请复议一次，但该裁定不因此而停止执行。

裁定书应当写明裁定结果和作出该裁定的理由。裁定书由审判人员、书记员署名，加盖人民法院印章。口头裁定的，记入笔录。

（三）决定

决定是指人民法院对民事诉讼中出现的某些特殊事项，依法作出处理的判定。

决定适用的情形：① 回避问题的处理；② 妨碍民事诉讼行为的处理；③ 诉讼费用减、免、缓交申请的处理；④ 其他需要使用决定处理的事项，如延期审理的处理、再审的处理等。

第四节 其他程序

一、简易程序

简易程序是指基层人民法院和它派出的法庭审理简单民事案件所适用的诉讼程序。

简易程序适用的条件如下：① 基层人民法院和它派出的法庭审理事实清楚、权利义务关系明确、争议不大的简单的民事案件。其中，事实清楚是指当事人对争议的事实陈述基本一致，并能提供相应的证据，无须人民法院调查收集证据即可查明事实；权利义务关系明确是指能明确区分谁是责任的承担者，谁是权利的享有者；争议不大是指当事人对案件的是非、责任承担及诉讼标的争执无原则分歧。② 基层人民法院和它派出的法庭审理的上述案件以外的民事案件，当事人双方也可以约定适用简易程序。

下列案件不适用简易程序：① 起诉时被告下落不明的；② 当事人一方人数众多的；③ 发回重审的；④ 适用审判监督程序的；⑤ 涉及国家利益、社会公共利益的；⑥ 第三人起诉请求改变或者撤销生效判决、裁定、调解书的；⑦ 其他不宜适用简单程序的案件。

适用简易程序审理的民事案件，由审判员一人独任审理，审理期限为3个月。审理期限到期后，双方当事人同意继续适用简易程序的，由本院院长批准，可以延长审理期限。延长后的审理期限累计不得超过6个月。人民法院发现案情复杂，需要转为普通程序审理的，应当在审理期限届满前作出裁定并将合议庭组成人员及相关事项书面通知双方当事人。案件转为普通程序审理的，审理期限自人民法院立案之日计算。

二、小额诉讼程序

小额诉讼程序适用于基层人民法院和它派出的法庭审理事实清楚、权利义务关系明确、争议不大的，标的额为各省、自治区、直辖市上年度就业人员年平均工资30%以下的简单的民事案件。海事法院审理海事、海商案件，符合条件的也可以适用小额诉讼程序。

下列案件不适用小额诉讼程序审理：① 人身关系、财产确权纠纷；② 涉外民事纠纷；③ 知识产权纠纷；④ 需要评估、鉴定或者对诉前评估、鉴定结果有异议的纠纷；⑤ 其他不宜适用一审终审的纠纷。

小额诉讼程序的举证期限由人民法院确定，也可以由当事人协商一致并经人民法院准许，但一般不超过 7 日。当事人到庭后表示不需要举证期限和答辩期间的，人民法院可立即开庭审理。

适用小额诉讼程序审理的民事案件，由审判员一人独任审理，审理期限为 3 个月，实行一审终审，包括实体判决、管辖权异议和起诉裁定。

因当事人申请增加或者变更诉讼请求、提出反诉、追加当事人等，致使案件不符合小额诉讼程序条件的，应当适用简易程序的其他规定审理。上述规定案件，应当适用普通程序审理的，裁定转为普通程序。当事人对按照小额诉讼案件审理有异议的，应当在开庭前提出。人民法院经审查，异议成立的，适用简易程序的其他规定审理。

三、第二审程序

当事人不服地方人民法院第一审判决的，有权在判决书送达之日起 15 日内向上一级人民法院提起上诉。当事人不服地方人民法院第一审裁定的，有权在裁定书送达之日起 10 日内向上一级人民法院提起上诉。第二审人民法院审理上诉案件所适用的审判程序即为第二审程序。

对第一审裁判不服，有权提出上诉的主体包括原告、被告、有独立请求权的第三人，无独立请求权的第三人有无上诉权需要根据第一审裁判是否要求其承担相应的义务来作出判断。

第二审程序审理的对象是尚未生效的判决书、裁定书。下列裁判文书不得上诉：① 最高人民法院作出的第一审判决；② 调解书；③ 除不予受理、驳回起诉、管辖权异议的裁定以外的其他裁定；④ 适用特别程序、督促程序、公示催告程序的裁判；⑤ 适用小额诉讼程序作出的裁判；⑥ 就婚姻效力作出的判决。

当事人提起上诉必须书面提交上诉状，口头上诉无效。

第二审程序的审理方式：第二审人民法院对上诉案件，应当组成合议庭，原则上需要开庭审理，但是经过阅卷、调查和询问当事人，对没有提出新的事实、证据或者理由，合议庭认为不需要开庭的，可以不开庭审理。

第二审程序的审理范围：第二审人民法院应当围绕当事人的上诉请求进行审理。当事人没有提出请求的，第二审人民法院不予审理，但一审判决违反法律禁止性规定，或者损害国家利益、社会公共利益、他人合法权益的除外。

第二审人民法院对上诉案件，经过审理，按照下列情形，分别处理：① 原判决、裁定认定事实清楚，适用法律正确的，以判决、裁定方式驳回上诉，维持原判决、裁定；② 原判决、裁定认定事实错误或者适用法律错误的，以判决、裁定方式依法改判、撤销或者变更；③ 原判决认定基本事实不清的，裁定撤销原判决，发回原审人民法院重审，或者查清事实后改判；④ 原判决遗漏当事人或者违法缺席判决等严重违反法定程序的，裁定撤销原判决，发回原审人民法院重审。原审人民法院对发回重审的案件作出判决后，当事人提起上诉的，第二审人民法院不得再次发回重审。

第二审人民法院审理上诉案件，可以进行调解。调解达成协议，应当制作调解书，由审判人员、书记员署名，加盖人民法院印章。调解书送达后，原审人民法院的判决即视为撤销。

在第二审程序中，原审原告可以申请撤回起诉，第二审人民法院裁定准许撤诉的，应当一并裁定撤销一审裁判。第二审人民法院判决宣告前，上诉人申请撤回上诉的，是否准许，由第二审人民法院裁定。裁定准许撤诉的，裁定准许撤诉之日起一审裁判生效。

第二审人民法院的判决、裁定，是终审的判决、裁定。

人民法院审理对判决的上诉案件，应当在第二审立案之日起3个月内审结。有特殊情况需要延长的，由本院院长批准。人民法院审理对裁定的上诉案件，应当在第二审立案之日起30日内作出终审裁定。

四、审判监督程序

审判监督程序即再审程序，是指人民法院、人民检察院对已经生效的判决、裁定、调解书，认为确有错误从而启动再审程序并由相应人民法院对案件重新进行审理的程序。

（一）启动再审程序的主体

1. 人民法院

作出生效裁判的人民法院院长有权提交审判委员会讨论决定对本院作出的生效裁判启动再审程序；最高人民法院发现地方各级人民法院的生效裁判确有错误，可以对该案启动再审程序。

2. 人民检察院

最高人民检察院发现地方各级人民法院或者上级人民检察院发现下级人民法院的生效裁判存在法定情形，可以向同级人民法院提出抗诉。人民检察院提出抗诉的案件，接受抗诉的人民法院应当自收到抗诉书之日起30日内作出再审的裁定。

3. 当事人

当事人认为生效裁判存在以下法定情形，可以自裁判生效之日起6个月内向人民法院申请再审：① 有新的证据，足以推翻原判决、裁定的；② 原判决、裁定认定的基本事实缺乏证据证明的；③ 原判决、裁定认定事实的主要证据是伪造的；④ 原判决、裁定认定事实的主要证据未经质证的；⑤ 对审理案件需要的主要证据，当事人因客观原因不能自行收集，书面申请人民法院调查收集，人民法院未调查收集的；⑥ 原判决、裁定适用法律确有错误的；⑦ 审判组织的组成不合法或者依法应当回避的审判人员没有回避的；⑧ 无诉讼行为能力人未经法定代理人代为诉讼或者应当参加诉讼的当事人，因不能归责于本人或者其诉讼代理人的事由，未参加诉讼的；⑨ 违反法律规定，剥夺当事人辩论权利的；⑩ 未经传票传唤，缺席判决的；⑪ 原判决、裁定遗漏或者超出诉讼请求的；⑫ 据以作出原判决、裁定的法律文书被撤销或者变更的；⑬ 审判人员审理该案件时有贪污受贿，徇私舞弊，枉法裁判行为的。

当事人申请再审，有下列情形之一的，人民法院不予受理：① 再审申请被驳回后再次提出申请的；② 对再审判决、裁定提出申请的；③ 在人民检察院对当事人的申请作出不予提出再审检察建议或者抗诉决定后又提出申请的。

有下列情形之一的,当事人可以向人民检察院申请检察建议或者抗诉:① 人民法院驳回再审申请的;② 人民法院逾期未对再审申请作出裁定的;③ 再审判决、裁定有明显错误的。人民检察院对当事人的申请应当在3个月内进行审查,作出提出或者不予提出检察建议或者抗诉的决定。

(二)重新审理再审案件的人民法院

(1)人民法院启动的再审程序。上级人民法院启动的再审程序,由该上级人民法院提审。原审人民法院启动的再审程序,由原审人民法院重新审理。

(2)人民检察院抗诉启动的再审程序,原则上由接受抗诉的人民法院重新审理,但如果因为证据原因人民检察院抗诉的,接受抗诉的人民法院可以指令下一级人民法院重新审理,该案经下一级人民法院重新审理的除外。

(3)当事人申请再审而裁定再审的案件,由中级人民法院以上的人民法院审理,但当事人依法选择向基层人民法院申请再审的除外。当事人向最高人民法院、高级人民法院申请再审而裁定再审的案件,由本院再审或者交其他人民法院再审,也可以交原审人民法院再审。

人民法院按照审判监督程序再审的案件,发生法律效力的判决、裁定是由第一审法院作出的,按照第一审程序审理,所作的判决、裁定,当事人可以上诉;发生法律效力的判决、裁定是由第二审法院作出的,按照第二审程序审理,所作的判决、裁定,是发生法律效力的判决、裁定;上级人民法院按照审判监督程序提审的,按照第二审程序审理,所作的判决、裁定是发生法律效力的判决、裁定。人民法院审理再审案件,应当另行组成合议庭。

五、特别程序

特别程序的适用范围:人民法院审理选民资格案件、宣告失踪或者宣告死亡案件、认定公民无民事行为能力或者限制民事行为能力案件、认定财产无主案件、确认调解协议案件和实现担保物权案件。

依照特别程序审理的案件,实行一审终审。选民资格案件或者重大、疑难的案件,由审判员组成合议庭审理;其他案件由审判员一人独任审理。

人民法院在依照特别程序审理案件的过程中,发现案件属于民事权益争议的,应当裁定终结特别程序,并告知利害关系人可以另行起诉。

人民法院适用特别程序审理的案件,应当在立案之日起30日内或者公告期满后30日内审结。有特殊情况需要延长的,由本院院长批准。但审理选民资格的案件除外。

六、督促程序

债权人请求债务人给付金钱、有价证券,符合下列条件的,可以向有管辖权的基层人民法院申请支付令:① 债权人与债务人没有其他债务纠纷的;② 支付令能够送达债务人的。申请书应当写明请求给付金钱或者有价证券的数量和所根据的事实、证据。

债权人提出申请后，人民法院应当在 5 日内通知债权人是否受理。债权人申请支付令，符合下列条件的，基层人民法院应当受理，并在收到支付令申请书后 5 日内通知债权人：① 请求给付金钱或者汇票、本票、支票、股票、债券、国库券、可转让的存款单等有价证券；② 请求给付的金钱或者有价证券已到期且数额确定，并写明了请求所根据的事实、证据；③ 债权人没有对待给付义务；④ 债务人在我国境内且未下落不明；⑤ 支付令能够送达债务人；⑥ 收到申请书的人民法院有管辖权；⑦ 债权人未向人民法院申请诉前保全。

基层人民法院受理申请支付令案件，不受债权金额的限制。

人民法院受理申请后，经审查债权人提供的事实、证据，对债权债务关系明确、合法的，应当在受理之日起 15 日内向债务人发出支付令；申请不成立的，裁定予以驳回。债务人应当自收到支付令之日起 15 日内清偿债务，或者向人民法院提出书面异议。债务人在上述期间不提出异议又不履行支付令的，债权人可以向人民法院申请执行。人民法院收到债务人提出的书面异议后，经审查，异议成立的，应当裁定终结督促程序，支付令自行失效。支付令失效的，转入诉讼程序，但申请支付令的一方当事人不同意提起诉讼的除外。

向债务人本人送达支付令，债务人拒绝接收的，人民法院可以留置送达。

债务人在收到支付令后，未在法定期间提出书面异议，而向其他人民法院起诉的，不影响支付令的效力。债务人超过法定期间提出异议的，视为未提出异议。

七、公示催告程序

公示催告程序的适用范围：按照规定可以背书转让的票据持有人，因票据被盗、遗失或者灭失，可以向票据支付地的基层人民法院申请公示催告。票据持有人是指票据被盗、遗失或者灭失前的最后持有人。申请人应当向人民法院递交申请书，写明票面金额、发票人、持票人、背书人等票据主要内容和申请的理由、事实。

人民法院决定受理申请，应当同时通知支付人停止支付，并在 3 日内发出公告，催促利害关系人申报权利。公示催告的期间，由人民法院根据情况决定，但不得少于 60 日。

支付人收到人民法院停止支付的通知，应当停止支付，至公示催告程序终结。公示催告期间，转让票据权利的行为无效。

利害关系人应当在公示催告期间向人民法院申报。人民法院收到利害关系人的申报后，应当裁定终结公示催告程序，并通知申请人和支付人。申请人或者申报人可以向人民法院起诉。没有人申报的，人民法院应当根据申请人的申请，作出判决，宣告票据无效。判决应当公告，并通知支付人。自判决公告之日起，申请人有权向支付人请求支付。

利害关系人因正当理由不能在判决前向人民法院申报的，自知道或者应当知道判决公告之日起 1 年内，可以向作出判决的人民法院起诉。

八、执行程序

民事执行又称民事强制执行，是指人民法院的执行机构依据法定程序，强制被执行人履行生效裁判文书确定的义务，以实现申请执行人合法权益的诉讼行为。

（一）执行管辖

发生法律效力的民事判决、裁定，以及刑事判决、裁定中的财产部分，由第一审人民法院或者与第一审人民法院同级的被执行的财产所在地人民法院执行。法律规定由人民法院执行的其他法律文书，由被执行人住所地或者被执行的财产所在地人民法院执行。人民法院自收到申请执行书之日起超过6个月未执行的，申请执行人可以向上一级人民法院申请执行。上一级人民法院经审查，可以责令原人民法院在一定期限内执行，也可以决定由本院执行或者指令其他人民法院执行。

两个以上人民法院都有管辖权的，权利人可以选择向其中一个人民法院申请执行。权利人先后向两个以上人民法院申请执行的，由最先立案的人民法院管辖。

（二）执行程序的启动

发生法律效力的民事判决、裁定、调解书和其他应当由人民法院执行的法律文书，当事人必须履行。一方拒绝履行的，对方当事人可以通过申请执行和移送执行两种方式启动执行程序。即对方当事人可以向人民法院申请执行，也可以由审判员移送执行员执行。移送执行适用于下列执行案件：① 具有给付赡养费、扶养费、抚育费内容的执行案件；② 民事制裁决定书；③ 刑事附带民事判决、裁定和调解书。

当事人申请执行的期间为2年。申请执行时效的中止、中断，适用法律有关诉讼时效中止、中断的规定。上述期间，从法律文书规定履行期间的最后一日起计算；法律文书规定分期履行的，从规定的每次履行期间的最后一日起计算；法律文书未规定履行期间的，从法律文书生效之日起计算。

（三）执行担保

在执行中，被执行人向人民法院提供担保，并经申请执行人同意的，人民法院可以决定暂缓执行及暂缓执行的期限。被执行人逾期仍不履行的，人民法院有权执行被执行人的担保财产或者担保人的财产。

（四）执行和解

执行中不得调解，但双方当事人可以自行和解。在执行中，双方当事人自行和解达成协议的，执行员应当将协议内容记入笔录，由双方当事人签名或者盖章。申请执行人因受欺诈、胁迫与被执行人达成和解协议，或者当事人不履行和解协议的，人民法院可以根据当事人的申请，恢复对原生效法律文书的执行。

义务人拒不履行和解协议的，权利人可以选择就和解协议提起诉讼。当事人、利害关系人可以提起诉讼请求确认和解协议无效或者撤销和解协议。

（五）执行回转

执行完毕后，据以执行的判决、裁定和其他法律文书确有错误，被人民法院撤销的，对已被执行的财产，人民法院应当作出裁定，责令取得财产的人返还；拒不返还的，强制执行。

（六）执行措施

1. 实现金钱债权的执行措施

实现金钱债权的执行措施分为财产控制执行措施、财产变价执行措施和执行款交付措施三种基本类型。财产控制执行措施包括查封、扣押和冻结；财产变价执行措施包括拍卖、变卖和以物抵债，以及对到期债权的执行和参与分配；执行款交付措施包括当面交付和转交。

2. 实现物的交付请求权的执行措施

实现物的交付请求权的执行措施只包括控制性执行措施（即查封和扣押）和交付性执行措施。

3. 实现行为请求权的执行措施

实现行为请求权的执行措施包括：迁出房屋或者退出土地的执行措施；对其他作为行为的执行措施，可以替代履行的，执行机构应选定代履行人，不可由他人替代完成的行为义务，可以采取罚款、拘留等措施强制其履行义务，情节严重的，可依法追究刑事责任；对不作为的执行措施，可分别适用可替代行为的执行措施和不可替代行为的执行措施。

4. 执行威慑措施

为迫使被执行人履行义务，执行机构可执行下列威慑措施：限制消费、限制出境、在征信系统记录和通过媒体公布不履行义务信息。

【思考题】

1. 诉、诉权、诉讼标的、诉讼请求概念辨析。
2. 衡量当事人适格的标准如何确定？
3. 专属管辖案件的范围有哪些？
4. 人民法院对原告的起诉应当如何审查？
5. 简述再审程序的意义和价值。
6. 试分析特别程序、督促程序、公示催告程序各自的适用范围和条件。

【参考文献】

1. 《民事诉讼法学》编写组. 民事诉讼法学［M］. 2版. 北京：高等教育出版社，2018.
2. 张卫平. 民事诉讼法［M］. 5版. 北京：法律出版社，2019.
3. 江伟. 民事诉讼法［M］. 5版. 北京：高等教育出版社，2016.
4. 戴鹏. 民事诉讼法专题讲座精讲卷［M］. 北京：人民日报出版社，2019.
5. 常怡. 民事诉讼法学［M］. 4版. 北京：中国政法大学出版社，2016.